김상곤, 행복한 학교
유쾌한 교육 혁신을 말하다

김상곤, 행복한 학교 유쾌한 교육 혁신을 말하다

지은이 | 김상곤
인터뷰 | 지승호
펴낸이 | 김성실
기획편집 | 최인수·여미숙·이정남
책임편집 | 김이수
마케팅 | 곽홍규·김남숙·이유진
디자인·편집 | (주)하람커뮤니케이션(02-322-5405)
제작 | 삼광프린팅

초판 1쇄 | 2011년 2월 20일 펴냄
초판 2쇄 | 2012년 1월 17일 펴냄

펴낸곳 | 시대의창
출판등록 | 제10-1756호(1999. 5. 11.)
주소 | 121-816 서울시 마포구 연희로 19-1 4층
전화 | 편집부 (02) 335-6125, 영업부 (02) 335-6121
팩스 | (02) 325-5607
이메일 | sidaebooks@hanmail.net

ISBN 978-89-5940-201-4 (03300)

ⓒ 김상곤·지승호, 2011, Printed in Korea.

책값은 뒤표지에 있습니다.
잘못된 책은 바꾸어드립니다.

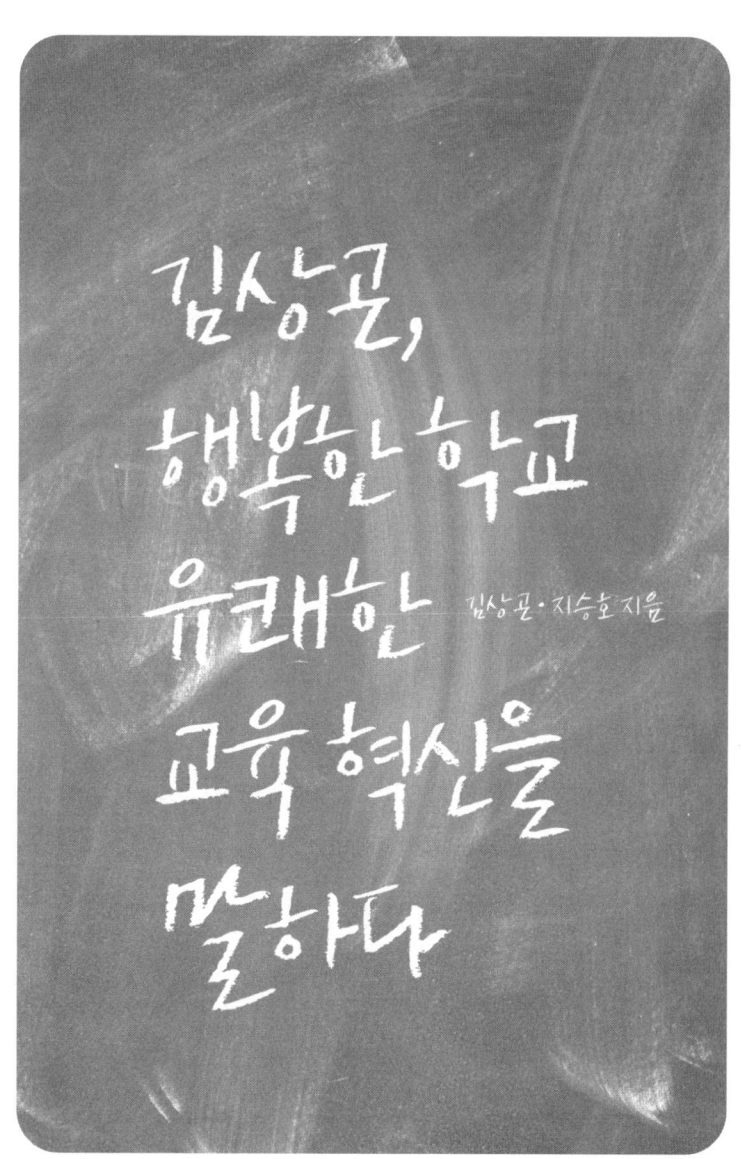

김상곤, 행복한 학교 유쾌한 교육 혁신을 말하다

김상곤·지승호 지음

시대의창

서시

풍선을 날리는 학교

황 지 우

아아, 오늘은 기쁜 날
비로소 우리 아이들, 창백한 얼굴에
핏기 돌고, 이마에 핏줄 세우며
제 각각의 희망을
제 각각의 색깔로 불어넣어
파랗게,
하얗게,
노랗게,
빨갛게,
풍선을 날리는 날.

교과서에 머리를 묻고 잠든 우리 아이들;
침 묻은 125쪽의 벌레 문자들이 자율학습의 뇌를
다 갉아먹고 입 벌리고 있을 때, 하루에
단 1분의 시간도 창밖을 멍하게 바라볼 수 없는
교실로, 이제 이중섭의 소가 뚜벅뚜벅 걸어 들어와
덜 깨어난 아이 뺨을 체험의 따듯한 혀로 핥아주고

일제고사가 한 줄로 세운 저 외로운 일렬종대의
우리 아이들: 가방 대신 일생을 채울 꼴망태 들고

중섭의 꿈꾸는 소를 따라 막 비 그친 풀밭으로
달려가네. 야간 학원으로 끌려가던 죄 없는 소년원의
발길들이 학교로 돌아오고, 우리 아이들의 내가
우리 아이들의 너에게 처음으로 말을 걸고
너의 눈빛이 처음으로 나를 알아보는 교실;
그래서 선생님 슬리퍼 끄는 소리가 가슴 조이며
기다려지는 아침 첫 시간의 환호하고 싶은 학교,
공중으로 반찬들이 날아다니는 함께 밥 먹는 학교,
아카시아 향기 맡으며 너의 손 잡고 걷는 뒷산이
있는 학교, 저물 때까지 축구공이 하늘에 떠 있는
시끄러운 운동장이 있는 학교, 합창반의 화음이
적분의 그래프 위로 지나가는 학교, 밤늦게 과학
실험실 불이 켜져 있고 도서관에서 엉뚱한 책을
읽어도 되는 학교, 아니 너의 엉뚱한 생각이
또라이가 아니라 존중받는 학교; 아아, 그러니까
우리 아이들, 날마다 부활하는 학교가

오늘 풍선을 달고 날아오르는구나
우리 아이들 얼굴에 핏기가 돌아오고
이마에 핏줄 세우며 힘껏
제 각각의 희망을 불어넣은 풍선들이
제 각각의 색깔로
빨갛게,
노랗게,
하얗게,
파랗게,

서문

 이 세상에서 가장 소중한 건
바로 너야

학생도 인격체이자 사람이다

부모는 멀리 보라고 하고, 학부모는 앞만 보라고 합니다. 부모는 함께 가라고 하고, 학부모는 앞서 가라고 합니다. 부모는 꿈을 꾸라고 하고, 학부모는 꿈꿀 시간을 주지 않습니다. 부모입니까? 학부모입니까? 부모의 모습으로 돌아가는 길, 참된 교육의 시작입니다.

최근 화제가 되고 있는 공익광고 CF의 문구입니다. 자식을 사랑하지 않는 부모는 없겠지만, 갈등 없이 자식을 사랑하고 교육시키는 일은 어쩌면 세상에서 가장 어려운 일인지도 모르겠습니다. 불안해보이기 짝이 없는 아이를 세상에 내보낼 수밖에 없는 부모로서는 그 아이가 세상의 풍랑을 어떻게 헤쳐 나갈지

하는 걱정에 벼랑 아래로 자식을 떨어뜨리는 사자와 같은 마음으로 아이를 경쟁으로 내모는지도 모르겠습니다.

사교육비 마련을 위해 노래방 도우미도 마다하지 않는 엄마들, 아이를 엄마에 달려 해외유학 보내놓고 자식의 학비를 벌어대기 위해 허덕대는 기러기 아빠들, 아니 그보다도 못한 펭귄 아빠들, 자신을 그렇게 희생하면서까지 아이들을 교육시키는데도 왜들 희망은 보이지 않고, 점점 더 힘들어져가는 걸까요? 복지라고는 가족복지밖에 없다는 말이 나올 정도로 열악한 나라에서 좋은 학벌은 행복한 미래를 보장하는 유일한 비상구일 수밖에 없다고 여기는 현실입니다. 그런데 요즘 교육을 통한 신분 상승이 쉽지 않다는 것을 많은 사람이 느끼고 있습니다.

조국 교수는 대담집 《진보집권플랜》에서 이렇게 얘기합니다.

'기러기 아빠' '펭귄 아빠'의 아이들이 다 '아이비리그'에 들어가지는 못합니다. '스카이' 대학의 정원은 한정돼 있죠. 이제는 의식의 전환이 필요합니다. 부모도 자신의 행복을 누리며 살아야 합니다.

조국 교수는 지금 상황을 부모도 죽어나고, 아이도 죽어나는 '무간지옥'에 비유합니다. 《배려》의 저자 한상복 교수는 경쟁 일변도의 세상과 교육에 대해서 이렇게 얘기합니다.

천천히 세상을 둘러보니까 다른 게 보였어요. 엄마들은 아이가 성적만 좋으면 다른 건 상관이 없다고 믿습니다. 학교도 마찬가지죠. 성적만 좋으면 웬만한 건 용서가 되거든요. 힘없는 아이를 무시하거나 괴롭혀도, 그건 당하는 아이가 경쟁력이 없기 때문이라고 믿게 됩니다. 타인을 이용 도구쯤으로 생각하는 사스퍼거(Social Asperger)가 늘어날 수밖에 없죠. 남에게 피해를 주면서 스스로도 불행해집니다. 경쟁 일변도 세상이 '불행한 시민'을 양산해내는 겁니다.

두 분의 얘기대로 좀 놀면서도 계층이동이 가능해야 되고, 만약 계층이동이 되지 않더라도 최소한도의 인간의 품위를 유지할 수 있고, 계층에 대한 자부심을 갖고 살도록 해줘야 할 것입니다. 그래야 진정한 사회안정과 계층통합이 이루어지지 않을까요?

그런데 우리 교육이 그런 역할을 해왔을까요? 선생님을 '벌레' '짐승'에 비유하고, 엄마를 '욕심 많은 돼지'에 비유하면서 절규했던 어느 대중가요 가사는 그만두더라도 영화 대사들을 보면 학교에 대한 기억이 좋지 않은 사람들이 많아 보입니다. 영화〈죽거나 혹은 나쁘거나〉에는 학교를 그만두고 폭력조직에 들어간 친구에게 "거기 좋으냐?"고 물었을 때 "욕한 만큼 이름 불러주고, 때린 만큼 술 사주고, 일한 만큼 돈 주는 데 더 이상 뭘 바라냐?"고 대답하는 대사가 나옵니다. 물론 그것조차 환상이었음을 깨닫고 죽어가는 결말이긴 하지만 말입니다. 그리고 "대한민국 학교 좆 까라고 그래"라고 했던〈말죽거리 잔혹사〉의 대사는 그 시절 학교를 다닌 사람들의 공감을 얻고, 마음을 아프게 했던 유명한 대사였죠. 우리 시절 학교에 대한 불신의 골은 그만큼 깊었습니다.

그 후로 저는 학교가 많이 바뀌었을 거라고 믿었습니다. 그런데 이른바 누드 졸업식 파문으로 엄청난 사회적 비난을 받았던 아이가 울먹이면서 이렇게 항변하더군요. "감옥에서 탈출하는 데 이런 정도의 퍼포먼스는 있을 수 있는 것 아닌가요?" 학교는 많은 아이에게 혹은 어떤 아이들에게 여전히 감옥이라는 생각이 들더군요.

유태인들 사이에는 이런 우화가 있습니다. 학생의 아버지와 선생님이 해적에게 잡혀가 노예시장에서 팔릴 지경에 이르렀는데, 학생에게는 한 사람만을 사들일 돈밖에 없는 경우, 그 학생은 스승을 먼저 구해야 한다고 가정에서부터 그렇게 교육받고 자란다는 것입니다. 아버지는 단순히 자기를 이 세계로 데려온 사람에 불과하지만, 선생님은 학생들을 내일의 세계로 인도하는 존재라는 것이죠.

이 우화를 뒤집어보면 교사들이 존경을 받지 못하는 이유는 학생들의 '내일의 세계'에 대한 불안감을 해소시켜주지 못하기 때문일 것입니다. 물론 이것에 대한 책임을 교사들에게 전적으로 물을 수는 없겠지만 말입니다.

우리 교육의 가장 큰 문제점 중 하나는 불신에 있다는 생각이 듭니다. 학생과 학부모는 교사를 믿지 못하고, 교사는 학생과 학부모를 원망하는 풍토에서 교육이 제대로 이루어질 수 있을까요? 교육은 백년대계라고 하면서도 우리에겐 '교육열'만 있었지 '교육'은 없었다고 생각합니다.

교사와 학생이 신뢰를 회복하는 것은 쉬운 일이 아닐 겁니다.

"의사소통이 붕괴한 상태를 인정하고 세대간의 벌어진 거리를 메울 말을 한 마디씩 배우기 시작하자"는 조한혜정 교수의 말처럼 한 마디 한 마디 대화를 통해 벌어진 거리를 조금씩 메우는 방법밖에 없을 것입니다.

박재동 화백이 《나이고 싶은 나》라는 잡지 인터뷰에서 교사 시절을 회고하는 부분이 재미있더군요.

79년, 아는 형의 소개로 미술선생이 됐어요. 근데 나는 이전의 미술 교과과정이 잘못됐다고 생각했어요. 화가의 이름을 외우고, 일정한 틀에 가두고 따라하게 하는 일은 진정한 미술교육이 아니라고 생각했죠. 그래 난 그런 걸 집어치웠어요. 난 '자유' '관찰' '표현'에 중점을 두었던 것 같아요. 교안에는 '공간개념 연구'라고 쓰고, 난 학생들을 건물옥상으로 데려갔어요. 오늘 수업은 비행기 접어 날리기다. 정성껏 접어 저 아래로 날려라. … 난 학생들과 노는 일 자체가 아주 좋았어요. 난 학생과 똑같은 위치에서 학습해야겠다는 생각으로 교복을 맞춰 입고 근무하려고 생각하기도 했어요. 미술시간은 완전히 노는 시간이었죠. 너무 시끄러워서 다른 반 수업에 지장을 줄 정도였죠. 난 한 번도 애들에게 조용하라고 말한 적이 없었으니까요. … 딱 1년 만에 잘렸어요. 성적도 아이들에게 매기게 했죠. 너희는 스스로 자기 성적을 매길 수 있는 나이가 됐다, 라고 말하고 칠판에 성적기준표를 썼어요. 참여도, 성실도, 표현력 등을 써놓고는 이에 따라 스스로의 성적을 계산해라. 그리고 이름을 부르면 그 점수를 말해라, 라고 했어요. 난 그대로 성적을 써서 보냈고요. 그런데 희한한 것은 스스로 낸 점수가 모두 A가 아니었을 뿐 아니라, 내가 생각한 점수와 크게 다르지 않은 거예요. 또 그런 애도 있었지요. 수업이 끝난 후 나를 찾아와 "선생님, 저 아까 거짓말했습니다. 저 사실은 B가 아니고 C가 합당해요"라고 말하는 애가 있었어요.

지금과 같이 경쟁이 치열한 사회에서 이런 교사가 나타나면 우리 사회는 어떻게 반응할까요? 저는 이런 교사가 많아져야 된다고 생각합니다. 저는 최소한 아이들과 같이 지내는 걸 즐거워하지 않는 사람은 선생님 자격이 없다고 생각합니다. 아이들과 지내는 것이 즐겁지 않은데, 교직이 즐거울 리가 없으며, 그것은 결국 유리알 같은 아이들의 감성을 다치게 만드는 선생이 될 것이라고 생각하기 때문입니다.

박재동 화백의 예에서 보듯이 아이들은 믿어주기만 하면 그 믿음에 부응하려고 애를 씁니다. 설사 성적이 A가 안 되는 아이가 스스로 A를 부여했더라도 최소한 A가 되기 위해 노력할 것이란 생각을 합니다. 하지만 대부분의 어른들은 아이들을 미숙한 존재이자, 놔두면 언제든지 사고를 칠 예비 범죄자 취급을 합니다. 아이들이 스스로 어떤 선택을 하고, 그것에 대해 책임을 질 기회를 한 번도 줘본 적이 없으면서 판단력이 없다고 나무랍니다. 아이들에게 선택권을 주면 당분간은 혼란스러워할지도 모릅니다. 하지만 아이들은 곧 스스로 생각하는 법에 대해 익숙해져갈 것이라고 생각합니다.

프랑스의 임상병리학자 마리 아두는 《나는 자신있게 NO라고 말한다》라는 책에서 이런 얘기를 합니다.

1980년 수학연구소의 한 교수가 학생들에게 "양 26마리와 염소 10마리가 한 배에 타고 있다. 그 배에 탄 선장은 몇 살일까?"라는 질문을 했다고 합니다. 이런 어처구니없는 질문에 97명의 아이 중 76명의 아이가 양의 숫자와 염소의 숫자를 합해서 대답했다는 것입니다. 학교에서 가정에서 아이들을 수동적으로 훈련하고 순종하도록 길들여온 결과 아이들은 이런 어처구니없는 질문에 "모르겠는데요. 질문 자체가 터무니없어 보이는데요"라고 말하지 못하는 것입니다. 어쩌면 우리 교육도 이런 모습은 아닐까요?

많은 교육학자들이 '아이들은 일탈하기 쉽고, 아무 생각이 없으며, 자기만 안다'고 생각하는 어른들의 시각이 잘못되었다고 지적하면서 청소년에 대한 권리 제한이 부당함을 지적하고 있습니다. 스위스의 심리학자 장 피아제는 13세, 미국의 심리학자 로렌스 콜버그는 15세가 되면 성인과 비슷한 수준의 인지능력과 도덕적 판단기준을 갖게 된다고 주장합니다. 특히 콜버그는 15세 때의 인지능력을 넘어서는 사람은 전체 성인의 20퍼센트도 안 된다고 말하고 있고요.

조한혜정 교수는 "10대는 학생이기 이전에 하나의 인격체로서 존중되어야 하며, 보호와 선도의 대상이 아니라 참여의 주체라는 시민권적 개념으로 풀어나가야 한다"면서 "청소년들이 자신의 선택에 대해 책임을 지고 열심히 자신이 선택한 것을 추구해 갈 수 있는 여건이 마련되어야 하는 것"이라고 말합니다.

아이들이 꿈을 잃고 타락하는 이유의 거의 대부분은 어른들과 그들이 만들어놓은 시스템에 기인하는 게 아닐까요? 문화평론가 김지룡 씨는 "일본의 입시 위주의 과열된 수험교육은 양식 있는 시민을 양성하는 것이 아니라 비뚤어진 승자와 타락하는 패자를 만드는 시스템"이라고 한 적이 있는데, 우리 역시 일본보다 더하면 더했지 나은 상황은 아니라고 봅니다. 결과만을 중시해왔기 때문에 승자는 비뚤어져왔고, 패자는 타락하거나 비굴해져온 것이 아닐까요?

누구나 자기가 하고 싶은 것이 있고, 남들보다 잘하는 것이 있습니다. 좀더 다양한 방식의 가치 있는 삶이 있다는 것을 아이들에게 알려줘야만 다른 사람과 비교해서 스스로 패배자라고 느끼게 되지 않을 것입니다.

인권활동가 배경내 씨는 《인권은 교문 앞에서 멈춘다》에서 이렇게 말합니다.

기성세대는 순종과 겸손의 미덕을 가르치는 과정에서 반항하는 아이들에게 제재를 가하는 것을 당연하다고 생각한다. '아는 것도 부족하고 판단력도 부족한' 아이들에게 자치와 자율을 허용하는 것은 교육을 포기하는 것이라고 생각한다. 이런 잘못된 교육관 때문에 아이들은 인권의 존엄성을 알지 못하고, 타인에 대한 배려를 할 줄 모르며, 토론과 대화의 힘을 기르지 못하고, 자율과 자치의 가치를 경험하지 못한다.

그러면서 "아이들의 인권에 대한 개념을 정립하지 못하면 아이들도, 학교도, 우리 사회도 모두 망가질 수밖에 없다. 하루속히 그들에게 사람이라면 마땅히 누려야 할 권리를 돌려줘야 한다. 그들은 학생이 아니라 사람"이라고 얘기합니다.

어른들은 요즘 아이들이 거칠고 버릇이 없다고 개탄합니다. 체벌을 금지해서 교실이 난장판이 되었다는 호들갑과 함께 말입니다.

심리학자 장근영 박사는 《포스코신문》 2010년 10월 28일자 칼럼 기고를 통해 이렇게 말합니다.

현재 우리 청소년의 욕설문화의 정체는 자신을 비하하고 상대방도 비하함으로써 얻어지는 동질감인 셈이다. 그렇다면 왜 자존감이 낮아질까? 우리 사회와 문화에서 청소년에게 자신의 가치를 확인할 수 있는 수단이 시험 말고는 거의 없기 때문이다. 그나마 그 시험을 잘 봐봤자 결국 공무원이 되는 꿈을 꾸어야 하는 청소년에게 높은 자존감을 기대할 수 있을까?

아이들에게 스스로 자존감을 확신할 수 있는 교육을 해주지 못한 어른들이 아이들을 손쉽게 평가하는 것은 참 무책임해보입니다. 장근영 박사는 같은 칼럼에서 또 이렇게 말합니다.

청소년의 욕설문화는 그 자체가 문제라기보다는 우리나라 청소년이 처한 상황을 보여주는 증상이다. 상황 맥락을 고치지 않고 욕설만 막겠다는 건 무모할 뿐 아니라 위험하기까지 하다. 게다가 청소년의 언어문제에 정부 차원에서 개입하려 드는 국가는 적어도 선진국에선 사례를 찾기 어렵다. 미국이나 영국에서도 청소년의 언어문제를 우려하는 사람들은 있지만 정부가 주도해서가 아니라 민간의 자발적인 활동이 있을 뿐이다. 정부가 해야 할 진짜 중요한 일은 청소년의 삶의 질을 향상시키는 것이 아닐까. 그렇게 된다면 이 지나친 욕설 문화도 저절로 수그러들지 않을까.

애기가 장황해졌습니다. 그만큼 학생들의 인권을 존중하고, 스스로의 자존감을 높여주고, 그들에게 민주시민교육을 어려서부터 훈련시키는 것이 중요하다고 생각하기 때문입니다. 세상은 엄청나게 빠른 속도로 변화하고 있습니다. 이런 사회일수록 세대간에 공유하는 경험은 줄어들게 마련입니다. 새 지식을 빨리 소화해야 하는 정보화시대로 가면서 어른들이 가진 많은 지식은 폐기처분됩니다. 아이들을 키우는 데 있어서 아이들의 생각을 이해하고, 같이 대화하면서 합일점을 찾아나가는 것이 더욱 중요한 시대가 되고 있는 것입니다. 변화가 빠른 시기에 이미 기성세대들이 겪은 변화보다 더 많은 변화를 짧은 시간에 압축적으로 경험한 새로운 세대들은 본능적으로 앞으로 다가올 더 빠른 변화를 감지하고 있지만, 그 상황에 어떻게 대처해야 할지 몰라 불안감과 두려움을 느끼고 있습니다. 그리고 지금의 기성세대들은 그 불안을 해소시켜줄 만한 지식을 갖고 있지 못하며, 아이들은 미래에 대한 불안감을 해소시켜주지 못하는 어른들에게 "당신들은 몰라요. 그냥 내버려두세요"라고 말합니다.

청소년들에게는 자율성이 좀더, 어른들에겐 참을성이 좀더 필요한 시대인 것 같습니다. 자율성을 부여하고, 얼마간 기다려

줄 수 있다면 책임 있는 인간으로 자랄 가능성은 매우 높아질 것입니다. 청소년을 이해하고 내버려둘 수 있는 '능력'은 사실상 급변하는 시대를 살아가기 위해 기성세대 자신들에게도 필요한 일이 될 것입니다. 사실 이렇게 빨리 변화하는 시대에 적응하는 방법을 모르는 것은 어른들도 마찬가지일 테니까요. 그런 점에서 서로 고민을 공유하는 것이 좋지 않을까 하는 생각이 듭니다.

김상곤이라는 희망의 아이콘

10여 년 전쯤 교육계와 시민사회에서 청소년인권, 아동인권에 관한 논의들이 봇물처럼 터져 나온 적이 있습니다. 제가 앞에서 인용했던 많은 논의가 그때 나온 얘기들입니다. 하지만 그 후 미래에 대한 불안감은 이런 논의들을 모두 집어삼켜 버렸습니다. 김상곤이라는 아이콘이 나타나서 그 불씨를 살려낼 희망을 보여주기 전까진 말입니다. 그리고 어느 정도 논의가 무르익은 청소년인권에 비해 학생인권이라는 개념은 여전히 생소하기 짝이 없습니다. 오죽하면 배경내 씨가 "인권은 교문 앞에서 멈춘다"고 했겠습니까? (그게 10여 년 전인데도 상황은 여전한 것 같습니다.)

새로운 인터뷰 집을 기획하던 중 출판사 측에서 제게 물었습니다. 다음번에 어떤 분을 인터뷰하고 싶으냐고. 김상곤 경기도 교육감 인터뷰를 하고 싶다고 말했습니다. 그리고 다행스럽게도 인터뷰가 성사되었죠. 제가 김상곤 경기도 교육감 인터뷰를 하고자 했던 이유는, 이분이라면 이런 난마와 같은 상황을 헤쳐 나갈 어떤 단초를 제시해줄 수 있을 것 같았기 때문입니다.

지난 6.2 지방선거에서 김상곤 교육감이 압도적인 표 차이로 재선되었다는 것은 한국사회에서 대단한 의미를 가진 사건이라고 생각합니다. 보수세력의 숱한 공격에도 불구하고, 뭇매를 때리는 여러 세력들에게 맞서서 스스로의 교육철학을 드러내고 무상급식, 혁신학교, 학생인권조례 등과 같은 정책으로 승부를 건 김상곤 교육감의 역할이 전체 선거에 상당한 영향을 줬다고 생각합니다.

조국 교수는 《진보집권플랜》에서 이렇게 얘기합니다.

무상급식 같은 화두를 자꾸 개발해 집중적으로 논의하고 그 문제의식을 확산시켜야 합니다. 그러다 보면 대중이 피부로 느끼며 공감하는 대안경제 모델이 서서히 모습을 드러낼 겁니다. 무상급식 논쟁으로 '김상곤 효과'라는 말까지 등장하지 않았습니까? 김상곤 경기도 교육감은 진보적 교수였지만 직업정치인이 아니었습니다. 그렇지만 그는 어느 정치인 못지않게 우리 사회에 중요한 화두를 던지고 '전선'을 만들어냈습니다. 무상급식 논쟁은 그 자체적인 의미 외에 더 큰 의미가 있습니다. 지금까지 진보개혁진영은 '신자유주의 반대'라는 말만 했지 이를 구체적으로 보여주는 정책을 이슈화하는 데는 성공하지 못했거든요. 또한 이론적·정책적 차원에서 복지국가를 주장했지만, 이에 대한 대중적인 공감을 일으키지는 못했고요. 그런데 무상급식 논쟁은 신자유주의 반대, 복지국가 건설의 의미가 무엇인지 대중이 바로 알아듣게 만들어주었습니다.

당시 한나라당 측에서도 무상급식 의제를 어느 정도 받아들였을 정도로 일정하게 합의가 이루어졌다고 생각한 것에 대해 현재 오세훈 서울시장의 경우 '망국적 포퓰리즘'이라며 강한 반대의사를 표명하고 있고, 보수신문들 역시 지원사격을 하고 있는 상황은 무상급식 의제의 파괴력을 설명해주는 것이라고 생각합니다.

혹자는 무상급식에 대해 부자급식이라는 말로 호도합니다. 경쟁사회에 맞지 않는 것이라는 얘기와 함께요.

장하준 교수는 《그들이 말하지 않는 23가지》에서 이렇게 얘기합니다.

어떤 아이가 배가 고파서 수업 시간에 제대로 집중하지 못한다면 선천적으로 능력이 떨어지기 때문에 성적이 나쁘다고 말할 수 없다. 공정한 경쟁이 되려면 그 아이도 다른 아이들처럼 배불리 먹을 수 있어야 한다. 집에서는 생계비 지원을 받아 식사를 할 수 있도록 하고, 학교에서는 무료 급식을 통해 밥을 굶지 않도록 보살펴야 한다. 기회의 균등이 진정한 의미를 가지려면 일정 수준 이상의 결과의 균등이 보장되어야 한다.

김상곤 교육감은 "한국 교육의 문제와 한계를 극복하기 위해서는 패러다임의 공공적인 혁신이 필수적"이라고 말합니다.

교육의 문제를 교육학적으로만 접근하는 것은 실제 아무런 울림도 주지 않고, 아무런 변화가 불가능할 것이기 때문입니다. 그것이 김상곤 교육감을 유권자들이 선택한 이유겠지요. 그런 김상곤 교육감에게 많은 분이 정치적이라는 딱지를 붙입니다. 저는 그들에게 조지 오웰의 말을 들려주고 싶습니다.

어떤 책이든 정치적 편향으로부터 진정 자유로울 수는 없다. 예술은 정치와 무관해야 한다는 의견 자체가 정치적 태도다.

책과 마찬가지로 어떠한 삶도 정치적 편향으로부터 진정 자유로울 수는 없습니다. 정치와 무관해야 한다는 의견 자체가 현상 유지를 통해 기득권을 유지하고 변화를 거부하려는 정치적인 태도이겠지요.

정상호 연구교수(명지대학교 국제한국학연구소)는 김상곤 교육감을 "보수적 교육행정을 진보적 교육정치로 전환시킨 선제적 기획가"로 평가합니다. 그가 한국사회에 던진 학생인권조례, 혁신학교 등의 화두는 교육의 변화를 통해 한국사회를 근본적으로 변화시킬 수 있는 동력이 될 수도 있을 것이라는 평가겠지요.

우석훈 박사는 자신의 블로그에 올린 글에서 김상곤 리더십을 이렇게 평가한 바 있습니다.

김상곤 리더십은 많이 얘기하고, 거의 만장일치가 나올 때까지 사전 논의가 많은 것이 특징이다. 교수들 출신이 이렇게 하는 경우는 거의 못 봤고, 시민단체 출신 중에서도 막상 자리에 가면 군림형으로 바뀌는 것을 종종 보았는데, 내가 아는 지식 내에서는 김상곤은 정말 새로운 스타일의 리더십이 등장한 셈이다. 한국 교육개혁의 최첨단에서 매일매일 관료와 한나라당 교육위원들에서 그들의 의지와 반하는 결정을 내려야 하는 상황, 그런데도 비교적 무리 없이 헤쳐 나가는 것을 보면서 그 힘이 어디에서 나오는지 상당히 궁금했었다. 현재의 김상곤 리더십이 얼마나 더 힘을 발휘하거나 더 많은 변이를 만들어낼지는 조금은 더 지켜보아야 할 노릇이지만 일단 신선한 충격을 느꼈다.

김상곤 교육감과의 인터뷰가 끝난 후 사석에서 우석훈 박사를 만났을 때 그 얘기가 나왔습니다. 저는 무슨 얘길 들었기에 그렇게 정확하게 평가할 수 있었는지 물었습니다. 제가 만난 김상곤 교육감의 리더십이 정말 그랬거든요. 조근조근 듣고, 끊임없이 대화를 시도하고, 결단을 해야 하는 상황에서는 책임감 있고 과감하게 행동하는 그런 리더십.

김상곤 교육감은 "기존의 권위주의적이고 관료주의적인 그러니까 전통이라는 이름으로 포장된 전근대적인 리더십은 이제 과감히 버리고 섬김과 민주의 리더십, 크게 말해 열린 리더십으로의 코페르니쿠스적 전환이 필요하다"고 말합니다. 사실 말로 하긴 쉬워도 실천하기란 쉽지 않은 얘기들이죠. 증명하긴 더욱 어렵고요.

지금 한국의 우파들은 말할 것도 없고, 입만 살아서 상대방을 자극만 하는(속이 시원한 이외의 아무런 효과를 기대할 수 없는) 경솔한 좌파, 상대방이 '빨갱이'라고 공격할까 봐 쪼그라들어서 아무 할 말도 하지 못하고 우클릭을 해버리는 좌파(좌파, 우파가 어느 쪽이 옳다는 개념이 아니라 자기 정체성 정도는 알고, 정체성에 맞는 정책을 펴나가야 하지 않을까요?), 이런 사람들 사이에서 김상곤 교육감의 일하는 방식과 리더십은 단연 돋보입니다.

이제는 교육문화를 바꿔야 할 때

학력평가 결과가 핀란드 1위, 한국 2위였을 때 한국 교육 관계자가 말했답니다. "근소한 차이로 저희가 뒤졌군요." 그러자 핀란드 교육 관계자가 이렇게 받아쳤다는군요. "아주 많은 차이가 있습니다. 핀란드 아이들은 웃으면서 공부하지만, 그쪽 학생들은 울면서 공부하지 않습니까?"

학부모, 학생, 교사, 학교 모두가 가해자이고, 모두가 피해자인 이 쳇바퀴에서 이제는 벗어나야 되지 않을까요?

또 핀란드 교육청장을 지낸 에르게 아호는 "경쟁은 좋은 시민이 된 다음의 일"이라고 말합니다. 김상곤 교육감 역시 좋은 시민이 되기 위한 교육을 강조합니다. 김 교육감은 예전 교육이나 경쟁교육이 지닌 장점도 있지만, 선진국형 교육이 되기 위해서는 우리의 교육문화가 바뀌어야 한다고 말합니다.

강수돌 교수는 《시속 12킬로미터의 행복》에서 생텍쥐페리의 말을 빌려 "당신이 배 한 척을 만들려고 한다면 계획을 세우기 위해, 작업을 분배하기 위해, 도구를 가져오거나 나무를 자르기 위해 사람들을 불러 모으지 말고, 그들에게 넓고 끝없는 바다에 대한 동경을 가르쳐라. 그러면 그들이 스스로 배를 만들 것"이라고 말합니다. 그는 또 행복에 관해 이렇게 말합니다.

은행 이자와 인간 행복의 근본적 차이는 무엇일까? 은행 이자는 나중에 미루었다 한꺼번에 찾으면 뭉칫돈이 될 수 있지만, 시간이나 행복은 결코 저축이 안 됩니다. 매 순간 느끼며 살아야 하는 것이기 때문입니다. 현재 행복하게 살지 못하면 미래에도 행복하기 어렵습니다. "오늘 할 일을 내일로 미루지 마라"가 아니라 "오늘 행복을 내일로 미루지 마라"가 우리의 새로운 다짐이 되어야 합니다. 시간은 생명의 흐름이요, 곧 삶의 과정이기 때문입니다.

이런 얘기들이 김상곤 교육감이 말하는 창의적 학력, 창의적 교육, 학생인권이 존중되는 행복한 학교에 관한 얘기들과 일맥상통하는 것이 아닐까 싶습니다.

인터뷰가 끝난 후, 김상곤 교육감과 함께라면 아이들과 더불어 행복한 세상을 만들 수 있지 않을까 하는 생각이 들었습니다. 물론 그를 집요하게 공격하고, 새로운 흐름을 막으려는 세력들은 도처에 깔려 있지만, 저는 희망을 보았습니다. 아이들을 사랑하고, 교육을 정상화시키려는 교육자의 열정, 소년의 열정을 봤습니다. 김상곤 교육감, 또 그와 같이 일하시는 분들을 통해서 말입니다.

"김상곤의 수난사는 한국 교육의 합리성이 만들어지는 과정에서 생기는 진통"이라고 표현하시는 분도 있었고, "30년 개혁

교사들의 한을 김상곤이 풀어줬다"고 말씀하시는 분도 계십니다. 그만큼 뜨거운 화두이기 때문이겠지요. 어쩌면 그 싸움이 이제 겨우 시작되었는지도 모르겠습니다.

아이들이 정말 공부를 열심히 하긴 하는데, 인생을 제대로 사는 공부하고는 별개의 공부를 하고 있는 것 같다는 생각은 저만의 생각이 아닐 겁니다. 결국 시행착오를 허락하지 않는 공부고요. 현실과는 조금은 동떨어진 공부였지요.

신영복 교수는 《감옥으로부터의 사색》에서 목수에게 큰 깨달음을 얻은 얘기를 합니다. 집 그림을 그릴 때 목수는 서까래부터 그린다는 거죠. 그게 일하는 사람의 접근법일 겁니다. 그런데 우리는 대부분 지붕부터 그려왔던 것 같습니다. 이게 기초 없는 교육, 현실감 없는 교육의 단면인지도 모르겠고요.

인터넷을 통해 유명해진 판결이 하나 있습니다. 14건의 절도와 폭행을 저질러 한 차례 소년법정에 섰던 16세 소녀가 다시 친구들과 오토바이 등을 훔쳐 달아난 혐의로 법정에 서게 되었답니다. 무거운 처벌을 받을 수 있는 상황에서 김귀옥 부장판사는 '불처분 결정'을 내렸다고 합니다. 그리고 다정한 목소리로 "내 말을 크게 따라 해봐. 나는 무엇이든지 할 수 있다. 나는 이 세상에 두려울 게 없다. 이 세상은 나 혼자가 아니다!"라고 말하면서 그 말을 법정에서 힘차게 외치게 했다고 합니다. 김귀옥 부장판사가, 그 소녀가 범행에 빠져든 아픈 사정을 감안해서 내린 판결인 거죠.

김 판사는 "아이의 잘못이 있다면 자존감을 잃어버린 겁니다. 그러니 스스로 자존감을 찾게 하는 처분을 내려야지요"라고 말하면서 "이 세상에서 누가 제일 소중할까? 그건 바로 너야. 그 사실만 잊지 않으면 돼. 그러면 지금처럼 힘든 일도 이겨낼 수 있을 거야"라고 했다고 합니다.

때론 처벌이 필요할 수도 있겠지만, 아이들에게 더욱 필요한 것은 더 많은 관심과 자존감의 회복이 아닐까요?

21세기가 10년이나 지난 지금도 많은 어른이 체벌이 필요하다고 말하고 있습니다. 그동안 아이들에게 매질과 매도만 해왔던 사람들이 말입니다. 그럼 한번쯤은 방법을 바꿔볼 필요가 있지 않을까요?

그리고 신체적 폭력만이 폭력은 아닐 것입니다. 어쩌면 수직적인 위계질서야말로 가장 비교육적인 것인지도 모르겠습니다.

배경내 씨는 예의 같은 책에서 또 이렇게 말합니다.

교사의 언어폭력은 학교의 규율을 강제하는 과정에서 주로 일어나는데, 이는 누가 권력의 상층부를 차지하고 있는지를 아이들에게 각인시켜준다. 아이들에게는 '하면 좋은 말' '해서는 안 되는 말'이 명확하게 구분되는 반면, 교사들에게는 그 경계가 모호하다. 교사와 학생이라는 불평등한 관계에서는 강자인 교사에게 '하면 더 좋은 말'은 있을지언정 '해서는 안 되는 말'은 없다고 볼 수 있다. 때문에 교사들의 일상적 언어실천은 아이들의 존엄성을 공격하고 명예를 훼손할 가능성이 매우 많다.

오늘날 이런 상황들이 얼마나 바뀌었을까요?

배경내 씨는 "학교 내 의사결정을 독점하고 있는 교장과 그에 따르는 소수의 권력형 교사들이 학교 내 아이들의 인권을 일상적으로 침해하는 '직접적인 가해자'임에는 틀림없다. 그렇다고 이들에게 '가해자'의 낙인을 찍는다고 문제가 해결되는 것은 아니다. 검열과 통제와 폭력의 악순환이 되풀이되는 학교생활, 이를 가능케 하는 통제의 메커니즘, 통제의 메커니즘이 빈틈없이 돌아가도록 만드는 비민주적인 의사결정 구조, 이 모든 것이 '마치 한 치의 오차도 없는 듯이' 유지되는 이유는 학교를 둘러싸고 있는 많은 행위자가 이 체계에 공모하고 있기 때문이다. 다들 이 체계에 순응함으로써 얻을 수 있는 이익을 생각하면, 아이들의 인권은 무시되어도 좋다고 여긴다. 어딘가 '켕기는 구석'이 있을 때, 누군가 의심스런 눈으로 이 체계를 바라볼 때 그들은 입을 모아 '이게 모두 학생들을 위해서야'라고 말하며 통제의 고삐를 늦추지 않는다"고 덧붙입니다.

김상곤 교육감 역시 학교문화가 민주적이고 자율적이 되어야 한다고 말하며, 이런 공모가 과연 누구를 위한 것이냐고 반문하고 있습니다.

마광수 교수의 말대로 말대꾸라는 말이 없어져야 하겠죠. "어른에게 말대꾸한다"라는 말이 나오는 순간 대화와 토론이 성립될 수 없기 때문이며, 서로의 이해는 멀어지기 때문입니다. 사랑하는 우리 아이들을 이런 학교와 교육 속에 방치할 것이냐, 이것이 미래의 밝은 사회를 생각하더라도 바람직한 것이냐, 지금까지와 같이 미래에도 경쟁력이 있을 교육이냐, 하는 질문을 김상곤이 우리에게 던지고 있습니다. 그에 대한 대답은 이제 우리들의 몫인 것 같습니다.

장하준 교수는 예의 같은 책에서 또 이렇게 말합니다.

교육은 소중하다. 그러나 교육의 진정한 가치는 생산성을 높이는 데 있는 것이 아니라 우리가 잠재력을 발휘하고 더 만족스럽고 독립된 생활을 할 수 있도록 하는 데 있다. 경제를 발전시킬 것이라는 기대를 안고 교육을 확장하면 큰 실망을 겪게 될 것이다. 교육과 국민 생산성 사이의 연관성이 약하고 복잡하기 때문이다. 교육에 대한 과도한 열의는 가라앉힐 필요가 있다.
1990년대 중반까지 대학 진학률 10~15퍼센트로도 세계 최고의 국민생산성을 기록한 스위스의 사례를 고려할 때 그보다 더 높은 대학 진학률은 사실 불필요하다는 추측을 할 수 있다. … 미국, 한국, 핀란드 같은 나라에서는 대학 교육의 절반 정도는 기본적으로 제로섬 게임인 '분류' 과정을 위해 낭비되고 있다는 말이다.

교육과 국민 생산성 사이의 연관성이 매우 복잡하고, 대학 진학률이 높다는 것, 교육열이 높다는 것이 최고의 국민생산성과 꼭 연관되지는 않는다는 반문을 던지고 있습니다. 이제 그런 교육에 관한 신화도 깨나가야 할 필요가 있다는 얘기겠죠.
김상곤 교육감은 초중등교육의 혁신을 통해 모두가 행복한 학교는 물론이고, 새로운 시대에 맞는 인재상을 제시하면 그로 인해 사회도 바뀔 수 있고, 대학도 바뀔 수 있지 않겠느냐, 그러기 위해서 같이 노력해야 하지 않겠느냐는 제안을 합니다.
이 책은 김상곤 교육감과 함께 어떻게 행복한 학교를 설계할 것인가, 학생·학부모·교사 모두에게 행복하고 신나는 혁신학교를 어떻게 만들 것인가 하는 고민과 제안을 담고 있습니다.

물론 이 얘기들은 특별하지 않을 수도 있습니다. 그러나 오히려 그렇기 때문에, 특별한 얘기들과 특별한 대책들이 우리 교육을 점점 더 위기에 빠뜨리고 있는 상황이라 더 특별할지도 모르겠습니다. "교육이란 근본적으로 무엇인가? 아이들을 어떻게 대해야 할 것인가?"에 대해 같이 고민해보자는 얘기입니다.

교육혁신을 위해 애쓰시는 살인적인 스케줄 가운데서도 귀한 시간 내주시고, 좋은 얘기 많이 해주신 김상곤 교육감님께 감사의 말씀을 드립니다. 그리고 김상곤 교육감님에 관한 여러 가지 얘기를 들려주시고, 실무적인 부분들을 챙겨주시고, 인터뷰에도 참여해주신 안순억 선생님께도 감사의 말씀을 드립니다.

모두가 행복할 수 있는 학교를 꿈꾸며,

지 승 호

이명박 정부가 망쳐버린 우리 교육, '밥퍼주는 교육감' 김상곤이 있어 그나마 희망이 보인다. 그가 펼치는 교육혁신에는 우리 교육의 소생을 바라는 국민의 기대와 열망이 집약되어 있다. 그래서 인터뷰어 지승호가 다섯 차례에 걸쳐 김상곤 경기도 교육감을 만나 속 깊은 얘기를 들어보았다.

때 : 2010년 8월 13일, 8월 19일,
8월 28일, 9월 6일, 10월 4일
곳 : 경기도 교육청 교육감실 외

차례

서시	풍선을 날리는 학교 · 황지우	4
서문	이 세상에서 가장 소중한 건 바로 너야 · 지승호	6

1 우리 학교는 왜 학생들에게 '감옥'일까

학교는 지금, 꿈이 사라진 자리에 경쟁만 남은 '입시학원'	37
진보, 보수를 떠나 공교육의 정상화가 최우선 과제	45
거대한 조직과 융화를 이룬 김상곤 리더십의 비밀	57
학교공동체 복구의 요체는 청렴성과 투명성	69
쿨 커뮤니케이션과 학생인권조례에 담긴 뜻	79
어떤 경우에도 최우선은 '교육의 본질'	86
교육 '혁신'에 이념을 색칠하는 것이 문제	93
웃으면서 공부하는 아이들 vs 울면서 공부하는 아이들	100

2 '출세의 사다리'로 전락한 우리 교육의 슬픈 현실

학교문화를 바꾸는 일이 급선무   111
교문 앞에서 멈춰버린 인권   117
일제고사는 무한경쟁 줄 세우기   125
끊임없이 교육자치를 예속하려는 이명박 정부   132
역사적인 판결, 감동을 준 판결문   141
소통을 가로막는 이명박 정부의 억압구조   149
달라지는 학부모 의식, 변화하는 학교현장   155
40만 일선 교사들에 대한 생각   164

3 학교와 학생 그리고 교육을 살리는 길

이제는 전근대적인 교육 패러다임에서 벗어날 때   175
무너진 교권을 어떻게 다시 세울 것인가   185
엘리트 양성보다 더 중요한 것은 위기 학생을 줄이는 것   191
대학입시에 예속된 초중등교육을 어떻게 풀 것인가   197
교육은 이데올로기를 생산하고 확산하는 작업   208
혁신학교 사업은 붕괴된 공교육을 다시 세우는 작업   217

4 아이들이 행복한 학교 만들기

작은 학교 살리기 운동 그리고 학교문화 혁신   231
등교시간이 기다려지는 즐거운 학교   239
반드시 '보편적' 교육복지가 필요한 이유   248
학생인권조례는 성숙한 시민을 기르기 위한 밑돌   264
교육혁신은 즐거운 학교, 행복한 교육을 위한 기초공사   274

5 '사다리'를 걷어차는 페스탈로치

교육적 성찰이 절실한 때   287
교육자는 먼저 학생들 앞에 떳떳한지 돌아봐야 할 때   300
교사는 개혁의 대상이 아니라 개혁의 주체   308
학생 저마다의 소질을 배려한 '역동적 평준화'   316
교원평가제 개선과 재교육 그리고 반부패 방안   324
창의적 학력 신장을 위한 방안   331
척박한 시대를 건너온 인생 역정   343
민주화운동 그리고 교육혁신운동에 바친 세월   361

부록 '김상곤표' 교육혁신의 가장 뜨거운 화두 3제

화두 1
모두가 행복한 교육을 만들어가는 '우리들'의 혁신학교 375

화두 2
학생인권조례 10문 10답 381

화두 3
무상급식과 보편적 복지 399

우리 학교는
왜 학생들에게 '감옥'일까

대한민국의 어른으로 산다는 것이 부끄럽습니다. 대한민국의 교사로 아이들의 얼굴을 보기가 부끄럽습니다. 아이들은 눈을 깜빡이면서 물어보거든요. "선생님, 일제고사를 왜 보는 거예요?" "선생님, 문제풀이만 하니까 지겨워요." "선생님 일제고사는 누가 보라고 하나요?" "선생님, 일제고사 안 보면 어떻게 되나요?" 아이들의 질문에 답변을 못주는 저는 무능한 교사입니다.

_어느 선생님의 고백

국제학력평가기관(PISA)에서 주관한 학력평가에서 핀란드가 1위, 한국이 2위를 한 적이 있다. 그때 한국 교육 관계자가 말했다. "간발의 차이로 우리가 졌네요." 그러자 핀란드 교육 관계자가 받아쳤다. "아니요. 간발의 차이가 아니라 아주 엄청난 차이가 있습니다. 우리 아이들은 웃으면서 공부하지만, 당신네 아이들은 울면서 공부하지 않습니까?"

_본문 중에서

학교는 지금, 꿈이 사라진 자리에 경쟁만 남은 '입시학원'

지승호 교육감님이 말씀하신 것처럼 예전의 아이들은 '뭐가 될까'를 꿈꾸곤 했잖아요. 이걸 꿈꿨다가 '아이, 이건 재미없을 것 같아' 하고 바꾸기도 하고요. 요즘 아이들은 아예 그런 꿈조차 없어진 것 같다는 생각이 듭니다. 꿈보다는 '어떻게 먹고살아야 할까, 어디 취직을 해야 잘 먹고 잘살 수 있을까' 하는 현실적인 고민이 더 많을 수밖에 없는 상황인 것 같고요. 자칫 기본적인 삶조차 누릴 수 없게 되지 않을까 하는 공포감에 휩싸여 있는 것 같은데요.

김상곤 예전에는 추상도가 아주 높은 꿈들을 꿨잖아요. 그리고 막연하게나마 밝은 미래를 생각하면서 큰 꿈을 꿨는데, 지금은 아주 현실적인 꿈을 꾸기 시작하는 것 같아요, 어렸을 때부터. 그게 일찍이 미래에 대해 구체적으로 고민할 수 있다는 점에서는 좋다고 볼 수도 있지만, 너무 어렸을 때부터 스스로를 제한하고 가두기 시작하는 건 아닌가 하는 안타까움이 있어요.

지승호 물론 여유로운 생활을 하고 취미활동을 하면서 살아야지 하는 게, 예를 들어 카페 주인이 된다든지 하는 게 나쁜 것은 아닐 텐데요. 여유 있는 집에서 아이에게 '너 정 안 되면 카페나 하나 차려 줄게'라고 하는 것에 대해 굉장한 부러움을 가지는 것 같습니다. 자기가 가진 공포감 때문에 더 그러는 것 같은데요. 그러다 보니 아이들이 자연히 보수적으로 되는 부분도 있는 것 같고요. 아이들이 자기 꿈을 이루기 위해서 도전을 한다든지, 기존에 없던 것을 만들어봐야지 하는 것보다는 기존의 삶이나 사회에 어떻게든 잘 맞춰서 좀더 윗자리로 가야겠다는 생각들을 많이 하게 되는 것 같습니다.

젊은 사람들이 뭔가에 도전하고 부딪혀야 사회가 변할 텐데요. 그래서 나이든 사람들한테도 패기 있게 "당신들 그렇게 살면 안 돼. 당신들 너무 이상해. 이런 건 바꿔봐야 되는 거 아냐"라고 말할 수 있어야 될 텐데, 그렇게 하기가 어렵다 보니 아이들이 기존 사회에 너무 쉽게 순응해버리는 것 같거든요. 그런 면에서 아이들 교육이 더 어렵게 느껴질 수 있을 텐데요. "이런 게 좋은 거 아냐"라고 하면 "좋은 것은 알지만 그게 가능하겠어요? 불안해서 할 수 있겠어요?"라고 모두들 지레 체념하고 들어가는 것 같거든요.

김상곤 현실적인 꿈과 그것을 이루기 위한 여러 여건을 자기점검하기 시작하면서 어렸을 때부터 폭이 좁아지다 보니까 선생님이 얘기하는 미래의 비전과 전망에 대해서 그건 자기하고는 거리가 멀다고 일찍부터 생각하는 경향이 심화되고 있는 게 아닌가 생각합니다. 그러다 보면 선생님이 가르치는 것, 또 자기가 배우려는 것 자체를 극히 제한적으로 받아들이게 되고, 스스로를 아주 좁은 테두리 안에 가둘 수밖에 없겠다는 생각이 들기도 하고요.

선생님이 미래의 다양한 꿈과 비전 그리고 그에 관련된 사례를 말해주고, 그 꿈을 찾아 나가는 과정을 얘기하기도 할 텐데요. 아이들 자신도 저마다 그렇게, 아니 그 이상으로 할 수 있을 것으로 믿고 꿈을 펼쳐나간다면 큰 틀에서 자기를 재발견할 수도 있고, 꿈을 이루는 길을 찾아 나갈 수도 있을 텐데, 그렇지 않고 '나하고는 거리가 먼 얘기야. 나는 할 수 없어'라고 일찍부터 포기해버리는 것은 바람직하지 않습니다.

지승호 10여 년 전쯤에 언론들도 그렇고, "학교가 붕괴됐다. 공교육이 무너졌다"고 호들갑을 떨지 않았습니까? 아이들이 갑자기 집에서 '나 학교 가기 싫다'는 등의 탈학교 조짐도 많았고요. 그게 굉장한 사회문제가 됐었는데요. 10년이 지난 지금도 제가 볼 때 학교는 별로 나아진 것 같지 않은데, 그런 얘기가 쏙 들어갔지 않았습니까. 그런 문제의식을 못 느낀다는 것이 아니라 이미 그런 문제를 포기한 단계가 아닌가 하는 생각이 드는데요.

김상곤 그렇죠.

지승호 이것을 변화시키고자 하는 분들도 있지만, 사회 전체가 공교육에서의 문제 해결 방법을 포기하고 사교육을 통하거나 다른 방법을 통해서 자기 아이들의 문제만을 해결하려고 하는 것 같거든요. 학교에서 인성교육이나 이런 자체까지 생각할 상황도 아닌 것 같고요. 학교는 이제 오로지 '좋은' 대학에 가기 위한 입시학원이 된 것 같습니다. 그것을 변화시키기 위해서 인식을 바꾼다는 것이 쉬워보이지는 않는데요. 가장 어려운 점이 무엇인가요?

지금도 학교에서 떨려나가는 애들이 있지만, 예전처럼 '난 기

집무실에서 인터뷰 중인 김상곤 교육감

타를 연주할 거야' 하는 자발적인 경우보다는 단지 가정형편이 어려워서 그런 경우가 상대적으로 더 많아진 것 같거든요. 대부분의 아이들은 고등학교라도 나와야지, 대학교라도 나와야지 하는 생각으로 거기서 떨려나지 않으려고 더 악착같이 학교를 붙잡고 있는 것 같다는 생각도 듭니다. 학교현장을 둘러보시면서 어떤 생각이 드셨나요?

김상곤 우리 사회는 일찍이 학벌주의·학력주의가 판을 치게 되면서 그 학벌과 학력을 갖기 위해서 사생결단으로 몸부림치는 그런 사회죠. 그런 사회인데, 실은 다른 한편에서는 사회 자체가 다양해지면서 직업도 아주 다양해졌습니다. 본인이 지닌 꿈과 현실사회에서의 직업을 1대1로 대응시켜나가는 작업이 이루어져야 하는데, 그게 현실적으로 거의 불가능한 구조가 되어가고 있어요. 정규직, 그러니까 좋은 일자리를 갖고자 하고, 사회적으로 존중받고 사랑받고 싶어 하는 것이 모든 개인의 바람입니다. 그런 바람에 맞춰나가려면 엄청난 경쟁을 뚫지 않으면 안 되고, 그런 과정에서 경쟁의 무기인 학력과 학벌 지상주의 사회가 되어버린 거죠.

그러다 보니, 거의 모두가 그런 경쟁에 뛰어들지만 대부분은 자기가 원하는 목적지에 도달할 수 없는 구조가 되고 말았습니다. 이처럼 과열된 무한경쟁체제에서는 아무리 노력해도 공교육만으로는 목적지에 가기 어렵다고 여기게 되면서 사교육 의존도를 극도로 높이기 시작한 거죠. 그러나 너나없이 사교육에 목을 매는 실정에서 아무리 용을 써도 원하는 것을 얻기 어렵다는 좌절감이 팽배한 그런 사회가 되어 있다고 볼 수 있습니다.

지승호 북유럽의 어린 시절 교육을 보면 경쟁보다는 함께 어울리는 방법, 더불어 사는 방법부터 가르치지 않습니까. 그러나 우리는 어렸을 때부터 경쟁을 내면화하는 교육을 하고 있는 것 같은데요. 그게 교육만의 문제가 아니라 사회 전체가 그런 경향으로 흐르다 보니까 교육으로만 해결할 수 없는 부분이 많지 않습니까. 그것을 조화시키는 데 고민이 많으실 것 같은데요.
 어렸을 때부터 바람직한 교육을 받아야 커서도 그런 방향으로 가게 될 텐데, 부모부터가 아이의 장래를 불안해한 나머지 오로지 아이의 경쟁력 강화에만 목을 매는 현실입니다. 사회에 나가서 살아남기 위한 경쟁력이나 정신력을 키워준답시고 해병대 입소교육 같은 것을 당연하게 여기는 조금은 비이성적인 사회인데요. 그런 것 때문에 새로운 시도를 하는 것이 어려울 것 같습니다.

김상곤 지금 말씀하신 대로 사회 전체가 시스템으로 움직이고, 교육은 그것과 불가분의 상관관계가 있을 텐데요. 초중등교육과 고등교육, 그 이후의 사회와의 관련에서 교육과 직접 관련된 것은 일차적으로 고용문제 아닙니까. 우리 사회의 고용구조는 다른 나라보다 훨씬 더 불안정한 형태죠.
 비정규직이 절반을 훨씬 넘는다는 것이 심각한 문제입니다. 직업이 분화하고 경제환경이 급변하는 가운데 점차 불안정한 직종들이 많아지면서 좋은 일자리가 갈수록 줄어들고 있는 상황이다 보니까 그것이 고등교육에 영향을 미치고, 고등교육은 초중등교육에 영향을 미치게 되면서 동시에 고용구조를 중심으로 한 사회구조가 초중등교육의 향방을 좌우하는 학부모의 마인드에 직접 영향을 미치는 거죠. 아이들 자신도 갈수록 더 불안해할 수밖에 없고, 아이들에게 절대적인 영향을 미치는 학부모들도 대부분 이런 사회에서는 이렇게 교육을 시킬 수밖에 없다는 생각을 갖게 된 탓에 교육이 바람직하지 않은 방향으로, 심하게 말하면 병리적으로 흘러온 거죠.

대체로 보면 1980년대 초를 기점으로 신자유주의적인 정치·경제 이념과 정책들이 부활하고 강화되어 사회 전반으로 급속히 확산되면서, 어떻게 보면 그 원조 격인 영미를 비롯한 서구 선진국보다 더 빠른 속도로 산업현장, 기업현장에 도입되었지 않습니까. 그러다 보니까 고용구조가 빠른 속도로 불안정해진 대표적인 나라 중 하나가 된 건데요. 그것과 다른 경제정책이 직결되는 상황이고, 경제정책에 따라서 교육정책이나 노동정책이 영향을 받고, 갈수록 교육에도 경제의 틀, 경제적인 접근방식을 도입해야 한다는 생각들이 늘어났고요. 실제로 몇 차례 교육부 장관에 경제 전문가가 기용되기도 했지 않습니까. 대표적으로 김진표 전 교육부 장관이 그랬고요. 그런 것이 우리 교육의 현실을 단적으로 보여주고 있습니다.

지승호 교육감님도 경영학자 출신이지 않습니까. 교육계에 경영 논리를 들이대자고 하는 사람들을 보면 어떤 생각이 드십니까? 그것도 제대로 된 경영 논리도 아닌 것 같지만요.

김상곤 모든 조직은 경영관리적인 측면이 필요합니다. 그런데 경영을 어떤 시각에서 바라보느냐, 실제로 어떤 전망과 비전으로 경영을 하느냐에 따라서 다를 수밖에 없죠. 흔히 경영을 경쟁지상주의적이고 자본주의적인 방식으로만 이해하려는 경향이 있는데 이는 적절하지 않다고 봅니다. 어느 조직에나 경영행위가 적용될 수밖에 없는데, 어떤 방식이냐 하는 것은 여건과 주체에 따라서 다를 수밖에 없다고 봅니다.

근래 들어 교육의 시장화와 산업화를 얘기하는데요. 교육의 시장화·산업화는 신자유주의시대에 들어와서 점차 교육 개방 정책과 더불어 도입되고 강화되기 시작한 것입니다. 그러면서 교육산업이니 교육시장이니 하는 용어들을 많이 쓰기 시작한 것이죠. 예를 들면 노무현 정부에 들어와서 대통령이 직접 대학의 산업화라는 용어를 썼습니다. 그 이전에도 교육의 산업화라는 말이 나왔는데, 대통령으로서는 노무현 대통령이 처음 쓴 것이죠. '산업화'가 교육에 그대로 적용될 수 있는 원리이자 방향으로 들어왔고, 자리를 잡기 시작한 것입니다. 산업화는 곧 시장화에 다름 아닙니다.

진보, 보수를 떠나
공교육의 정상화가 최우선 과제

지승호 교육학자도 아니고 경영학자신데, 교육감 출마를 결심하게 된 계기는 뭔가요?

김상곤 일전에 말씀드린 대로 교수운동 차원에서 민교협을 만든 것이 1987년입니다. 민교협 규약 1조의 목적이 "교육과 사회의 민주화"로 되어 있어요. 그래서 그 양자를 수레바퀴로 해서 우리 사회 전반의 민주화를 추진해나가는 것이 우리가 할 역할이고, 학술운동을 그 매개로 보았습니다.

물론 교수들이기 때문에 교육의 민주화가 핵심과제이자 당면 과제였어요. 고등교육의 변화만이 아니고 초중등교육도 함께 변해야 민주화를 이룰 수 있다고 생각한 거죠. 특히 교사운동, 전교조 이전에 전교협이라고 있었죠. 전교협(전국교사협의회) 운동부터 눈여겨보면서 초중등교육의 개혁과 민주화도 같이 논의하고 고민하기 시작했습니다.

　1987년 6월 항쟁은 부르주아 혁명이라고 할 정도로 큰 변화를 가져왔습니다. 그 이후에 교육 분야도 학교부터 시작해서 교육정책을 비롯하여 각 부문의 변화를 촉구하는 움직임들이 있었고, 추동력이 생겼죠. 학교 민주화와 관련하여 대학에서는 학생들이 무능·어용 교수 문제를 제기했고요. 당시 초중등학교는 사학私學 비율이 지금보다 높았는데요. 사학재단의 부정비리라든가 교사들의 무능이라든가 하는 문제들이 본격적으로 거론되고 점검되기 시작했습니다.

　그런 과정에 함께 참여하면서 교육에 대한 관심이 높아지게 된 겁니다. 제 전공이 경영학이고, 경영학 중에서도 조직론과 인사관리입니다. 그래서 제가 가진 경영학 지식을 통해서 대학을 비롯하여 초중등교육의 조직과 관리를 어떻게 변화하고 개혁해야 할 것인가, 이런 쪽으로 주로 접근을 해왔죠. 그러나 제 자신이 정치현장이라든가 선거라든가 하는 것에는 전혀 관여하지 않는다는 것을 원칙으로 삼고, 학술운동을 통한 교수운동에 전력투구해왔습니다.

　2008년에 서울시 교육감 선거가 있었잖아요. 교육을 한번 제대로 바꾸자는 취지로 시민사회에서 건국대 주경복 교수를 후보로 내세웠지만, 아깝게 실패했죠. 이때 당선된 공정택 교육감의 여러 가지 불미한 행태를 보면서 많은 분이 '저건 아닌데' 하고 생각했습니다. 시민사회, 진보진영에서는 그때 다시 한 번 좌절감을 느꼈지만, 2009년 경기도 교육감 선거가 다가오자 이번에는 좀더 힘을 결집해서 제대로 해보자는 의지를 천명하고 문제의식을 공유하면서 그에 따른 구체적인 작업들을 해왔던 것 같아요.

그 상황을 제가 사전에는 구체적으로 몰랐습니다. 2008년 12월 말경에 한번 저한테 후보 얘기를 했었어요. 그런데 저는 이미 선거라든가 정치마당에는 일절 관여하지 않는다는 것을 원칙으로 삼았기 때문에 "그건 의미 있는 일이기는 하지만, 직접 나설 수는 없다"고 정중하게 사양했거든요. 그래서 다른 여러 사람들이 거론되었다고 합니다. 당시에 교육감 선거를 앞두고 교육 관련 단체들을 비롯하여 시민사회단체, 노동·농민단체들이 경기희망교육연대를 만들었어요. 그때 경기희망교육연대가 후보를 물색하는 과정에 있었습니다. 그런 가운데 저한테도 후보 얘기를 꺼낸 건데 저는 아니라고 한 겁니다. 그런데 2월 중순에 다른 교수들을 통해서 다시 제안을 해왔어요.

그래서 한번 진행상황 얘기라도 들어보면 좋겠다고 해서 경기희망교육연대 활동가 두 사람이 왔습니다. 일단 그 자리에서는 "이미 들으셨겠지만 선거에는 관여하지 않는 것이 내 원칙이다. 그리고 당신들이 참 열심히 노력하고 교육개혁을 위해서 좋은 후보자를 찾는 건 좋은 일인데, 나는 적합하지 않다"고 얘기했어요. 그것이 교수단체에 알려지고, 저한테 말해준 교수들도 얘기하고 해서 교수단체에서 조직적인 논의가 진행됐습니다. 짧은 시간에 조직적인 논의가 진행되어 2월 23일인가 민교협하고 교수노조 양 단체에서 "우리가 볼 때는 김상곤이 가장 적임인 것 같다. 개인적으로는 어렵고 희생하는 부분도 있겠지만, 교육개혁이나 우리 교육의 미래를 위해서 좀 나서주었으면 좋겠다"는 조직 차원의 결정을 하게 됩니다. 그래서 저로서는 조직의 결정을 받아들일 수밖에 없게 된 거죠.

며칠간 준비하여 3월 9일에 예비후보 등록을 하고 난 뒤 29일 정도 선거운동을 했습니다. 아까 말씀드린 대로 (비록 전력투구 하진 못했지만) 1987년부터 오랫동안 교육정책이나 교육개혁 문제에 관해 교육 전문가들과 만나면서 함께 고민하고 토론하고 연구해온 배경이 있고, 또 내가 교수로서 26년간의 교단 경험을 가지고 있어서 그런 연구와 경험을 바탕으로 초중등교육에 기여하는 것도 교육 민주화의 좋은 방법이겠다 싶어 결심을 하게 된 거죠.

지승호 학술운동만 하시고 정치에는 안 들어가겠다는 것을 원칙으로 삼으셨다고 하셨는데요. 정치 쪽에 들어가면 더럽혀질 것 같다는 느낌이었습니까? (웃음)

김상곤 더럽혀진다? … 그렇게 표현하면 곤란할 것 같구요. (웃음) 제가 대학 때 학생운동을 했지 않았습니까. 거기다가 상대 학생회장, 서울대 총학생회장까지 했기 때문에 그 연장선상이라고 볼 수도 있는데요. 사실은 우리 사회의 정치적인 변화가 있을 때마다 정치권에서 오라는 이야기가 간혹 있었어요.

하지만 그땐 우리 정치가 금권·파벌 정치, 보스 정치, 계보 정치 패러다임에 갇혀 있어서 그런 속에서 정치를 하려면 상당 부분 그 메커니즘에 따라 움직일 수밖에 없는 것 아니냐는 생각을 했고요. 그것을 헤쳐내면서 노력한다고 해서 정치 자체의 여러 상황을 처음부터 바꾸어낼 수 있는 조건은 아니라고 생각했습니다. 또 내 역량도 부족하다는 생각을 했고. 그래서 그쪽보다는 교수운동이나 학술운동을 통해서 우리 사회의 민주화와 개혁에 보탬이 되는 게 훨씬 바람직하겠다고 일종의 기준을 정한 거죠. 일단 그렇게 정하면서부터는 얘기가 오더라도 잘 말씀드리면 상대에게도 이해가 됐고요. 아예 저 사람은 저런 입장에서 저런 길을 가고자 하고, 그 길에서 열심히 하고 있다, 그렇게들 간주하게 되니까 오라고 계속 귀찮게 하는 일은 없었습니다.

지승호 현실정치보다는 시민사회운동을 하신 건데요. 교육감 직은 정치보다는 행정적인 성격이 강해서 국회의원 같은 것보다는 선택이 쉬웠나요?

김상곤 이것도 직선제 선거를 통해서 뽑는 것이어서 (정치적으로 중립이라곤 하지만) 정치가 작용하지 않을 순 없는 거죠. 그래서 처음에 꺼렸던 겁니다. 그러나 그 직책이 가진 '교육'이라는 특수성 때문에, 교수로서 그쪽에 가서 역할을 제대로 해보는 것도 좋겠다는 조직의 결정과 간곡한 권유를 받아들인 거죠.

지승호 아까 말씀하신 것처럼 촛불집회 때 MB식 정치와 교육 정책 같은 부분들이 거부감을 주고 심각한 우려를 안겨주었기 때문에 많은 사람이 거리로 나오지 않았습니까. 미국산 쇠고기 문제도 그렇지만, 아이들이 먼저 나오기 시작한 것은 0교시 문제라든가 하는 MB식 교육정책에 대한 반발 때문이었을 텐데요.

당시 공정택 서울시 교육감은 교육계의 MB라고 불렀고요. 촛불 집회의 뜨거운 열기에도 불구하고 주경복 후보가 떨어졌지 않습니까. 그런데 그런 유리한 환경의 작용도 없었을 일 년 후의 선거에서 승리한 이유는 뭐라고 보십니까? 특히 조직력이나 자금력 등에서 불리하셨을 것 같은데요.

김상곤 지난해의 서울시 교육감 선거가 일종의 반면교사 역할을 한 것이라고 봅니다. 경기도 교육감 선거에서는 경기도의 학부모와 시민사회가 '이것은 보통 마음으로 임해서는 안 되는 선거'라는 생각을 하셨던 거죠. 사실 그동안 몇 번의 선거에서 시민사회가 패배하고 실망하고 좌절하는 과정들이 있었지 않았습니까. 그것이 서울시 교육감 선거까지 이어졌고요. 그런 것들을 염두에 두면서 일부는 경기도 교육감 선거도 이길 수 없다고 생각했지만, 다른 한편에서는 그러니까 더욱 힘을 내야 하지 않겠느냐는 그룹들이 형성되었습니다. 그런 그룹들의 노력이 일단 주효했고, 그보다 더 중요한 것은 경기도 학부모들이 공정택 서울시 교육감의 교육을 보면서 '저건 아니'라고 생각한 것 같아요. 그런 데서 오는 반작용이 크게 역할을 했다고 보는 거죠. 거기에 제가 제시한 정책이 시나브로 알려지면서 저마다 자신의 선택권을 제대로 행사해야겠다는 마음들이 커진 것 같아요.

아시다시피 저는 그동안 서울에서 활동했어요. 게다가 교수운동·학술운동이란 게 대중에게 알려질 거리도 아니죠. 처음 선거에 나갔더니 어느 신문에서는 '인지도 제로'라고 했어요. (웃음) 경기도엔 900만이 넘는 유권자가 있는데, 거기에서 저를 아는 사람들이 몇이나 되겠습니까? 아마도 그래서 제로라고 본 것이겠죠.

그런 속에서 3월 9일에 예비후보 등록을 하고, 10일부터 본격적으로 움직이기 시작했는데요. 사실 조직도 몇 명 안 되는데다가 이게 정당선거가 아니라서 선거를 치른 경험도 없는 사람들이었어요. 경험도 없는 사람들 겨우 몇이서 시작한 셈이죠. 후배 교수들 대여섯 명이 선거대책본부를 구성하면서 점차 시민사회와 함께 조직을 꾸리고 확대해 나갈 수 있었습니다. 정작 선거운동이 끝날 시점에서야 모양새를 갖춘 선거운동조직이 됐죠. 그만큼 조직적으로도 열악했고, 유권자 조직이라는 건 거의 없었다고 봐야 하고요. 그런 속에서 선거를 치렀는데, 아까 말한 유권자들이나 학부모들 속에서 제가 제시한 정책들이 나름대로 관심을 끌기 시작한 거죠. 선거운동 초기에는 어딜 가도 제가 누군지 아무도 못 알아보는 것은 물론이고 심지어는 왜 왔느냐는 투로 외면하기 일쑤였는데, 점차 시간이 흐르고 투표일이 다가올수록 저에 대해서 생각하고 알고 이해하는 사람들이 늘어나고 유권자들의 반응이 조금씩 나타나기 시작한 그런 상황이었어요.

지승호 서울시 교육감 선거가 반면교사인 부분도 있었다고 하지만, 말씀하셨듯이 인지도가 제로인 상태에서 무척 어려운 선거였을 것 같은데요. 이게 정당선거가 아니라 정당 표시도 안 되고, 오로지 인물을 보고 찍어야 하는 상황이었잖아요. 특유의 스타성이라든가 에너지 같은 것이 짧은 기간에 극적으로 발휘

거리를 걸으며 지승호와 얘기를 나누고 있는 김상곤 교육감

된 건 아닌가요? (웃음)

김상곤 스타성이요? (웃음) 그런 것은 없었고요. 저도 어떻게 답해야 할지 모르겠는데요. 경기도만 놓고 보면, 전임 교육감이 실시한 교육정책 그리고 그 아래에서의 관료주의나 권위주의 같은 것들도 역할을 했던 게 아닌가 생각하고요. 아까 말씀드린 것처럼 학부모들을 비롯한 도민들 마음에 내재되어 있는 새로운 교육에 대한 열망이 김상곤이라는 후보에게 점차 투영된 게 아닌가 싶습니다. 김상곤이 초중등교육에 있으면서 닳고 닳은 사람이 아니고 고등교육(대학)에 있으면서 우리 사회의 민주화라든가 교육개혁을 위해 의미 있는 활동을 해왔고, 나름대로 자기 학문 분야에서도 열심히 해온 면을 참신하게 받아들였지 않나 생각합니다.

어떤 사람들은 이런 얘기를 하더라고요. 선거벽보가 붙었을 때 다른 사람들하고 달리 교육 쪽이 아닌 경영학을 전공한 교수로서 오랜 사회운동을 한 점에서 차이가 느껴졌다고요. 또 제가 제시한 정책들이 참신해보였고 진정성이 느껴졌다고 해요. 뭔가 그동안 해온 것과 다른 스타일을 꾸며서 내보인 게 아니고 있는 그대로 보여준 게 그렇게 느끼도록 했나 봅니다. 그동안 꾸준하게 해온 여러 연구활동과 사회활동 경력으로 보건대 그 연장선상에서 난마와 같은 경기도 초중등 교육문제를 풀어갈 수 있으리라는 믿음이 갔다는 얘기도 들었습니다.

지승호 원하든 원치 않든 '진보 교육감'이라는 말이 따라다니는데요. 약간 부담을 느끼실 수도 있을 것 같고요. 아무튼 진보적인 학부모만의 교육감일 수는 없지 않습니까. 학부모 중에서는 보수적인 분들도 계실 거고요.

김상곤 물론 지난해 선거운동 과정에서 이미 진보 교육감이라고 이름 붙여졌죠. 친전교조 교육감이다, 전교조가 지지하는 교육감이다, 좌파 교육감이다… 선거운동 기간 동안 상대 후보들이나 일부 언론에서 그렇게들 규정했습니다. 그 규정들이 교육감에 당선되고 나서 교육감 직책을 수행할 때도 내내 따라다녔죠. 제가 그동안에 학문이나 사회활동을 하면서 가졌던 생각 자체가 진보적이었기 때문에 진보 교육감이라는 규정에 대해서 저로서는 거부감이 없습니다.

그러나 현재의 우리나라 교육, 경기 교육을 두고 진보 교육감이라서 이런 정책을 펼친다고 얘기하는 것은 적절하지 않다고 봅니다. 아까 학교 붕괴, 교실 붕괴 얘기하셨지만, 신자유주의적인 산업화와 시장화가 진전되면서 우리 교육의 종합적인 경쟁력이 생겼다기보다 오히려 반대로 공교육의 붕괴가 가속화되었다고 보거든요. 그것은 교실 붕괴뿐 아니라 학교 전체의 무기력으로 확산되었고, 학교 전체의 무기력이 교사들의 무기력으로 이어지고, 학부모들의 불신으로 이어졌는데요. 공교육이 사실은 제 역할을 못한 상황이라는 거죠.

이런 상황에서 누구든 간에 제대로 교육감 역할을 하려면 공교육을 정상화하는 게 일차적인 과제가 아니냐는 겁니다. 공교육을 정상화하는 데 있어서 전망을 어떻게 보느냐에 따라서 조금의 차이는 있을 수 있습니다. 그러나 현재 무너진 교육을 회복하고 정상화하는 것이 당연하고 당면한 과제입니다. 그것은 교육자로서 올바른 양식을 가진 이라면 누구나 그렇게 생각할 것인데, 그것을 진보 또는 보수라는 정치이념적인 프리즘으로 보는 것은 잘못이고 부적절하다는 거죠. 사실 지난해 내내 기자들에게 수없이 그런 얘기들을 했습니다. 기자들은 늘 그런 질문들을 하죠. 진보 교육감으로 불리는데 어떻게 생각하느냐, 진보 교육감이 아니었다면 이런 정책을 폈겠느냐 하는 질문들 말입니다. 저는 진정한 사회의 민주화, 교육의 민주화와 교육자치를 추구하고, 무너진 공교육을 일으켜 세우려면 당연히 그런 방향으로 생각하고 정책을 추진할 수밖에 없다고 봅니다.

지승호 무상급식 같은 경우도 경남에서 한나라당 지방의회 의원이 먼저 실시했던 것 아닙니까. 지금 한국 현실에서는 정말 진보적이라고 할 수 있는 정책들은 시행하기 어려운 여건인데요. 아이들을 인격적으로 대하자, 때리지 말자, 밥 좀 먹이자고 하는 것을 진보적인 의제라고 볼 수도 없지 않습니까.

김상곤 사실은 그렇죠. 진보적인 의제라고 볼 수 있는 사안이 아니라 교육을 정상화하는 작업이죠.

지승호 이번에 여섯 명의 진보 교육감이 당선된 데 대한 소회는 어떠신지요? 진보 교육감으로 불리는 분들 사이에서도 조금씩의 차이는 있는 것 같고요. 보수 교육감으로 지칭되는 분들 사이에서도 진보 교육감과 비슷한 의견을 가진 사안도 있지 않습니까?

김상곤 그렇죠. 진보 교육감 여섯이 하고자 하는 교육개혁의 방향이나 기조에는 공통점이 있다고 보는데요. 진보 교육감만의 공통점은 아니라고 봅니다. 보수 교육감으로 불리는 분들 가운데 다수도 공유의식을 가진 상황이라고 보고요. 대중이 진보와 보수를 보는 눈은 언론의 그것과는 다소 차이가 있다고 봅니다. 예를 들면 지난번 교육감 선거 때 《조선일보》를 비롯한 몇몇 언론이 여론조사를 하면서 "진보 교육감을 원하느냐? 보수 교육감을 원하느냐?" 하는 식으로 선택지를 줬거든요. 그때 대중의 반응은 《조선일보》의 경우만 해도 보수에 비해 진보를 지지하는 비율이 두 배 이상 높았습니다.

여기서 알 수 있는 것은, 유권자 대중은 교육에서의 진보·보수를 정치이념에서의 진보·보수의 개념과는 다른 차원으로 본다는 것입니다. 지금껏 강화되어온 경쟁주의적이고 서열주의적인 교육방식을 보수로 보고, 그것을 바꾸려고 하는 방식 즉 협동교육과 더불어 살아가는 교육방식을 진보로 본다는 것입니다. 이처럼 교육에서의 진보와 보수를 정치이념의 개념으로 판단하는 것이 아니라 우리 교육 자체의 문제로 판단한다는 게 제가 보는 견해예요. 그러나 언론은 아직도 교육문제조차도 정치이념적인 대립구도로 규정지어 바라보려 하고, 자꾸 그런 방향으로 몰아가려는 시도가 있는 것 같습니다. 안타까운 일이죠.

거대한 조직과 융화를 이룬
김상곤 리더십의 비밀

지승호 지난 8월 2일 《한국일보》를 통해 발표된 전국 대학 23명의 교육학과 교수 설문조사에서 진보 교육감들이 대체로 잘해내고 있다는 평가가 나왔는데요. 김 교육감님께서는 평균 3.8점을 받아 진보 교육감 중 최고로 나왔습니다. 처음 하시는 분들보다 높은 점수가 나오는 게 당연한 것 같긴 하지만요. (웃음) 그 기사를 보면서 어떤 생각이 드셨습니까?

김상곤 그때 제가 주변에 있는 분들에게 표현한 것이 있어요. '이건 좀 유치한 방식'이라고 봤는데요. (웃음) 물론 대상이 된 진보 교육감 여섯 분 저마다 차이가 좀 있죠. 그것은 교육감 직을 수행한 연한의 차이 이전에 저마다 생각하는 미래상과 그것으로 가는 과정에서 차이가 조금씩은 있다고 봅니다. 그 차이가 저마다 교육감으로 정책을 수행하는 데 반영되고 있는 것 아닌가 생각하고요. 이제 겨우 한 달 됐는데, 그걸로 평가한다는 것은 적절하지도 않고, 더구나 점수로 발표하는 것은 유치한 방식이라고 생각합니다.

지승호 인기투표 아니었나요? (웃음)

김상곤 인기투표 수준도 안 되는 것 아닌가 생각합니다.

지승호 《한국일보》 기사에서 좋은 평가를 받은 이유가 인상적이던데요. "특유의 안정감과 절차를 중시하는 소통 능력이 높은 점수를 받았다"고 나왔습니다. 지난번 교육감 직을 수행할 때 교육감님 표현대로 하자면 소리가 많이 나지 않았습니까. (웃음) 잡음이 많이 있었는데요. 보수언론에서 정말 신나게 두들겨 팼고요.

김상곤 하하하, 엄청 맞았죠.

지승호 그런 상황에서 이런 평가가 나온다는 것이 쉽지 않은데요. 싸움이 나다 보면 말이 나오고 그러면 불안정하다는 평가들이 따라오게 마련 아닙니까. 그렇지 않았던 이유는 뭘까요? 스스로 말씀하시긴 좀 민망하시겠지만요. (웃음)

김상곤 그렇기는 합니다. (웃음) 작은학교교육연대 여름 워크숍 강연에서 언급한 네 가지는 오늘 여기서 처음 정리해서 말씀드리는 건데요. 처음부터 교육자치·교육복지·학력혁신 그리고 문화개혁이라는 4대 지향을 설정하고 그와 관련된 주요 정책과제들을 정리해서 교육청에 가지고 들어왔고, 그것들을 하나하나 추진하면서 소리가 났던 건데, 엄청나게 두들겨 맞는 상황이 된 거죠. 그런데 제가 하고자 하는 교육 개혁과 혁신의 본 모습은 아까 말씀드린 대로 공교육을 수요자 중심으로 정상화하고자 하는 것이거든요.

자치 확대나 복지 확대도 다 그것을 하기 위한 것입니다. 그런 면에서 학부모와 도민들, 국민들이 그것을 의미 있다고 생각하는 동시에 일관성과 지속가능성을 보신 겁니다. 교육학자들도 그런 일면을 보신 게 아닌지 자평하고 있습니다. 말하라고 해서 말해놓고 보니 좀 쑥스럽네요. (웃음)

지승호 우석훈 박사는 "김상곤 리더십은 많이 얘기하고, 거의 만장일치가 나올 때까지 사전 논의가 많은 것이 특징이다. 교수들 출신이 이렇게 하는 경우는 거의 못 봤고, 시민단체 출신 중에서도 막상 자리에 가면 군림형으로 바뀌는 것을 종종 보았는데, 내가 아는 지식 내에서는 김상곤은 정말 새로운 스타일의 리더십이 등장한 셈이다. 한국 교육개혁의 최첨단에서 매일매일 관료와 한나라당 교육위원들 사이에서 그들의 의지와 반하는 결정을 내려야 하는 상황, 그런데도 비교적 무리 없이 헤쳐 나가는 것을 보면서 그 힘이 어디에서 나오는지 상당히 궁금했었다. 현재의 김상곤 리더십이 얼마나 더 힘을 발휘하거나 더 많은 변이를 만들어낼지는 조금은 더 지켜보아야 할 노릇이지만, 일단 신선한 충격을 느꼈다"고 평가했습니다. 보셨습니까?

김상곤 네, 봤습니다.

지승호 굉장히 얘기를 많이 듣고, 신중하게 결정한 후 결정이 되면 일관성 있게 밀어붙인다는 의미인데요. 좀 앞서가는 얘기긴 하지만, 이른바 진보진영에서 정치적인 리더십을 보여주는 분들이 별로 안 계시니까 미래의 대선후보군으로까지 기대하는 사람들도 간혹 있는 것 같거든요. (웃음) 김상곤 리더십을 어떻게 정의하시겠습니까?

김상곤 저도 우석훈 씨가 쓴 〈김상곤표 리더십〉이란 글을 봤습니다. 누구한테서 얘기들을 듣고 정리하셨는지는 모르겠는데요. (웃음) 그렇게 딱 규정해서 표현할 수 있는 거냐고 하면 저로선 자신이 없는데요. 저는 흔히들 하는 얘기대로 대화에서 무엇보다 우선 경청하려고 노력합니다. 예전에 학생 때부터 그랬어요. 제가 원래 말수가 없는 편이라서 그 대신 많이 들으려는 스타일입니다.

그리고 특히 교수사회 안에서 조직활동을 지속적으로 해왔는데요. 저를 비롯하여 몇 사람이 초기에 논의하여 추진한 민교협에서 제가 일정한 역할을 맡았는데, 초기 10년은 낮은 역할부터 해서 공동의장까지 맡았지요. 교수라는 것이 어떻게 보면 저마다 전문성을 가진 사람 아닙니까. 그러다 보니 자기 성을 하나씩 쌓고 있는 분들입니다. 그래서 교수들을 조직한다는 게 참 어려운 일이고, 더구나 단순한 학술활동이 아니라 시민사회운동을 한다는 것은 더욱 어려운 특성을 가진 계층이라고들 얘기하죠. 그런 조직에서 꾸준히 일정한 역할을 하면서 특히 많이 듣고 그것을 종합하고 조정하는 역할을 자임했어요. 어떤 직책을 맡든지 간에.

1987년 6월에 민교협이 조직되었어요. 그때는 전두환 정권에서 12월 대선을 거쳐서 노태우 정권으로 넘어가는 시기였으니까 민주화가 이제 막 부문별로 시작된 단계였으므로 권위주의 정권기라고 봐야죠. 그것도 군사정권 시대여서 교수들의 운동이 참으로 어려운 상황이었어요. 교수들도 때로는 수배 대상이 되어서 도망 다니기도 하고, 숨기도 하고 그랬으니까요.

그러나 거기(민교협)에 참여한 교수들은 누구보다 우리 사회의 민주화, 교육의 민주화를 열망하는 열정을 가진 분들이라서 그 어려운 조건 속에서도 감시의 눈길을 피해 모이고 토론하고 그랬어요. 그런 속에서 서로 의견이 갈려서 마음이 상하고 또 흩어진다면 그것이 더 큰 문제라고 하는 절박성을 가지고 있었습니다. 그래서 거기에서의 논의는 한 번도 투표를 해서 의사결정을 한 적이 없습니다. 그 다음에 교수노조로 와서는 투표를 하기 시작한 거죠. 민교협 초기 10년을 돌아보면 일절 투표를 하지 않고, 의견이 다 모아질 때까지 밤샘토론을 자주 했습니다. 어떻게든 모아내고, 가장 바람직한 방향으로 모아내는 것을 서로들 염원하고, 투표 없이 결정하면서 사회 민주화까지 지식인의 역할을 확장해내는 소중한 경험들을 공유하게 된 거죠. 그런 속에서 구성원들의 의견을 충분히 듣는 것이 조직의 활성화뿐 아니라 조직의 개혁에도 가장 필요한 요소라는 생각을 하게 된 겁니다.

지승호 그렇게 토론을 통해서 문제를 해결하려면 구성원들의 성품도 좋아야 될 것 같은데요. (웃음) 어떤 사람이 욕심을 내거나 고집을 부리거나 폭력적인 성향이 있으면 만장일치가 되기 힘들잖아요. 그리고 회의라는 것이 그렇게 되면 길게 늘어져서 비효율의 상징처럼 될 텐데요. 회의 하면 탁상공론이 연상되기도 하지 않습니까? 그런 상황에서 의견을 만장일치로 모아내려다 보면 추진력이 떨어질 텐데요.

김상곤 물론 교육청에서는 그렇게 무한정으로 시간을 갖기가 어렵죠. 그래서 그때 교수단체의 스타일을 교육청에 그대로 적용할 수는 없습니다. 조직 자체도 다르고 업무 성격도 다르기 때문이에요. 그러나 여기에서도 그때 그 정신을 살려 가능한 한 다양한 의견을 들으려고 꾸준히 노력하고 있습니다. 여기는 다들 공무원이라서 관료주의적인 성격도 있고, 전통적인 권위주의의 잔재가 남아 있다 보니까 하급자가 상급자의 의견에 반대 의견을 내기 어려운 조심스러운 분위기가 있습니다. 그러다 보니까 교육감이 보고를 받으면서 나눌 수 있는 얘기가 극히 제한되어 있었어요. 그 부분을 풀어헤쳤죠.

가령 본청의 과장이 있고, 과장 밑에 장학관이든지 사무관이 있고, 그 아래 장학사나 6급 주사가 있지 않습니까. 예전에는 과장이 혼자서 얘기를 다하는 것이 관례로 굳어져서 과장이 있는 자리에서는 하급 직원들이 자기 의견을 얘기하지 않는 것을 예의로 생각한 것이죠. 그래서 주요 과제가 있을 때는 관계자들을 다 모이라고 한다든지, 식사 자리를 마련해서 편안하게 같이 얘기한다든지 하는 시간을 가능한 한 많이 가졌습니다. 그러면서 제가 가진 교육철학, 비전과 전망, 정책 등을 공유하는 작업을 하는 동시에 현장 전문가들이 가진 생각들을 수렴하면서 전체를 조정하고 조율하는 과정을 가지려고 노력했습니다. 여기서는 대부분의 일이 워낙 제한된 시간 단위로 돌아가기 때문에 생각만큼 충분히 시간을 가지고 얘기하기는 쉽지 않은 것이 사실입니다.

지승호 교육계가 비교적 폐쇄적인 것만은 사실인 것 같은데요. 그동안에 여러 가지 비리나 부조리를 관행으로 여기고 그냥 넘어간 부분도 적잖은 것 같습니다. 그런 가운데 교육감님 같은 분이 오셨으니 조직 내에서 정서적으로 적잖이 거부감을 느낄 만도 한데요. 그런 부분은 어떻게 극복하셨습니까?

김상곤 초기에는 상당히 있었고요. 지금도 조금은 남아 있다고 생각하지만 그것은 대개 생각의 차이에서 오는 부분이고 정서적 간격은 현저히 줄어들었다고 생각합니다. 제가 가진 교육철학이나 정책기조를 충분히 반복해서 얘기해왔어요. 저는 교육감 직을 수행하면서 31개 시·군, 25개 지역 교육청을 빠짐없이 다닌 것은 물론이고요. 추천받은 지역 학교현장에 가서 교사들과 끊임없이 얘기를 나눴습니다. 우리 교육에는 다 알다시피 이러이러한 문제들이 있는데, 그것들을 풀어내려면 이렇게 가야할 것 같다는 얘기를 많이 했습니다.

그리고 지역의 일선학교뿐 아니라 본청과 지역 교육청 직원 연수, 교장·교감 등 관리자 연수, 평교사 연수 현장에도 시간 나는 대로 자주 가서 진솔하게 얘기를 나눴습니다. 다행히 (교육청 직원들이) 주어진 시간 동안 그런 기회를 최대한 많이 가질 수 있도록 지원체계를 조직하고 일을 추진해줘서 참 많이 다녔죠. 그럼에도 불구하고 워낙 큰 조직이어서 아직도 많이 부족하다는 생각이 들어요. 동시에 워낙 기존의 관행에 깊숙이 젖어 있어서 그것을 변화시키는 데는 아직 많은 노력이 필요하다고 생각합니다.

안순억 그런 면에서 의문점이 하나 있는데요. 이를테면 작년(2009년) 같은 경우에 교육청에 있던 모든 간부는 전임 교육감이 임명했던 분들이거든요. 이분들이 교육청의 근간 조직들의 책임을 다 맡고 계셨는데 몇 달 만에 김 교육감님에 대한 정서적인 거부감을 싹 버리셨거든요. 초기에는 일정한 두려움이나 거부감을 가지고 있었는데, 그것이 상급자에 대한 관리자 특유의 몸 낮추기 개념으로 느껴졌거든요. 그런데 작년 2학기 들어서면서부터는 새로운 진보적 가치라든지 개념들에 대해서 경험을 하지 않았던 이분들이 아주 자발적으로 변신했다고 할까, 일을 주체적으로 하는 모습들을 봤어요. 이는 단순하게 친화력으로만 설명할 수 없는 뭔가가 있다는 생각이 들어서 이런 부분에 대해 교육감님은 어떻게 생각하시는지 궁금했어요. 단순히 교육감님의 탈권위적인 모습이나 경청하는 자세 또는 인간적인 매력으로만 통용될 수 있는 건 아니잖아요.

김상곤 제가 처음 들어왔을 때 제일 고민되는 지점이 이 조직과 내가 얼마나 잘 결합할 수 있을까, 조직의 구성원들 속에 얼마나 빨리 녹아들어갈 수 있을까 하는 것이었어요. 우선 그것을 제대로 해내지 못하면 나를 지지하고 뽑아준 유권자들이 바라는 정책을 펼치기가 어렵다고 판단했습니다. 문제는 보궐선거를 통해 당선됐기 때문에 제 임기가 1년 2개월밖에 되지 않는다는 거였는데요. 차기 선거 기간을 빼면 사실상 일 년도 채 안 되

제2대 주민 직선 경기도 교육감 취임(2010년 7월 1일)

지 않습니까. 그 일 년이란 게 워낙 짧은 기간이라서 하루도 허비하지 않고 소중하게 경기 교육의 변화를 위해서 써야 하는데, 그러려면 지금 말한 대로 조직과의 결합 수준을 단시간 내에 높여내야 한다고 생각한 거죠. 그것이 저의 최대 고민이었고, 최우선 과제였어요. 참 다행스럽게도 취임 후 100일 이내에 그 과제는 어느 정도 이루어졌다고 평가합니다.

대개 4년 임기에 들어가면 6개월 정도는 허니문 기간이라고 해서 일부 봐주거나, 서투른 부분을 이해해주거나 하지 않습니까. 그 기간 동안 조직과 자기 위치를 결합시켜 나가는데요. 그러면 나머지 6개월밖에 안 남지 않습니까. 그래서 이것을 단축시켜야 한다고 생각했는데요. 이 거대한 조직(15만 조직이면 우리나라에서 사적·공적 조직을 막론하고 사실 가장 큰 조직 가운데 하나죠)에 나 혼자 들어가서는 결합하는 일이 어렵다고 판단했습니다. 그럼에도 불구하고 단기간에 이루어내지 않으면 안 되었고요. 그래서 참 고민이 컸습니다. 아까 제가 '다행스럽게도'라고 표현했던 것은 그야말로 다행이라고 생각한 겁니다. 제가 들어와서 특별히 무슨 당근을 제시하거나 채찍을 가하는 권한을 행사하지도 않았어요. 또 그런 것들은 한계가 있을 수밖에 없잖아요.

다만 권위주의에서 탈피한 즉 민주적인 방식으로도 얼마든지 교육 관리를 할 수 있다는 것을 보여주는 게 필요하다고 판단한 거죠. 그것이 제 원래의 모습이므로 있는 그대로 접근하자고 생각했던 겁니다. 그리고 그분들이 가지고 있는 생각을 충분히 듣자, 아무리 시간이 걸리더라도 듣도록 노력하자 하는 것 이 두 가지입니다. 다시 말해 탈권위주의적이고 개방적인 리더십 즉

수평적인 리더십을 발휘하는 것이 필요하다고 생각한 것이죠.

지승호 만장일치가 될 때까지 얘기를 듣고, 아무리 시간이 걸리더라도 의견을 하나로 모아내기 위해 노력한다고 하셨는데요. 말씀하신 대로 그렇게 하기엔 시간이 굉장히 짧았지 않습니까?

김상곤 아까 말씀드렸다시피 그건 교수단체에서부터 길러졌던 거고요. 여기서는 그 방식 그대로 무한정 시간을 끌 수 없기 때문에 특히 이전과는 다른 스타일이라고 나중에 간부들이 얘기한 것에 집중하여 계속 구성원들의 의견을 들으려고 노력했지요. 물론 제한된 시간이긴 하지만요. 구성원들 전체, 그러니까 직위 고하를 막론하고 누구든 다 자유롭게 의견을 말하게 하고, 그것을 경청하려고 노력한 거죠.

지승호 카리스마 넘치는 리더십으로 밀어붙이면 속도감은 느낄 수 있겠지만, 이렇게 느린 듯 보이는 것이 나중에 힘을 받을 수 있을 것 같긴 합니다. 그런데 일 년은 굉장히 짧은 시간인데, 밖에서 보기에도 참 많은 일이 있었던 것 같거든요.

김상곤 교육청에 들어와서 보니, 교육감으로서 직무와 역할 수행 하나하나가 다 제한된 일정 속에서 이루어지는 일이었어요. 제가 펼치려는 정책도 사실은 아주 제한된 시간과 일정에 따라서 펼쳐져야 하는 겁니다. 그것은 반드시 지켜왔지만 다만 그 제한된 일정 속에서나마 다양한 의견을 듣고 수렴하는 데 최대한 시간을 많이 쓰려고 노력했다는 거죠. 그러다 보니 저뿐 아니라 주위 사람들도 일 년이 사실은 몇 년 정도는 지난 느낌을 가졌거든요. 그 속에서 제가 해야 할 일들을 하나하나 진행했고요.

아까 카리스마적 리더십을 얘기하셨는데요. 본인이 뭔가를 잡고 있다는 것도 카리스마에 들어가겠지만, 카리스마가 형성되는 과정이라는 게 있지 않습니까. 그 속에는 진정성과 자기희생, 헌신 같은 것들이 다 들어 있죠. 가령 김대중 전 대통령이나 노무현 전 대통령이 처음부터 정치인으로서 "이렇게 하세요!" 한 것이 아니고, 자기가 먼저 모범을 보임으로써 대중이 저 사람에게는 따를 만한 뭔가 있다고 생각하는 것에서 카리스마적인 리더십이 형성되는 거잖아요. 물론 강력한 군권이나 생사여탈권을 쥐고 있다면 단번에 그런 것이 생길 수도 있겠죠. 그러나 현대사회에서 카리스마적인 리더십이란 본인이 자의로 만들 수 있는 게 아니라 대개 사람들로부터 부여받은 것이잖아요. 그것을 네오카리스마라고 얘기하죠.

학교공동체 복구의 요체는
청렴성과 투명성

지승호 혼자서 실무를 다 챙기기는 힘들 테니까 생각을 공유하는 분들과 같이 일을 하셔야 될 것 같은데요. 같이 일할 사람을 기용하는 가장 중요한 기준은 무엇인가요? 인사는 잘못하면 조직 내에 갈등을 일으키고 그게 코드 인사라든지 낙하산 인사라는 비판에 직면할 수도 있을 것 같은데요. 그걸 조화시키는 방법은 어떤 것이었나요?

김상곤 밖에서 교육청으로 들어오신 분은 수행비서를 포함해서 세 사람이고요. 안순억 선생님은 교육계에서 오신 분인데요. 이 네 분이 저를 곁에서 도와주고 함께했습니다. 그런데 이런 거대 조직에서 네 사람은 아주 소수입니다. 그러다 보니까 집중적으로 많은 얘기를 나누고 일을 많이 해야 하는 이분들 고생이 자심했어요. 다들 자기 일처럼 했기 때문에 짧은 기간에 그런 것들이 가능했는데, 과부하도 많이 걸린 과정이었습니다.

한 가지 예로 시국선언 서명교사 징계유보 문제를 시기별로 말씀드리죠. 6월 18일에 서명을 했지 않습니까. 교과부에서 6월 26일에 고발하고 중징계하라는 지침을 줬습니다. 그로부터 4개월여 뒤인 11월 1일에야 이러이러한 상황 때문에 서명교사 징계를 유보할 수밖에 없다는 발표를 했죠. 그게 한 100일 과정이었죠. 교과부에서 6월 26일에 그렇게 지침을 주면서 고발은 6월 말까지 하고, 징계는 8월 말까지 마무리하라고 했어요. 징계위원회 회부 문제죠. 그런데 저는 그것을 지킬 수가 없다고 판단했습니다. 왜냐하면 우선 그것이 고발하고 징계할 사안인가를 판단할 필요가 있다고 생각한 것이죠. 교육감이 가진 인사 재량권 내에서라도 판단할 필요가 있다고 생각해서 그 판단을 내리기 전에는 고발할 수 없다고 제가 버티고 있으니까 교과부가 7월 7일인가 직권으로 고발을 했습니다. 경기 지역의 노조 간부들을 직권으로 고발한 것이죠.

그리고 징계와 관련해서는 다른 시도에서는 회부해 나가는데 저로서는 그것을 할 수가 없었어요. 그동안에 놀았느냐 하면 그게 아니라 계속 절차를 진행했어요. 교과부가 교사들의 위법과 관련해서 경각심을 불러일으키고 또는 그것과 관련해서 모종의 조치와 관련된 공문도 다 보냈습니다. 교과부가 전체가 회람하라며 제 입장과 다른 공문을 보낸 것을 한 번도 빠뜨린 적이 없습니다. 이쪽에서 보내지 말라고 한 적도 없고요. 그 다음에 그것과 관련해서 필요한 징계예비절차가 있거든요. 징계위원회에 회부하려면 일차적으로 본인의 소명을 듣고 그걸 참고해서 징계위원회에 회부하는 건데, 그런 일차 소명 절차도 거쳤어요. 참석을 안 하니까 4차에 걸쳐서 통보했는데요. 이건 반드시 법률자문을 받아야 할 사안이라고 생각해서 변호사와 교수들에게 법률자문을 구했고, 그러면서 전문가들에게 수시로 제 고민을 얘기하면서 자문을 받았습니다.

그런 과정이 지속됐죠. 그러고서 10월 초에 검찰에서 수사결과 통보서가 왔어요. 그 통보서가 오면 30일 이내에 결정을 해서 징계위원회에 회부해야 한다고 되어 있습니다. 교육공무원 징계령 6조 4항에 "회부한다"고 되어 있기 때문에 회부해야 합니다. 단 "상당한 이유가 없는 한"이라는 단서조항이 하나 붙어 있어요. 저는 이 상황이 상당한 조건에 해당한다고 보고서 징계위원회에 회부하는 것을 유보했거든요. 필요한 시간, 그리고 허용될 수 있는 시간 속에서 내가 해야 할 일들을 구상하고 진행시키는 과정이 있었습니다. 졸속으로 하지도 않았고, 그것을 넘어서 지연시키지 않으려고도 노력했고요. 필요한 절차라든가, 판단에 필요한 자료 수집이라든가 하는 노력을 충분히 했고, 의견도 충분히 들으려고 했습니다. 그러한 절차적 과정을 소홀히 하지 않았기 때문에 결국 법정에서 무죄판결을 이끌어 낼 수 있었던 게 아닌가 싶습니다.

지승호 교육관료들을 보면서 실망하신 부분도 있을 텐데요.

김상곤 있죠. 지금도 깨끗하지 못한 부분이 있다고 생각합니다. 그럼에도 불구하고 그들은 관료로서의 전문성에 대한 자부심을 가지고 있다는 느낌을 받았어요. 그것과 관련해서 제가 어떤 얘기를 하고, 어떤 정책 기조나 방향을 제시하고 함께 논의하자고 하면 그것에 대해서 상당한 정도로 그 자체를 자기 것으로 하려고 노력하는 열정과 정성이 있는 것 같아요. 그러니까 이 관료들, 조직구성원들이 인사문제라든가 자기의 위상과 관련된 문제라든가 하는 것에는 신경을 쓸 수밖에 없어요. 그리고 그것과 관련해서 여러 가지 얘기들을 서로 할 수밖에 없는데요. 그럼에도 불구하고 정책이나 업무와 관련해서는 상당히 다른 것을 배제한 상태에서 그 자체를 가지고서 접근하고 노력하는 그런 면모들을 제가 읽으면서 "이게 소중한 것이다. 경기 교육이 가진 귀중한 역량이고 자산이다"라는 얘기도 했습니다.

밖에 나가서 친구들이나 같이 활동했던 교수들에게도 지금 얘기한 이 내용 그대로 얘기합니다. 교육계에 대한 이미지가 좋지 않은 상태에서 교육관료들을 칭찬하면 오해받기 십상인데요. 그런 것은 전혀 개의치 않고 제가 느낀 대로, 같이한 대로 얘기했어요. 어떤 방침과 방향을 가지고 리더가 어떤 역할을 하느냐가 참 중요하다는 생각이 들었습니다.

지승호 관료 하면 전문성, 자부심 같은 코드도 있지만, 복지부동, 부패 같은 것이 연상되기도 하지 않습니까. 말씀하신 대로 동기를 부여하고, 일을 하게 만드는 데는 리더 역할이 굉장히 중요할 것 같은데요.

김상곤 자부심을 가지고 전문성을 충분히 발휘하고, 스스로 자기 점검하면서 방향을 조정하도록 이끌어주면 충분히 그럴 수 있는 역량을 지니고 있다고 봅니다.

지승호 아까 강연에서도 학교는 폐쇄적인 조직이기 때문에 교장의 역할이 70퍼센트 정도는 되는 것 같다는 얘기를 하시지 않았습니까. 교육청에서도 교육감의 역할이 그 정도는 된다고 보십니까?

김상곤 뭐, 그 정도 된다고 볼 수 있을 것 같은데요. 정책 기조와 방향, 리더십의 성격과 리더십을 발휘하는 스타일의 차이에 따라서 조직이 적용되고 조율될 수 있다고 봅니다. 처음에 선거 끝나고 들어왔을 때 여기 수원에 있는 경기도 명문고 출신들 다수가 보따리를 싸고 있다는 얘기를 전해 들었어요. 저하고 밖에서 알고 지내던 사람들의 친구, 선후배도 있었어요. 전해 듣기로는 많은 사람들이 김상곤 교육감이 오는 것에 대해 공무원 사회가 충격을 받은 상황이라고 했습니다. 간부들 대개가 전임 교육감이 임명한 사람들이라서 보따리를 싸고 있다, 나가라면 나가겠다, 나가 있는 게 오히려 낫겠다는 얘기도 있었어요. 왜냐하면 제 남은 임기가 일 년 남짓밖에 안 되잖아요. 그분들이 생각할 때 제가 다음에 된다는 보장도 없고, 되기도 어렵다고 생각했대요. 이번엔 워낙 투표율이 낮은데다가 운 좋게 됐다고 생각한 거죠. 제가 생각해도 운 좋게 된 거예요. (웃음)

그런 상황에서 "다음 선거는 6.2 동시 지방선거여서 투표율이 높아질 것이다. 그러면 여기 기반이 없는 사람이기 때문에 안 될 것"이라는 얘기들을 했다고 해요. 그래서 잠시 보따리를 싸서 나가 있는 것이 낫겠다는 생각을 했다는 겁니다. 저 사람 밑에서 저 사람 말을 듣다가 잘못 찍히면 큰일이다, 저 사람은 일 년 남짓 하고 떠날 사람이지만, 우린 오래할 사람들인데 하는 얘기들도 오갔다더라고요.

지승호 그런데 압도적인 표 차이로 당선되어서 4년 더 하게 되니까 그걸 보고 태도가 달라졌을 법도 한데요.

김상곤 그런데 그분들의 태도가 달라졌기 때문에 그런 결과가 나왔다고 봅니다. 지난 일 년 동안에 그분들의 태도가 바뀌었기 때문에 그런 선거 결과가 나온 거죠. 처음에 저를 몰랐을 때는 거부감을 가지고 거리를 두고자 했던 것에서 거부감이 없어지고 거리를 좁히면서 함께하고자 하는 생각으로 바뀌었기 때문에 6.2 지방선거 결과가 나온 것으로 봅니다. 그럼에도 불구하고 6.2 지방선거를 맞아서 저를 반대하는 사람들, 반대쪽 역할을 하는 사람들도 상당히 있었을 거라고 봅니다.

지승호 그저께였나요? 교총 회장이 강연을 하면서 진보 교육감 말을 듣지 말라고 했잖아요. (웃음)

김상곤 언론에는 저항하라는 표현으로 나왔던 것 같은데요. 본인은 저항이라는 표현을 쓰지 않았다고 하지만요.

안순억 저항이라는 것은 우리만 쓰는 말인 줄 알았는데요. (웃음)

김상곤 교총 회장이 경솔한 사람인 것 같아요. 그게 정치인지는 모르겠지만. "김상곤, 경제학자가 뭘 알아" 하는 표현도 있던데요. 제가 경영학자인데 경제학자라고 한 걸 보면 저에 대한 기초정보도 없이 그런 말을 한 거죠. 그쪽만 십 몇 년 한 자기들도 이제 겨우 교육을 알겠는데, 신출내기가 뭘 알겠느냐는 거죠.

지승호 선거에서 교육학자들이 호응을 받지 못했던 것 같은데요. 그 이유는 뭐라고 생각하십니까?

김상곤 관변 교육학자들의 경우 불신을 샀다고 봐야죠. 교육학이 다른 분야보다 관변 성향이 더 강하잖아요.

지승호 공정택 전 서울시 교육감의 경우 선거자금에서 적잖은 문제가 드러났잖아요. 그런데 그걸 가지고 교육감 선거를 반대하는 논리도 나왔지 않습니까?

김상곤 예전에 나왔죠. 대통령까지 거론했지요. 사실 공정택 전 교육감은 리틀 MB인데요. 2월인가, 그 상황을 보고 직선제에서 나올 수 있는 요소라면서 교육감 선거 자체를 재검토하는 것이 어떨까 하는 얘기를 했었죠. 정두언 의원 등을 비롯해서 몇 사람이 얘기를 했어요. 교육감 직선제 폐해론, 무용론을 얘기하면서 선출방식을 바꿔야 되는 것처럼 얘기했는데요. 그러나 6.2

지방선거를 통해서 적어도 교육감 선거와 관련한 그런 언급이나 주장은 실효성을 잃었다고 봅니다. 교육감 선거는 번호는 없지만, 순서를 가지고 첫 번째에 있느냐, 두 번째에 있느냐에 따라 적잖은 영향을 미칠 거라고 많이들 얘기했는데요. 교육위원 선거는 좀 영향을 미쳤다고 보지만, 교육감 선거는 거의 영향을 미치지 않았다고 보거든요. 진보 교육감이 6명이나 나오게 된 과정을 봐도 그렇고요.

지승호 유권자들이 교육감 선거에 대해서 상당히 관심을 가지고 꼼꼼하게 봤다는 얘긴데요.

김상곤 그렇죠. 공식 선거운동 초기만 해도 대개들 "교육감 후보에 대해 잘 모른다"고 했어요. 제가 열심히 뛰어다녔지만, 마지막 여론조사에서도 지지 후보를 정하지 못한 유보 비율이 40~50퍼센트나 됐습니다. 여론조사에서 찬반 비율로만 보면 제가 상당히 앞서 있었지만, 유보 비율이 전체 유권자의 절반 가까이 됐으니까 안심할 수가 없었죠. 부동표의 향방에 따라 판세가 확 달라질 수 있는 상황이었습니다.

지승호 이번 지방선거를 통해 여론조사 역시 불신을 좀 받았던 것 같은데요.

김상곤 그렇죠.

안순억 악의적인 여론조사 발표도 있었던 것 같습니다. 한 지방 신문에서 정진곤 후보와의 격차가 상당히 좁혀진 것으로 지지도를 발표했는데요. 나중에 밝혀진 것을 보니까 그 여론조사를 정진곤 후보 쪽에서 한 거더라고요. 그쪽 사람이 운영하는 회사에서 실시한 여론조사를 발표한 것인데, 언론은 그것을 그대로 받아서 대문짝만하게 낸 것입니다.

지승호 10여 년 전에 탈학교 운동도 있었고, "우리는 털 깎이는 양이 아니다"라는 구호를 외치면서 두발자유화 운동도 했는데요. 그런 운동들이 좀 잦아들었지 않습니까? 그런 외부의 시민사회운동과 결합이 되면 교육감님이 하시고자 하는 일들이 좀 힘을 받을 것 같은데요.

김상곤 이전에는 교수로서 교수운동을 매개로 해서 시민사회운동과 결합했는데요. 지금은 교육행정가로 있으면서 교육 개혁과 혁신을 위해서 그 구조를 어떻게 할 것인가 고민할 수밖에 없어요. 거기에 학교가 공동체로 자리잡을 수 있도록 노력해나가는 것을 근간으로 삼으면서 공동체를 어떻게 구성하고 그 공동체가 어떻게 제 역할을 할 수 있도록 할 것인가 하는 고민들을 작년부터 해왔죠. 작년부터 공동체의 가장 중요한 기반이 뭔가를 고민해왔는데, 공동체가 제대로 구성되고 작동하려면 교육계의 청렴성과 투명성 확보가 가장 중요하고 시급한 과제라고 생각한 겁니다. 그게 확보되지 않고서는 학부모가 공동체의 구성원으로 들어올 수 없고, 학부모가 들어오지 않으면 사실상

공동체를 구성할 수도 없고, 그 공동체가 제 역할을 할 수도 없다고 판단한 거죠. 물론 부정·비리는 어떤 경우에도 없어야 할 것이지만 특히 교육공동체의 개혁을 위해서는 반드시 부정·비리 문제를 우선 해결해야 한다고 생각하고 지난해에 그와 관련된 작업을 집중적으로 실행했습니다.

그 작업을 지난해 5월 6일부터 시작했는데, 6~7월에 연달아서 교장, 체육교사들과 관련된 집단 비리사건들이 터졌어요. 그것을 보고서 가장 중점을 둔 것 가운데 하나로 부정 방지를 위한 정책과 대책을 수립하여 강력하게 추진했습니다. '전 기관 청렴 관리 시스템'을 구상해서 정책으로 입안한 것이죠. 전 기관 청렴 관리 시스템 아래서 반부패 종합대책을 수립하고, 작년 말까지 관리자 전원과 교육청의 교육행정가 전문직 모든 사람들에게 연수를 통해서 공유하는 작업을 했습니다. 일차적으로 그런 과정들이 있었고요. 그것이 기반이 되어야 한다는 것을 강조했습니다. 연수가 있을 때면 가서 교육감 특강을 통해 그런 작업들을 공유하고 협조를 당부했습니다.

쿨 커뮤니케이션과
학생인권조례에 담긴 뜻

지승호 교육 비리, 교원 성범죄 등에 대한 대책으로 '쿨 커뮤니케이션'을 제시하셨는데요. 어떤 내용인가요?

김상곤 최근에 얘기한 건데요. 쿨 커뮤니케이션이 꼭 그것만을 위한 것이 아닙니다. 쿨 미디어라는 말이 얼마 전부터 나오기 시작했는데요. 핫 미디어가 일방향 미디어라면 그와 달리 인터넷이나 트위터 같은 것들은 쌍방향이잖아요. 그것도 즉각적인 쌍방향이죠. 그런 방식을 쿨 미디어라고 하는데, 그런 방식의 소통을 쿨 커뮤니케이션이라고 합니다. 얼마 전에 그런 얘기를 했던 것은, 지금 사회는 개방된 사회라서 모든 사안들은 드러나고 개방된다는 전제에서 우리 교육행정가들, 공무원들이 자기 역할에 충실해야 한다는 취지를 강조한 것이죠. 교장이건 교감이건 교육청 간부를 막론하고 모두가 각자의 행동이 (아무리 숨

기려 해도) 언젠가는 드러나게 마련이라는 것을 생각하면서 행동해야 한다는 것을 강조하고자 한 얘깁니다.

지승호 　선거운동 과정에서 가장 표면적으로 드러난 아이들의 요구 사항은 두발자유화 같은데요. 그동안 해왔던 것을 봐서는 쉽지 않은 문제인데, 아이들은 "머리 정도도 못 기르게 하냐"는 불만이 누적됐다가 김상곤을 해결사로 여기고 지지한 것 아닙니까. 그런 기대감이 좌절됐을 때 교육감님에게 실망할 수도 있을 텐데요. 아이들 입장에서는 해결사 내지는 스타로서 기대하고 박수치고 있는데, 그게 안 되면 급격히 무관심으로 돌아설 수도 있지 않겠습니까?

김상곤 　실은 유권자들이 작년 선거운동 기간 초기에는 관심이 없고 귀찮아하다가 점차 관심을 갖기 시작하고, 정책을 들여다보기 시작한 것 같습니다. 그러면서 선거 공보물을 생각보다 많은 사람이 구체적으로 보고 있다는 것을 느꼈습니다. 선거 공보물이 전달된 이후에 분위기가 많이 달라졌다는 것을 느꼈거든요. 그러면서 아이들이 제가 유세를 가든지 선거운동을 가면 그때 이미 "두발자율화 해주세요, 시험 좀 안 보게 해주세요" 하는 얘기들을 하고 지나갔어요. 지금도 아이들은 마찬가지죠.

　이미 학생인권조례 제정은 공약화하여 작년부터 그 추진 작업을 해왔고, 그것을 경기도 교육위원회에 부의했는데, 교육위원회에서는 심의조차 하지 않고 계속 미뤘어요. 법적으로 교육위원회가 8월 말에는 끝날 예정입니다. 도의회와 합쳐지잖아요.

도의회에서 이것을 심의하게 되는데, 입법예고부터 다시 하면서 10월경에 도의회에 부의해서 심의를 거칠 예정입니다. 마침 시도의회 구성이 달라져서 경기도 의회의 다수 의원들은 이런 전향적인 조례나 제안을 상당히 적극적으로 살펴볼 거라고 예상합니다.

지승호 일단 통과되더라도 일부 보수적인 분들이나 학부모들의 반발이 있을 수 있지 않습니까? 전두환 정권 때도 교복자율화를 했다가 다시 돌아갔지 않습니까?

김상곤 교복자율화도 학생인권조례에 들어 있습니다. 두발자율화도 들어 있고요. 두발에 대해서는 길이를 제한하지 않는다고 되어 있습니다. 학생인권조례에 대해서 우려하는 분들이 아직도 많다는 것을 알고 있습니다. 하지만 우리 사회가 이만큼 경제적으로 발전했으니 사회·문화적인 진화 열망도 당연히 그만큼 높아지는 것 아니겠어요. 그런데 거의 유일하게 학교문화에만 전통과 통솔이라는 이름 아래 구시대적인 즉 식민·군사문화의 잔재가 남아 있거든요. 이것은 미래지향이 아니죠. 국가·사회의 발전을 위해서도 결코 바람직하지 않습니다. 인권을 모든 교육적 원죄의 전제로 놓지 않으면 결코 교육적 본질에 다가설 수 없다는 인식을 공유하는 것이 필요한 시대가 되었다고 생각합니다. 그리고 어떻게 보면 학교문화를 바꾸는 것이 보다 더 교육의 사회적인 역할을 높일 수 있는 방안이다, 크게는 이렇게 볼 수 있습니다.

그리고 내부적으로는 체벌이라든가 여러 가지 강제적인 통제 방식이 유지되는 한 교사들은 물론 학생들도 인성이 피폐해지고 동시에 학생들의 창의성이 계발될 수 없다고 봅니다. 단지 학생들만의 문제가 아니라 교사들의 인성 문제와도 직결된다고 보거든요. 이것은 학생의 인권을 존중하고 교사가 가진 권위와 권한을 존중하고 인정하는 것이 비로소 학교문화를 바꿀 수 있는 기초가 되는 것이고, 어떻게 보면 우리 사회문화를 바꿀 수 있는 계기도 될 수 있습니다. 그 말은, 아이들이 폭력을 자연스럽게 당연시하는 의식이 생기다 보면 사회에 나와서도 일탈된 행동에 접근할 수 있는 가능성이 높아진다는 거죠. 인간의 심리작용으로 보면 당연한 것입니다. 학생인권조례를 만들면서 우리가 생각한 것은 학교에서 폭력을 없애는 대신 학생들이 질서의식이나 책임의식을 가질 수 있는 대안 프로그램을 개발하는 거였어요. 다양한 방식으로 연구하고 있습니다.

선진국에서 체벌 금지한다고 해서 학교 교실이 엉망이 되는 건 아니지 않습니까? 금년 초에 영국의 《타임스》에서 한국의 학교 모습과 교육을 묘사해놓은 것이 있습니다. 거기 이런 풍경 묘사가 있어요. "괜찮은 학교인데, 아침부터 엎드려 자는 학생들이 꽤 있다. 그것을 교사들이 묵인하고 있다." 그러면서 "한국의 공교육은 바람직하지 못한 면이 꽤 있다."고 표현했어요. 지금의 강제적인 통제를 가미한 학교 질서 유지 방식이 과연 바람직한 것이냐 하면 그건 절대 아닙니다. 물론 금방 바꾸는 것은 쉽지 않겠죠. 경기도 교육청에서는 지난해부터 단계적으로 학생인권조례를 준비했고, 그에 대한 분위기를 조성하고, 수많은 의견 수렴과 토론을 해왔습니다. 무작정 체벌만을 없애자는 것이 아니라 학교에서 아이들이 책임의식을 갖게 하는 대안 프로그램들을 개발하고 있습니다. 계획대로 되면 훨씬 더 나은 학교문화를 만들 수 있는 기초를 놓을 수 있다고 생각합니다.

지승호 굉장히 큰 토론의 장이 열릴 것 같습니다. 교육에서의 문제 중 하나가 아이들을 미완성의 존재로만 보고 인격체로 대하지 않는 것이라고 생각하는데요. 애들은 불완전하기 때문에 미래를 위해서 지금의 행복을 유보해야 하고, 때려서라도 가르쳐야 한다고 생각하는 부분들이 책임의식을 심어주지 못하는 면이 있지 않습니까. 청소년보호법도 그런 부분이 있는 것 같고요. 물론 모든 사람들이 보호받아야 하고, 특히 청소년들은 미숙하다기보다 경험이 부족하기 때문에 더 많은 배려가 필요하다고 생각합니다. 하지만 그런 법제도는 아이들을 보호하고 배려하기 위한 것보다 어른들의 편리 즉 아이들을 손쉽게 통제하기 위한 것이라는 생각이 들 때도 있습니다. 학생인권조례가 나오면서 아이들을 어떻게 대해야 하느냐는 논란도 있을 텐데요. 그 과정에서 보수적인 단체들의 반발도 있을 수 있고요.

김상곤 여러 가지로 얘기하겠죠. 준비하고 대비해나가다 보면 우리가 하려는 그런 정책이나 보완책들을 점차 수긍할 것이라고 생각합니다. 그리고 이런 작업들이 우리 한국사회가 선진사회로 진입하는 데 반드시 필요한 일이라는 걸 인정하고 수용할 것이라 믿습니다.

지승호 선거 과정에서 가장 어려웠던 점은 뭔가요?

김상곤 물론 유권자들의 요구를 어디까지 정책에 담을 수 있는가 하는 문제가 가장 쉽지 않은 문제였는데요. 개인적으로는 대중을 상대로 자연스런 제스처를 취한다든가 능숙하게 말을 하는 것에 익숙지 않아서 좀 어려웠죠.

지승호 이번 6.2 지방선거에서 압도적인 표차로 이겼는데요. 예상은 하셨나요?

김상곤 예상 못했죠. 아까도 말씀드렸듯이 여론조사에서 다른 사람하고 차이가 꽤 나긴 했지만 지지 유보층이 절반이나 되어서 그렇게 차이 나게 당선될 거라곤 생각지 못했죠. 안심할 상황도 아니었고요.

지승호 곽노현 서울시 교육감이 당선되자마자 체벌금지를 선언해서 논란이 있는데, 그 점은 어떻게 생각하십니까? 교총이라든지 보수단체에서 반발하고 있는데요. 그런 비슷한 과정들을 겪으셨으니까 일을 파악해나갈 시기에 논란이 될 문제를 너무 빨리 던진 게 아닌가 생각하실 수도 있을 것 같고요.

김상곤 사람마다 일하는 스타일에는 차이가 있다고 봅니다. 두괄식이냐, 미괄식이냐의 차이도 있지요. 연역법식이냐, 귀납법식이냐의 차이도 있을 수 있고요. (웃음) 먼저 선언적인 것을 애기하고 구체적인 정책을 마련해가는 것도 의미 있는 방식이라고 보는데요. 다만, 소모적인 논쟁은 교육의 영역에서는 바람직하지는 않다고 생각하죠.

지승호 두 분이 친하시지 않습니까?

김상곤 그렇죠. 아시다시피 곽노현 교육감은 경기도 학생인권조례 초안 작성을 지휘한 장본인이에요. 자문위원장을 맡았으니까요. 뛰어난 분입니다.

지승호 다른 진보 교육감들에게 조언하신다면요? "이런 건 피해 가라"든지, "이렇게 하면 좋다"든지…. (웃음)

김상곤 다섯 분 가운데 세 분은 교수 출신이고, 두 분은 교사 출신인데요. 교사 출신 두 분은 초중등교육을 20년 이상 하고, 교육위원까지 지낸 분들이거든요. 초중등교육 전문가들이죠. 그래서 초중등교육과 관련된 정책은 누구보다 잘 알고 잘 수립할 수 있다고 봅니다. 물론 그분들도 감안하고 계시겠지만, 강조하자면 우리나라 전체의 교육체계 속에서 초중등교육의 발전 방향이나 정책 기조를 구상했으면 좋겠다고 생각합니다. 교수 출신 진보 교육감들에게는 초중등교육의 메커니즘과 초중등교육이 안고 있는 본질적인 문제들을 좀더 깊이 있게 고민하면서 교육감 직무를 수행한다면 미래지향적인 초중등교육 발전을 이끌어낼 수 있지 않을까 하는 말씀을 드리고 싶습니다.

어떤 경우에도 최우선은 '교육의 본질'

지승호 조금 전에 교육에서 논란이 되는 것은 좋지 않을 수 있다고 하셨는데요. 소신껏 일하다 보면 논란이 생기는 경우가 많지 않습니까? 어떤 면에서는 교육감님께서도 논란을 일으킨 부분이 많은데요. (웃음) 어떤 부분은 잠시 피해가고, 어떤 부분은 밀어붙인다는 선택의 기준 같은 것은 있습니까?

김상곤 교육자치라는 면이 하나의 중요한 기준이 되고요. 그리고 각 구성 주체들의 권리라는 부분도 기준이 됩니다. 교육정책과 관련해서는 지금까지 폐해를 낳았던 경쟁과 서열화를 벗어나는 방향으로 기조를 잡아야 한다는 것이 중요한 기준이죠.

지승호 그런 것을 선택하고 실행해나갈 때는 여러 가지 검토할 것이 많을 텐데요.

도서관에서 학생들과 독서에 관해 얘기를 나누고 있는 모습

김상곤 기본적으로는 법률적인 문제를 검토해야 되고요. 그 다음으로는 행정적인 역량을 견주어봐야죠. 그리고 그 두 가지에 앞서 교육의 본질이 무엇이냐, 또 교육의 본질에 합당하다고 보느냐 하는 것을 먼저 생각합니다. 이런 것들을 염두에 두고 판단하되, 시의성과 적절성을 고려해야겠지요. 같은 사안이라도 어느 시점에서 어떤 방식으로 판단하고 집행하느냐에 따라 아주 미묘한 차이가 있을 수 있는데, 그것을 잘 조율하고 조정하면서 판단하는 것이 필요합니다. 어떻게 보면 개혁과 혁신 속에서 행정은 단순한 행정이 아니라 감히 표현하자면 행정예술이라고 할 수 있습니다.

지승호 많은 사람에게 실질적인 행복을 줄 수 있는 거니까요. 예술은 정서적인 행복을 주는 것이고요. 행정은 정서적인 것뿐 아니라 생활에 직접적인 도움을 줄 수도 있을 테니까요.

김상곤 물론 인센티브라든가 하는 것도 있을 수 있는데요. 제가 예술이라고 표현했던 것은 거기에 관여하는 사람들이 그것을 수행하면서 뿌듯함을 느낄 수 있기 때문이고요. 감성적인 만족도를 스스로 높일 수 있는 것까지도 포괄해서 염두에 둬야 되는 것 아니겠느냐 하는 거죠.

지승호 언어에서도 안정감을 중시하신다고 들었는데요. 가령 어떤 표현을 하실 때 '어떻게 표현하는 것이 적절한 수위가 될까?'를 고민해서 결재가 올라오거나 회의를 거친 안건에 대해 어떤 부분은 수위를 좀 높이기도 하고, 어떤 부분은 좀 완곡하게 표현한다고도 들었습니다.

김상곤 제가 지금은 시민사회운동가, 교육운동가가 아니고 교육행정가입니다. 교육행정가면서 이것을 개혁운동 차원과 결합시키는 부분이거든요. 그럼에도 불구하고 교육행정을 하는 사람이기 때문에 제가 표현하는 한 마디 한 마디가 사실은 경기교육에 크게든 작게든 영향을 미치는 것이고, 국민이 생각하는 교육에 때로 부합할 수도 있고, 때로 벗어날 수 있는 문제가 생기거든요. 상당히 신중하게 판단하고 표현하지 않으면 안 되는 거죠. 그럼에도 불구하고 아까 말씀드린 대로 시의성이 있기 때문에 즉 시기의 제약성이 있기 때문에 그것을 지켜내는 것도 동시에 고려할 수밖에 없다고 생각합니다.

지승호   외교에서는 용어 사용이 굉장히 조심스러워야 하지 않습니까. 외교관이나 책임 있는 정부 관료가 한 마디 잘못하면 국가에 큰 손해를 끼치기도 하기 때문인데요. 그래서 교육감님께서도 용어 선택에 많은 고민을 하시는 것일 텐데요. 원칙 같은 게 있는가요?

김상곤   크게 원칙을 정해놓은 것은 없지만 적어도 제 개인적인 감정이 투영되는 것을 억제해야 한다는 생각을 하고 있습니다. 그리고 내 얘기를 듣는 사람들이 이해할 수 있는 적합한 용어를 찾아내려고 노력하죠. 때로는 그렇지 않은 용어, 경직된 용어가 나올 수도 있지만, 가능한 한 쉬운 말로 표현하는 것이 중요하다고 생각합니다. 그리고 교육감은 (물론 헌법에 정치중립성이어야 한다는 부분도 있지만) 일반 정치인하고도 다르고, 일반 행정가하고도 다르다고 봅니다. 교육행정가인 교육감으로서는 교육적으로 적합한 용어를 찾아서 골라 쓰는 노력이 필요하다고 생각합니다. 물론 그렇게 생각지 않고, 나름대로 좀더 자유롭게 표현하고자 하는 분도 있을 수 있는데, 저는 그렇게 생각한다는 얘기죠.

지승호   교육감님의 그런 부분이 많은 사람에게 신뢰감을 준 것 같습니다. 전직 대통령과 지금 대통령이 스타일은 다르지만, 말이 많다는 점에서는 공통점이 있습니다. 노 전 대통령의 경우 어느 인터뷰에서 "내가 소수자다 보니까 항변하기 위해서 말이 많아진 부분이 있는 것 같다"는 취지의 말씀을 하셨는데, 그렇게 변명하는 과정에서 트러블도 많이 생겼잖습니까. 얼마 전에 한나라당 나경원 의원 인터뷰를 보니까 "이명박 대통령의 단점은 말이 많다는 것"이라고 하더라고요. (웃음) 그런 것처럼 자꾸 어떤 공격을 받거나 아니면 상대방이 내 선의를 이해하지 못한다고 생각할 때 자꾸 말하고 싶은 욕구가 생기잖아요. 설명하고 싶거나 "내 의도는 그게 아닌데 왜 그렇게 보냐?"고 반문할 수도 있을 텐데요. 그런 것을 절제하시는 것이 원래 타고난 성품인가요? 아니면 활동을 하면서 내공을 쌓으신 건가요?

김상곤 학교 다닐 때도 좀 그랬지만, 특히 교수운동 할 때 합의제 방식에 준한 의사결정 방식을 관행으로 삼으면서 많은 얘기를 어떻게 하나로 모아낼까 하는 것에 초점을 맞췄거든요. 그러면서 다져진 의식과 습관 때문이기도 하겠지만, 교육행정가로서 교육적인 자세나 의식을 최대한 지켜내기 위한 방법을 생각하다 보니까 그렇게 된 거라고 봅니다.

지승호 운동을 할 때 의견이 다르거나 그러면 대립하는 경우도 있지 않습니까. 옛날 NL과 PD가 그랬고요. 지식인 부류의 사람들은 단어 하나를 가지고 갈등하는 경우도 많은데요. 말 한 마디로 상처받기도 하고요.

김상곤 맞습니다. (웃음) 표현 하나, 용어 하나 가지고 밤새 토론하는 경우도 있었지요. 그런데 저는 좀처럼 뱉듯이 말을 하지 않는 스타일입니다. 그리고 상대방의 얘기를 귀담아 들으려고 노력하는 스타일이고요. 그런 것들이 지금 제 스타일을 만드는 데 기여한 것이 아닌가 싶습니다.

안순억 굉장히 절제된 언어 습관을 지니신 분이시죠. 공식적, 비공식적인 자리와 관계없이 언제나 말씀을 아낀다는 느낌을 받습니다. 언어는 곧 사람이라고 하잖아요. 절제하고 경청하며 살아오신 삶의 경험이 자연스럽게 언어 형식으로 내면화되어 있는 것 같습니다.

지승호 언어에는 인격이 들어가 있다고 하잖아요.

김상곤 스타일의 차이겠죠. (웃음)

안순억 우리 사회가 말을 많이 하는 사회인데, 그런 사회에서 교육감님처럼 말을 아끼는 분이 스타가 된다는 것도 참 특이한 케이스인 것 같거든요.

김상곤 그런데 제가 교수운동 속에서 가장 논쟁을 많이 한 사람 중의 하나예요. 내부적으로는 교육과 정치, 사회, 경제 이슈와 관련해서 논쟁을 많이 했습니다. 뭐 철저하게 쟁점으로 부각된 이슈에 대해서는 내 생각을 논리적으로 표현하고, 상대 생각의 허점들을 지적하려고 노력했는데요. 그럼에도 불구하고 아까 말씀드렸듯이 내 속에서 일어나는 감정을 그대로 표현하지 않으려는 노력을 꾸준히 해왔죠.

지승호 노 전 대통령처럼 현 대통령도 말이 많은 것이 문제가 되곤 하는데, 게다가 상대 진영으로부터 그 말들 속에 과연 진정성이나 알맹이가 있느냐는 비판도 받지 않습니까. 반면에 교육감님은 말은 안 하면서 일방적으로 두들겨 맞는 것 같은데 계속 뭔가를 내놓았거든요. 그런 실천하는 모습이 사람들에게 믿음을 주지 않았나 하는 생각이 듭니다.

김상곤 새롭게 뭘 내놓았다기보다 이미 우리 사회와 교육이 필요로 해왔던 것들을 제가 제안한 것이고, 우리 사회가 의제로 품어준 것이라고 생각합니다. 익숙하지 않은 것인데도 제안한 많은 것이 예상보다 훨씬 더 빠르게, 더 많이 추진되고 있어요. 일부 언론에서는 "싸움닭처럼 싸움만 하고 아무것도 못한다"고 깎아내리기도 했습니다. 그래서 제가 그 언론들을 보고서 "왜 그런 표현을 하느냐? 싸움의 이슈로 되어 있는 것도 이러이러하게 구체적으로 진전되고 있다. 그런데 왜 그런 식으로 얘기하느냐?"고 반론한 적도 있습니다. 물론 나를 생각하면서 그런 표현을 쓰는 경우도 있지요. 또 어떤 분들은 아끼는 마음에서, 너무 시비를 거니까 할 일도 제대로 못하겠다고 표현하는 경우도 있는데요. 그런 기자에게는 "그렇지 않다. 그렇게 표현하면 오해를 불러일으킬 수 있다"는 얘기를 한 적도 있습니다.

교육 '혁신'에 이념을
색칠하는 것이 문제

지승호 그렇게 신중하게 용어를 선택하고, 늘 적절한 표현을 찾느라 고민하시는데요. '혁신'이라는 단어를 선택한 데도 이유가 있지 않을까 싶습니다. 지난 정권까지 개혁이라는 말을 많이 썼고, 진보라는 단어도 너무 써서 식상한 느낌이라 피해가신 건가요? 아니면 다른 의미가 있는 건가요?

김상곤 혁신이라는 용어는 이노베이션이지 않습니까. 이노베이션 즉 혁신이라는 용어에는 정치이념적인 뉘앙스가 거의 안 들어가 있습니다. 그런데 어떻게 보면 정치이념적인 변혁에 버금갈 정도의 변화를 내포하고 있다고 봅니다. 이노베이션은 비교적 중립적인 용어인 듯하면서도 강력한 변화를 함의하고 있다고 생각합니다. 특히 경영학 전공자로서는 말이죠. 그래서 혁신이라는 용어가 좋겠다고 생각한 거지요.

실은 처음에는(작년 선거 과정에서는) 뉴 스쿨이라는 외국어 표기를 했어요. 그러다가 나중에 영어를 쓰지 말자는 내부 의견이 있어서 그것을 대체할 여러 용어가 나왔는데, 혁신이 적절하겠다고 판단한 겁니다. 작년에 처음 '혁신학교' '혁신교육' 얘기가 나오자 도교육위원이나 도의회의원을 비롯한 몇몇 분이 혁신은 이념적인 뉘앙스를 가진 용어 아니냐고 했습니다. 우리 역사에서 보면 '혁신당'이니 해서 혁신과 관련하여 이념적인 색깔이 덮여진 경우들이 있죠. 혁신을 정치적으로 쓴다면 그런 이념적인 색채가 들어갈 수 있습니다.

그러나 제가 교육에서 쓰는 혁신은 이노베이션을 우리말로 바꾼 의미라서 그런 우려를 할 필요는 없다고 생각합니다. 도교육위원 한 분이 저를 비난하면서 가죽 혁革자에 새 신新자니까 가죽을 벗겨내서 새 살이 돋게 하는 것인데, "이것은 혁명적인 것 아니냐"고 하면서 있어서는 안 될 일처럼 얘기한 적이 있습니다. (웃음) 그래서 제가 현대 자본주의에서 가장 많이 쓰는 경영학 용어이자 개념인 이노베이션 혁신을 의미한다고 했죠.

지승호 계속 그런 식의 색깔론을 들이대는 분들 때문에 오히려 조심스럽게 표현하셨을 것도 같습니다.

김상곤 그런 면도 있습니다. 하나의 용어라든가 감정적인 어투를 가지고서 시비에 휘말리는 것은 그야말로 소모적이라고 생각했습니다. 일 자체를 통해서 변화와 개혁을 추진하는 것이 제가 할 과업이고 역할입니다. 뭔가 센세이셔널한 표현이나 저널리스트적인 용어를 쓴다든가 하는 것은 제가 추구하는 본래의 목적과 그에 따른 정책 추진에도 오히려 부정적으로 작용하지 않을까 생각합니다.

지승호 그런 식의 보도에 대해서 인내심을 가지고 대응하셨던 것 같던데요. 어떤 통계를 보니 교육감 취임 후 일 년 동안 중앙일간지에 기사나 사설로 다뤄진 횟수가 같은 기간 김문수 경기지사의 세 배에 달하던데, 그게 대체로 비판적인 기사나 사설이었을 텐데요. 그중에서도 이건 좀 심하다는 것은 있었습니까?

김상곤 언론이 꽉 짜인 보수적인 틀 속에 김상곤 교육감 정책을 넣어가지고 보려는 것은 저로서는 이해하기 어렵고 심하다는 생각을 했죠. 교육문제를 그렇게 봐서는 안 되고 교육은 그 자체로만 봐주길 바란 겁니다. 물론 교육이라고 해서 정치사회적인 영향을 받지 않을 수 없고, 심지어는 교육이 정치권력의 수단이 될 가능성도 있지만, 교육을 교육 그 자체로 보면서 판단해주면 좋겠다고 생각한 거죠.

지승호 어떻게 보면 그 사회의 수준이랄까요, 사회가 갖고 있는 정체성이 교육을 결정하는 경우가 많은 것 같은데요. 프랑스에서는 지식인이 좌파여야 사회에 문제를 제기할 수 있고, 현재의 권력을 견제함으로써 사회가 발전할 수 있다고 보는 것 같습니다. 그런 면에서 교사의 상당수가 좌파라고 알고 있고요. 전체주의 성향의 국가에서는 교육이 그 국가사회의 시스템에 맞는 부품이랄까, 체제순응적인 사람을 만들어내는 것이 목표인 것 같은데요. 좀 심하게 얘기하면 그런 부분이 있지 않습니까?

한국이 전체주의 성향을 가진 국가냐 하는 것은 논란이 있을 수 있지만, 한국이나 일본의 교육은 상당 부분 후자에 가깝다는 생각이 드는데요. 국가나 산업에서 필요로 하는 인적자원을 양성하는 것이 목표가 아닌가 싶습니다. 민주화 정권에서도 교육인적자원부라는 이름을 사용하지 않았습니까. 학생들을 인격체로 대한다기보다 인적자원으로 대하는 부분이 강한 것 같은데, 그런 속에서 교육감님이 하고자 하는 이런 부분들이 자꾸 이념적으로 비칠 수 있고, 부딪힐 수 있는 요소가 있는 것 같습니다. 간단하게 말해서 "아이들을 사람답게 대하자"는 얘기들이 국가가 교육을 규정하는 부분, 우리 사회가 암묵적으로 교육을 대하는 태도하고 부딪히는 부분들이 있는 것 같은데요.

김상곤 아까도 말했지만, 교육이 사실은 정치이데올로기를 생산하고 확산하는 수단으로 작동하지요. 기본적으로 그렇게 작동을 하는데, 그것을 얼마나 중립화해낼 수 있느냐가 중요하다고 봅니다. 그러면서 미래지향적인 정치 발전을 교육이 얼마나 뒷받침하거나 이끌어줄 수 있느냐 하는 것이 중요한 역할이라고 보는데요. 지금 우리 사회는 절차적인 민주화가 상당히 진척됐다고는 하지만 본질적인 민주주의라든가 이런 것은 아직 많이 개발해나가고 발전시켜나가야 할 부분이라고 생각합니다.

그리고 다른 한편에서 보면 우리 헌법은 국민 기본권, 자유권, 사회권 같은 것은 상당히 포괄적으로 보장하고 있습니다.

그러나 헌법에 "필요한 경우에 유보할 수 있다"는 포괄적인 조항이 있어서 하위 법률들이 그에 의거해서 헌법에서 보장하는 권리에 제약을 가하는 경우가 많거든요. 경제적인 발전에 걸맞게 시민사회가 발전해나가려면 헌법에서 보장하고 있는 자유권적이고 사유권적인 기본권들을 더욱 폭넓게 확대해나가는 게 필수조건이라고 생각합니다.

그것을 생각하면서 제가 제시한 교육의 전망과 비전 그리고 교육정책은 현재의 제약된 틀에서 볼 때는 한 걸음 앞으로 더 나아간 진보의 방향입니다. 그래서 현 사회의 현상유지하고는 거리가 있는 것으로, 현실의 사회 틀을 하나하나 때로는 확대하고 때로는 깨나갈 부분이 있다고 보는 거죠. 그것을 위해서는 헌법적인 가치를 교육 내에서 존중하고, 그것을 확보해나가는 노력이 더욱 필요하다고 생각합니다.

지승호 학자로서 이론적으로 생각했던 교육현장과 실제로 직접 들여다본 교육현장에 내재한 가장 큰 차이는 어떤 것이었습니까? 교육 관련 인사들은 물론 아이들도 많이 만나보셨을 텐데요.

김상곤 교육에 관한 큰 틀에서의 문제는 밖에서 볼 때나 안에 들어와서 볼 때나 거의 같은데요. 다만, 그 문제들이 처한 상황을 보면 밖에서 보던 것보다 훨씬 더 심각하다는 것을 느꼈습니다. 이것을 푸는 데는 훨씬 더 면밀한 검토와 치밀한 계획 그리고 지속적인 노력이 결합되지 않으면 안 된다는 것을 느끼고 있죠. 그래서 그런 면에서 보면 밖에서 거리를 두고 제3자의 입장에서 볼 때는 '제대로 좀 하자'고 강력하게 밀어붙이면 될 것 같은 생각을 하기 십상인데요. 그러나 교육이 지닌 메커니즘의 복잡성과 그 구성원들 각자의 차이들, 이러한 것들을 종합해가면서 변화시키려면 엄청난 에너지 집중이 필요하다고 봅니다.

지승호 어떤 부분이 가장 심각한 문제라고 보십니까?

김상곤 아까 말했듯이 학교현장이 참으로 많이 무너져 내려서 그 구성원들 모두가 좌절하고, 무기력해지고, 일면 포기하고 있는 상황, 그것이 가장 심각한 문제라고 봅니다. 그리고 학교현장과 교육행정 간의 불신 같은 것들도 곳곳에 도사리고 있다고 봅니다.

지승호 교육감님께서 말씀하신 것처럼 불신이 가장 큰 문제인 것 같은데요. 불신을 하게 되니까 대화를 안 하고, 대화를 안 하다 보니까 '저 사람 무슨 생각을 하고 있는 거야?' 하면서 불신이 더 깊어지는 걸 텐데요. 서로 피해자라고 생각하는 것 같습니다. 학생들은 학생들대로 고통스럽고, 교사들은 일은 많고 아이들이 말을 안 들어서 괴로울 거고요. 서로 피해의식을 갖고 있는 부분들이 큰 문제인 것 같은데요. 교육청이나 학교도 대화가 잘 이루어지는 것 같지 않고요. 일방적인 지시만 있었던 것이 교육계와 학교라는 생각이 듭니다. 그런 대화를 복원하기 위해 노력해오신 걸로 아는데요. 물꼬를 트기 위해서는 어떻게 해야 한다고 보십니까? 대화를 하고 싶어도 방법을 모르면 못하지 않습니까. 옛날 아버지들도 자식이 아버지를 어려워하고 불편해한다는 것은 알지만 대화하는 법을 배우지 못해서 관계 개선이 안 되는 경우도 많았지 않습니까.

김상곤 기본적으로 권위주의를 탈피하고 관료주의를 제거해나가는 작업을 진행하면서, 관료들이 교육행정을 지시와 감독 그리고 자기 권한 행사의 수단으로만 생각지 않도록 인식의 전환을 꾀해야겠지요. 학교현장을 지원하고, 협력하고, 조언하고, 자문하는 행정 서비스를 생산하여 제공하는 시스템을 마련하는 것이 필요합니다. 그래서 지역 교육청을 통해서 행정 서비스를 하는 과정에서 다양한 지원 센터를 만들었습니다. 가령 학교문화와 관련해서 학생생활인권 지원센터도 이번 1학기부터 지역 교육청에 설치한 것을 비롯하여 특수교육을 위해서 특수교육지원센터를 설치하고, 성폭력·성추행 문제를 해결하기 위해 성 관련 상담센터를 설치하고 있고요. 지원 서비스를 하기 위한 중심점들을 만들어내고 있고, 그것을 통해서 학교현장과 교육행정 간의 소통을 원활히 하기 위한 작업을 진행하고 있습니다.

웃으면서 공부하는 아이들
vs 울면서 공부하는 아이들

지승호 일선 교사들이 가장 힘들다고 얘기하는 고충은 어떤 부분입니까?

김상곤 무엇보다 아이들을 가르칠 시간과 에너지가 부족하다는 것인데요. 교육 외의 행정업무나 잡무가 너무 많다는 겁니다. 학교현장에는 아직도 상명하복적인 분위기가 남아 있어서 굳이 시간과 에너지를 투입하지 않아도 될 부분인데도 울며 겨자 먹기로 할 수밖에 없는 상황인 거죠. 그런 요소들이 아직도 곳곳에 남아 있어서 한계상황을 벗어나기 어려운 것입니다.

그래서 작년부터 행정업무 경감작업을 강력하게 추진을 하고 있습니다. 그리고 학교 분위기를 비롯해서 학교문화를 변화시키기 위한 작업을 진행하고 있는데요. 그것이 일 년 정도 지나면 성과를 보이기 시작할 것이고, 교사들이 그러한 성과를 몸으로 느끼기 시작하면 마인드 변화에 영향을 미칠 수 있으리라 봅니다.

지승호 아이들하고 급식도 같이 드시고 하면서 아이들과 잘 어울리시는데요. 아이들은 어떤 부분이 가장 힘들다고 얘기하나요?

김상곤 아이들과 그런 얘기를 체계적으로 할 기회는 많지 않았지만, 학교생활이 좀더 자유롭고 즐거웠으면 하는 마음들을 내보이고요. 무엇보다 치열한 경쟁구도 속에서 공부하는 것이 너무 힘들다는 얘기들을 하죠. 크게 보면 학교생활이 좀 자유로웠으면 하는 것은 학교문화하고 직결된 문제고요. 공부하는 일이 좀 덜 힘들었으면 하는 것은 고등교육과의 연계선상에서 교육제도와 관련된 문제기도 하지만, 교사들의 교수 학습방식이라든가 평가방식과 결부된 문제이기도 하죠. 결국 거시적으로 교육제도 또는 입시제도의 변화가 필요하다는 얘기고, 동시에 학교 자체의 변화, 교사들의 교수 학습방식의 변화 같은 것들을 요구하고 있는 셈이죠.

지승호 예전에 EBS 〈지식채널e〉에서 핀란드 교육에 관해 방송한 적이 있는데요. 국제교육평가기관(PISA)에서 주관한 학력평가에서 핀란드가 1위를 하고, 한국이 2위를 한 적이 있습니다. 그때 한국 교육 관계자가 "간발의 차이로 우리가 졌네요." 했더니 핀란드 교육 관계자가 "아니요. 아주 엄청난 차이가 있습니다. 우리 아이들은 웃으면서 공부하지만, 당신네 아이들은 울면서 공부하지 않습니까?" 했다는 거 아닙니까. 운동선수만 하더라도 옛날에는 무조건 때려야 된다, 정신력이 중요하다고 했지만, 요즘은 그렇지 않거든요. 체계적인 훈련과 과학적인 관리가 필요한 거죠. 월드컵 축구팀을 봐도 감독과 선수들이 전술에 관해 토론하고, 자율권을 줘서 창의적인 경기를 하도록 유도하거든요. 몽둥이로 때리고 정신력으로 하는 것은 70~80년대에 월드컵 나갈 때 얘기잖아요. 그런데 교육계에서는 아직도 그게 필요하다고 말하는 사람이 많거든요. 사회가 빨리 변하는 데 반해서 교육은 여전히 제자리걸음을 하고 있다는 느낌이 듭니다. 그 이유는 뭐라고 보십니까?

꿈나무안심학교 개교식에서 아이들과 함께

김상곤 교육도 내용을 들여다보면 많은 변화가 있었던 게 사실입니다. 그리고 변화하려는 몸부림도 계속 있었고요. 그런데 국가적인 교육제도와 정부의 교육정책, 그것이 요구하는 획일성 때문에 그 변화에 제약이 있을 수밖에 없었던 거지요. 그리고 학교현장에서 체벌과 같은 (전통으로 포장된) 구태의 방식을 써야 한다고 주장하는 것은 단기 성과만을 중시하는 매우 비교육적인 태도라고 봅니다. 단기적인 성과를 목표로 하고, 서열주의적인 방식을 적용하려다 보니까 그런 강압적인 방식이 더욱 효과적이라는 착각에 빠져 있다고 봅니다. 얼마든지 다른 방법을 종합적으로 연구하면서 도입할 수 있는데도 불구하고 말입니다.

이제는 우리 사회도 그런 여건이 되어 있다고 봐야죠. 시민사회를 중심으로, 그런 군사문화적인 방식 즉 강압적이고 반인권적인 방식에 대한 반대정서가 널리 형성되어 있는 것만 봐도요. 그런데 안타깝게도 학교현장은 아직 구태의 상황에 놓여 있다는 것을 정확히 이해하지 못하고 있는 것 같습니다. 우리 방식이 가장 좋은 방식이라는 착각에서 벗어나지 못한 거죠. 외국에 나가서 각종 검정이나 테스트에서 성과를 올리고 있다는 것에 자부심을 가지고 '이렇게 하니까 좋은 결과가 나오지 않느냐?'고 하는 겁니다.

사실 그런 방식은 단기적인 성과를 내는 데는 효과가 있을 수 있습니다. 그러나 그 학생 하나하나가 성장하고 자기 역량을 키워나가는 데는 한계로 작동하고 있다는 것을 모르고 있습니다. 설령 그것을 알고 있더라도 단기적인 성과를 내는 것이 자기가 할 일이지, 개인 저마다의 성장과 역량을 확장하는 것은 자기 일이 아니라고 보는 면도 있는 것 같아요.

지승호 우리가 공부를 두고 볼 때 모든 것을 다 알 필요는 없잖아요. 거칠게 말해서 다른 나라 아이들이 100미터를 평균 16초에 뛰는데, 우리 아이들이 15초에 뛴다고 해서 반드시 좋은 것만은 아니잖아요. 사회 전체적으로 볼 때 100미터를 10초대에 뛰는 아이도 나오는 반면에 20초대에 뛰는 아이도 나올 수 있잖아요. 단거리에 약한 대신 장거리 마라톤에 강점을 보이거나 다른 종목 혹은 아예 다른 영역의 일에 장기가 있을 수도 있는 거 아닙니까. 어떤 단면만 보지 않고 종합적으로 보면 우열의 문제가 아니라 다양성의 문제라고 생각하는데요. 다양성을 인정하지 않는 분위기에서는 자기 분야의 창의적인 전문가가 나오기 어렵겠다는 생각이 듭니다.

김상곤 단적인 예를 두 가지 들 수 있는데요. 하나는 우리 학생들이 미국의 아이비리그에 가서 중도 탈락하는 비율이 가장 높다는 것이 공식적으로 발표된 것이고요. 다른 하나는 우리의 경제력과 두뇌, 업적으로 봐서는 노벨상 수상자가 나왔음직도 하지만 (노벨평화상 말고는) 아직도 안 나왔을 뿐더러 가능성과 관련하여 특별히 주목할 만한 사람도 없는 상황입니다. 이것은 바로 우리 국민 저마다의 적성과 소질과 소양을 충분히 키워내지 못한 결과가 아니냐는 겁니다. 지금의 교육방식이 그것을 가로막는 역작용도 하고 있다고 생각할 수 있습니다.

지승호 　불편할 수도 있는 얘기인데요. 예전부터 한국은 아동인권이나 학생인권에 관한 개념이 없던 나라였잖습니까. 요즘은 좀 나아지지 않았을까 기대했는데, 제가 어렸을 때와 별로 달라진 게 없다는 생각도 들거든요. 사회 전체가 살만해졌고, 다른 부분의 국력이나 인권이 신장된 것에 비해서 그 부분은 제자리걸음이 아니냐는 생각이 들거든요.

김상곤 　저도 그렇게 봅니다.

지승호 　그래서 애들한테 하는 것이 매질과 매도밖에 없지 않나 싶은데요. 전에 졸업식 누드 사진 파문이 일어났을 때 아이들이 한 얘기에 굉장히 가슴이 아팠는데요. "감옥에서 나오는데 이 정도 퍼포먼스는 필요한 것 아니냐?"는 얘기였습니다. 그게 일부라고 주장할지는 몰라도, 아이들은 학교를 감옥으로 느끼고 있다는 얘기거든요. 그런 아이들이 여전히 상당수 있다는 거고요. 사실은 감옥하고 비슷한데 '미래를 위해서 참아야 한다'고 어른스럽게(?) 생각하는 아이들도 상당수 있는 것 같습니다.

　어떻게 보면 교육감님이 하시고자 하는 일은, 아까 학부모들이 안심하고 보낼 수 있는 학교를 만들겠다고 말씀하셨듯이, 아이들이 행복하게 다닐 수 있는 학교를 만드는 것 아닙니까. 그게 단시일 내에 이루어지기는 힘들 거고요. 3년 후에 그게 조금이나마 개선된다고 가정할 때 지금 감옥에 있는 아이들이 눈에 밟힐 것 아닙니까? (웃음) 그래서 속도를 빨리 해야 한다는 조급함이 생길 수도 있는데, 마음먹는다고 금세 될 수 있는 그렇게 간단한 일이 아니잖아요. 그게 늦어지면 늦어질수록 피해자(?)가 계속 생길 수도 있는 건데요. 그런 부분은 어떻게 생각하십니까?

김상곤 나름대로 속도를 내고 있는 상황입니다. 아까 말씀드린 대로 올 하반기에 학생인권조례가 통과되면(통과되도록 해야겠죠) 그에 따른 보완 조치를 준비해서 내년부터는 학교현장에서 구현될 수 있도록 할 겁니다. 그리고 조금 전에 말씀하셨던 게 참 중요한 문제인데요. 우리 사회 각 부분에서 절차적인 민주화가 상당히 진전되면서 인권문제도 소중하게 생각하는 그런 분위기가 만들어졌지만 여전히 아동 특히 학생들의 인권에 대해서는 미성숙한 개체로 전제하고 별개로 생각하는 부분이 참으로 안타깝습니다. 군대에서 인권 개념이 희박한 것처럼 학교현장에서도 무슨 인권이냐는 인식이 팽배해 있는 거죠.

지승호 사랑받고 자란 아이가 사랑을 베풀 확률이 높아지는 건데요. 자기가 어릴 때부터 책임지고 결정을 해봐야 어른이 되어서 뭘 할 수 있을 텐데요. 그런 기회를 안 주니까 어른이 되어서도 꿈이 없는 거 아닙니까. 가령 서른 살이나 먹은 어른이 아무런 희망도 없이 PC방에 앉아서 며칠씩 밤을 새워가며 게임을 하고 그러지 않습니까.

김상곤 지금은 애어른이 많다고 하지 않습니까. 결혼해서까지도 어느 것 하나 자율적으로 판단해서 행하지 못하고 모든 것을 부모에게 의존한다든가 하는 것은 지금의 교육방식에서 비롯되었다고 생각합니다. 그래서 학교만 변해서 될 것이 아니라, 학부모도 변화해야 한다는 것이 저희가 추진하고 있는 과제죠.

지승호 실제로 학부모는 한국 교육의 피해자이기도 하지만, 가장 큰 가해자이기도 한 셈인데요. 공포감이나 위기감, 불안감 때문인지 '일단 내 아이부터 살아야 한다'거나 '내 아이만 잘되면 된다'는 사고방식이 한국 교육을 망치는 주범이라고도 볼 수 있는데요. 학부모 이야기는 다음에 이어서 하시죠.

2

'출세의 사다리'로 전락한 우리 교육의 슬픈 현실

인간의 존엄성은 누구도 침해할 수 없는 보편적 가치입니다. 그럼에도 불구하고 여전히 교육현장인 학교에서, 삶의 현장인 사회에서 교육의 인권은 공공연히 침해당하고 있으며… 이러한 사실이 암묵적으로 정당화되고 있습니다. 대학 안 갈 거냐며 야간자율학습 강요하기, 학생회에 간섭하기, 교문 앞 용의검사, 집회 참가 금지, 인터넷 글쓰기 금지 … 그리고 유비쿼터스를 이야기하는 21세기까지도 앞머리 3센티미터, 귀밑 3센티미터 규정이 남아 있는 이 기막힌 상황! 시대를 따라오지 못하는 전근대적 학교, 교육기능을 상실한 교실붕괴, 교사의 신뢰가 추락하는 교실 위기의 핵심에 두발제한을 위시한 학생인권침해가 자리잡고 있다는 사실을 왜 모르는 것입니까?

_ 어느 〈청소년 인권선언문〉 중에서

실상 진보 교육감이 대거 등장한 것은 기존 교육을 바꾸라는 국민적 명령으로 볼 수도 있는 거잖아요. 그것은 혼란이라기보다는 교육이 새롭게 탈바꿈하는 과정으로 봐야 하는 것 아닐까 싶습니다. 혼란이라고 한다면 기존의 교육계가 그대로 가는 것이 옳다는 명제가 전제되는 것인데, 논리적으로 맞지 않거든요. 어쩌면 어떤 목적의식을 가지고 내뱉는 독설일 가능성이 높다고 생각합니다.

_본문 중에서

학교문화를 바꾸는 일이 급선무

지승호 오늘 학생들과 간담회를 하신 것 같은데 주로 어떤 얘기들을 하셨습니까?

김상곤 먼저 우리 경기 교육혁신을 위해서 학교문화를 바꾸는 것이 중요한 과제 중 하나라는 것이었고요. 학교문화를 바꾸기 위해서는 교사와 학생의 위상과 역할과 기능, 상호관계들이 조정되어야 하는데, 교사들은 인간으로서의 권리도 존중받아야 할 뿐더러 교수권이 존중받아야 한다, 학생은 인격체로서 존중받아야 하고, 수업권이 존중받아야 한다는 얘기를 했습니다. 그런 속에서 학교의 제반 여건이나 풍토를 개선해나가고 그러기 위해서는 교장선생님의 리더십도 개선되어야 한다는 거고요. 그렇게 해서 학교문화가 바뀐다면, 전반적인 교육혁신을 위한 여건이 개선될 수 있다고 본다는 얘기를 했어요.

특히 교사들의 권리인 교권과 학생들의 권리인 인격권이 존중받아야 하는 이유는 헌법적인 가치에서부터 비롯한다는 점을 강조했는데요. 헌법상의 기본권으로는 자유권과 사회권, 플러스 참정권과 수익권(수익권은 청구권이라고도 하는데요)이라는 네 가지 권리가 명확하게 규정되어 있고, 이 네 가지 권리의 전제로는 포괄적인 권리로 행복추구권이 규정되어 있고, 행복추구권이 규정된 전제는 인간의 존엄과 가치가 존중되어야 한다는 규정과 가치가 있기 때문이다. 그런 얘기들을 했어요.

그 자리에는 고등학생들이 와 있었어요. 대부분 학생회장들인데 25개 지역 교육청에서 한 명씩 온 거예요. 고등학생이기 때문에 인지능력과 인식수준이 상당하다고 보고 헌법정신에서부터 얘기를 시작한 겁니다. 실은 학생인권조례와 관련하여 예를 들면 요새 화두가 되어 있는 체벌금지만 해도 이미 1998년에 교육개혁위원회에서 정부에 공식으로 요청한 사안입니다. 당시 교육부가 대안이 마땅치 않다는 이유로 차일피일 미루면서 오늘날까지 이러고 있는 상황인데, 학생인권에 관해서는 이미 많은 나라에서 법제화하고 있습니다. 일본과 같은 선진국뿐 아니라 중국, 대만, 캄보디아 같은 나라들에서도 체벌금지와 관련해서는 이미 법제화하고 있어요. 우리는 아직도 너무 뒤떨어진 사고 속에 갇혀 있는데, 문화적인 인식이 경제 발전을 못 따라가는 게 아닌가 싶습니다. 특히 학교문화는 크게 뒤떨어져 있습니다.

상명하복적인 문화가 가장 강한 조직인 군대에서도 체벌금지는 진작부터 이루어졌고, 체벌에 대해서 문책을 강화한 제도가 이미 마련되어 있잖아요. 교도소에서도 체벌금지는 원칙으로 적용되고 있고요. 그런데 학교만 유일하게 교육이라는 이름으로 체벌이 가능하도록 되어 있는데, 이것은 크게 잘못된 상황이라는 얘기를 했어요. 우리 경기도에서는 지난해 제가 교육감이 되고부터 학생인권조례를 중요한 정책과제로 추진해오고 있고, 그것을 기반으로 우리 학생들이 즐겁고 자유롭고 행복한 학교생활을 누리는 한편으로 참여권을 확보해서 창의성과 상상력을 기르는 교육을 받을 수 있도록 학교문화를 혁신해야 한다는 얘기를 앞서 한 것 같습니다.

지승호 학생들은 어떤 얘기를 했습니까?

김상곤 교복자율화 문제, 지금 얘기한 학생인권 문제, 자율학습 문제 그리고 본인들 개별 학교의 실정을 얘기했어요. 심지어 어떤 학생 하나는 '학교의 선생님들이 아니다 싶을 정도로 문제가 되는 경우가 있다, 학교가 제대로 잘 운영이 되지 않는 것 같다'고 하면서 학교를 혼내줬으면 좋겠다는 표현도 했는데요. (웃음) 물론 고등학생들이기 때문에 깔깔대면서 얘기하지는 않았고요. 더구나 학생회장들이기 때문에 나름대로 인식수준이 있는 터라서 상당히 진지하게 얘기하고, 듣고, 생각하더라고요.

물론 내 자신이 에피소드라든가 조크를 섞어서 얘기했다면 학생들이 웃고 그랬겠지만, 고등학교 2, 3학년들이고 학생회장들이고 하니까, 그렇게 하는 것보다(제가 그렇게 잘 못하기도 하지만요) 내가 가진 생각을 그대로 얘기하는 편이 좋겠다 싶었어요. 25명 중에서 18명이나 질문을 했어요. 상당히 많은 문제들에 관해 얘기를 나눴죠. 예체능 수업, 동아리 활동 문제에 관한 얘기도 나눴고, 기숙사가 공부 잘하는 학생 위주로 배정되는데 원거리에서 다니는 학생들에게 우선 배정되는 것이 원칙이 아니냐는 얘기도 있었어요. 할 수 있는 얘기는 다 오갔다고 봅니다.

지승호 학생들과 같이 운동을 할 기회는 없었습니까? (웃음)

김상곤 그런 기회는 못 가졌습니다. 같이 운동을 하거나 게임을 할 기회가 있었다면 더 좋았겠지만.

지승호 학생들하고 같이 공연을 본다거나 하는 기회는요?

군포 수리고를 방문하여 학생들과 함께 김연아 선수를 응원하고 있는 모습

김상곤 다음 주에 군포에 갈 기회가 있는데요. 북콘서트라고 해서 음악회와 저자와의 대화를 가질 예정입니다. 그때는 누가 오는지 모르겠는데요. 금년 3월부터 새로운 사업으로 도입했어요. 각 지역을 다니면서 하는 건데요. 그동안에 못 갔는데, 8월 28일 군포에서 오후 3시에 하는데, 그때는 가기로 했습니다. 굉장히 학생들의 관심이 많다고 해요. 클래식 연주자나 아이들이 좋아하는 대중 가수들도 부르나 봐요. 아이들도 '놀토'(노는 토요일) 때 와서 저자들도 만나고, 그거만 하면 딱딱하니까 음악도 듣고, 공연도 하는 거죠.

지승호 청소년들이 좋아하는 가수는 좀 알고 계십니까?

김상곤 저는 우리 아이들이 얘기하는 정도만 듣죠.

지승호 아이들이 좋아하는 걸 그룹이라든지.

김상곤 밤늦게 들어가서 잠깐 본다든가, 애들이 얘기할 때 듣는 정도… 그저 들은 풍월이죠. (웃음)

지승호 그룹을 잘못 호칭하면 구세대의 상징이 되잖아요. (웃음)

김상곤 안 부른 것만 못하죠. (웃음) 가령 투피엠을 2피엠이라고 한다든가.

지승호   떼로 나오는 가수들은 얼굴이나 이름은 구별하시나요? (웃음)

김상곤   가끔씩 구별하는 애들도 있는데요. 요새는 TV를 볼 시간이 없어요. 저한테 딸 셋이 있는데, 나이는 들었어도 아직 소녀 같은 어린 마음들을 가지고 있어요. 그러다 보니까 이런저런 얘기들을 하는데, 그런 얘기들을 귀담아 들으면서 모르는 것도 물어보고 그러죠. 딸들이 어렸을 때는 내가 자꾸 물어보면 귀찮아했는데, 이제는 컸다고 여러 번 물어봐도 그렇게 짜증 안 내고 잘 가르쳐주더라고요. (웃음)

지승호   반MB 교육의 기치를 내걸고 당선이 되셨는데요. MB식 교육의 핵심은 뭐라고 보십니까? 그리고 거기에 반대되는 김상곤식 교육의 핵심은 뭔가요?

김상곤   MB 교육의 핵심은 무한경쟁과 시장화라고 볼 수 있죠. 그 반면에 제 경우는 보통 얘기하는 협동·협력교육이라고 할 수 있죠. 그리고 공동체교육.

교문 앞에서 멈춰버린 인권

지승호　지난 임기 1년 2개월 동안 가장 큰 성과는 무엇이라고 생각하십니까?

김상곤　전에 작은 학교 강연 때 얘기했던 네 가지 사안입니다. 교육자치와 보편적인 교육복지, 교육혁신, 학교문화 혁신. 이 네 가지를 정책과 사업을 통해서 제시하고 추진했던 것이 나름대로 의미 있는 성과라고 보고 있습니다.

안순억　그런 부분들, 예를 들어 무상급식과 같은 교육복지 문제는 사실 교육복지 문제를 넘어 우리 사회의 전반적인 복지 개념을 새롭게 한 하나의 사건으로 주목받고 있잖아요. 지금껏 우리 사회가 복지를 보아온 인식은 어렵고 가난한 사람들에게 시혜를 베푼다는 개념이었잖아요. 특별히 복지에 대해 공부하거나 관심을 기울여온 사람이 아니라면 대개의 인식이 그랬죠. 사실은 작년에 무상급식 얘기가 나오면서 웬만한 식자들조차도 보편적인 복지라는 개념이 이렇게 가능하구나 하는 충격을 받은 것 같아요. 올해 들어서는 무상급식을 넘어 무상보육, 무상의료로 진화를 거듭하고 있잖아요. 사실은 그렇게 의제 자체가 만들어진 중심에는 교육감님이 있다고 생각합니다. 지난 짧은 임기 동안에 그처럼 중요한 의제를 띄워서 상당한 인식의 전환을 가져온 것이죠. 자치 문제도 그렇고, 복지문제도 그렇고, 확장되는 속도가 우리가 생각하는 것보다 빠르고 무섭더라고요.

지승호 복지 알레르기가 심한 한국사회에서 왜 무상급식이라는 의제에는 80퍼센트 이상의 압도적인 지지를 보였을까요? 한국사회가 그럴 시점이 된 건가요?

김상곤 그럴 시점이 되었다고 볼 수 있죠. 안 선생님도 얘기했지만, 무상급식이 그동안에 선별적이고 시혜적으로 접근한 복지를 보편주의적인 패러다임으로 바꾼 사건이라고 보더라고요. 특히 복지를 전공하는 분들이 그렇게 봐요. 제주대 이상이 교수나 서울대 조흥식 교수가 복지와 관련하여 쓴 글을 보니까 그렇게 규정하고 있더군요. 그동안의 복지에 자본주의적인 요소를 가미하고 강화해야 한다고 많은 분이 주장해왔는데, 실제로 국민의 마인드를 바꾸게 된 계기가 바로 작년에 이슈화하고 의제화한 무상급식이다, 이렇게 보고 있습니다.

실상 무상급식은 경기도가 아니라 다른 시도에서 이미 실시하기 시작한 것인데, 이것을 경기도에서 의제화하고 국민적인 관심사로 만들면서 경기도 교육청이 그 논란의 중심에 서게 된 것이지요. 그런 면에서 무상급식을 얘기하는데, 무상급식이 국민에게 왜 그렇게 먹혀들었느냐, 대중적으로 수용됐느냐 하는 것은 서너 가지 요인으로 압축됩니다.

첫째로는 우리의 사회경제적인 수준이 이젠 그런 정도는 해야 하는 것 아니냐는 인식이 기반이 되었고요. 둘째로는 소득양극화로 인해 빈부격차, 소득격차, 자산격차가 상당히 커진 상태여서 국민의 부담을 줄여나가야 하는 것 아니냐는 인식이 높아가는 상황입니다. 셋째로는 초등학교는 의무교육이므로 급식도 당연히 무상으로 해야 한다는 논리가 대중에게 수용이 된 것이죠. 의무교육은 무상으로 한다는 헌법 규정이 있음에도 불구하고 아이들 급식을 가계에 떠넘겨왔는데, 이젠 더 이상 곤란하지 않느냐 하는 생각으로 기울어진 것 같습니다. 그리고 마지막으로는 성인들이 저마다 어렸을 때 점심 도시락 때문에 겪었던 소외감과 박탈감 같은 경험을 상당수 간직하고 있어서 '그래, 우리 사회가 이만큼 사는데 아이들이 적어도 밥이라도 눈치 보지 않고 편하게 먹어야 되지 않겠느냐'는 생각을 한 것이죠. 게다가 우리 사회가 '밥'에 대해서는 아직 일종의 공동체적인 의미로 여기는 부분이 있다는 생각이 들었습니다.

안순억 특히 작년에 무상급식이 사회적 의제로 부상되면서 그것과 관련해서 인터넷상에 댓글들이 엄청나게 달렸습니다. 그 댓글들을 읽다가 뭉클뭉클한 적이 굉장히 많았어요. 자기가 어렸을 때 무료급식 대상자가 되었을 때 받았던 마음의 상처들을 어른들의 눈으로 돌아보는 글들이 엄청 많았습니다. 그런 것들에 대해서 사람들이 정서적으로 공감했던 것 같아요. 적어도 이 정도 사회에서 그러한 심리적이고 정신적인 낙인효과, 즉 아이들을 그렇게 낙인찍어가면서까지 펴는 시혜적인 복지정책에 대해서 사람들이 의문을 제기했고, 그런 분위기가 모아져서 국민적 동의가 이루어진 것 같습니다.

지승호 어린 시절 조회 시간에 회비 안 냈다고 공개적으로 망신 주는 선생님들도 계셨죠. 성적을 교무실 앞에다 붙여놓는다든가, 성적표를 나눠주면서 "이번에 네가 꼴찌야!" 하는 식으로 굉장히 폭력적이고, 인권 감수성이라곤 전혀 없는 행동들이 지금도 바뀌지 않고 있는데요. 아이들에게 상처가 될 수 있다는 것을 교사들도 잘 알 텐데요. 일부러 자극을 줘서 공부를 하게 하려는 건지 몰라도, 그런 것이 개선되지 않고 있지 않습니까.

김상곤 학생인권에 해당되는 사안이죠. 학생들이 학교에서 매를 맞거나 여타의 체벌을 통해서 인권이 침해되고 손상되는 것뿐 아니라 사실은 언어폭력이나 명령 투의 언어습관 때문에 상처받는 경우가 더 많을 수도 있거든요. 그동안 우리 교육의 목표가 입시 중심이 되다 보니까 학생들이 경쟁지상주의에 따른 서열 중시의 교육으로 내몰리고, 교사들은 그것을 충족시키기 위해서 (처음에는 조금 심하다 싶은 생각을 했더라도) 결국 그런 폭력적인 언행이 습관화되고 관행화되는 겁니다.

사실은 인간의 심리작용이 처음에는 문제가 있다거나 거북하다고 생각했다가도 자기 합리화를 해버리면 심각한 문제가 될 수 있는 폭력적인 언행도 당연시하게 되거든요. 그런 심리상태에 들어가면 (물론 극히 일부겠지만) 폭력적인 방식으로 아이들을 지도·관리하고, 그야말로 통제하게 되는 것입니다. 개별 선생님들을 찾아다니면서 그러지 마십시오, 하는 것도 전혀 의미가 없지는 않겠지만 한계가 있을 수밖에 없습니다. 따라서 전체를 아우르는 규정을 마련해서 그 규정이 가진 취지와 목표하는 바를 공식으로 공유시키고, 준수할 수 있도록 이해시키는 것이 필요하다고 생각합니다. 그래서 학생인권을 조례화하고자 하는 것이고요.

혹시 신문을 보셨는지 모르겠지만, 교과부 산하의 교육개발원이 토론회에서 학생인권 법제화 방안을 제시하고 논의를 진행하고 있는 것으로 압니다. 그런 것을 보면 참 그동안에 숱한 어려움을 극복하며 기울여온 노력이 이제는 대중적인 변화로 나타나는구나, 하는 생각이 듭니다.

지승호 저희 어릴 때 보면 그런 것도 많이 했지 않습니까. 가정환경조사에서 집에 자가용 있는 사람, 냉장고 있는 사람 같은 거 물어봐서 손들게 하지 않았습니까. 지금도 그런 거 하나요?

김상곤 요즘은 그런 것까지는 안 하는데, 가정 형편은 파악하고 있죠.

안순억 사실 인권조례라는 것이 우리한테는 익숙한 용어였는데, 2009년 11월쯤 사회에 던져지면서 굉장히 충격적인 용어로 받아들여졌던 것 같아요. (웃음) 어느 학교현장을 가 보니까 점심 먹을 때 성적순으로 밥을 주더라고요. 1등부터 줄을 세워서 밥을 줘요. 성적 하나면 모든 것이 다 용서되는 극단적인 인권 감수성 부재 현상이 나타나고 있는데, 그것에 대해서 별 문제의식조차도 없는 것 같아요. 그게 학교가 갖고 있는 무서운 꼰대정신이거든요. 인권조례 제정, 체벌금지 같은 것들이 사회적인 의제가 되면서 그런 문제들이 각 학교마다 수면 위로 올라오고 있는 거죠.

지승호 그동안 '학생' 과 '인권' 은 결합 자체가 연상되지 않거나 너무 어색했던 것 같습니다. 예전에 배경내 씨가 쓴 《인권은 교문 앞에서 멈춘다》는 책이 있지 않습니까. 인권은 학교에 들어갈 때는 내놓고 가야 하는 것으로 여겨온 거죠. 그러고 보니 토끼가 간을 빼놓고 용궁으로 가는 장면이 생각나는데요. (웃음)

김상곤 학교 안뿐 아니라 학교 바깥에서도 학생들을 보호해야 한다는 명분으로 인권을 경시해왔죠. 작년 12월 17일에 초안을 발표했는데, 그와 관련하여 18, 19일자부터 연말까지 주요 언론 사설을 한번 찾아보십시오. 언론이 학생인권에 대해서 어떤 시각으로 접근했는지 말입니다. 그 덕분에 제가 사설에 가장 많이 오른 사람이 되었어요.

안순억 중요한 에피소드가 하나 있던데요. 지난 4월인가요? 각 지방의 교육감 후보들이 교육감님을 예방한 적이 있었죠. 교육감님은 현직이라 예비후보로 나가기 전이었는데요. 그때 교육위원 후보들도 계셨고, 지금 당선된 분들이 다 오셨죠. 떨어진 분들도 있었어요. 같이 점심을 먹고 나오는데, 마침 점심시간이어서 아이들이 교육감님을 본 거예요. 아이들이 2~4층 창문에 벌떼처럼 매달려 있는 겁니다.

그때 뭉클뭉클한 사람들이 많았어요. 다들 스케치북을 북북 찢어서 "두발 자유, 학생 인권"을 쓴 피켓을 흔들어대면서 구호를 외치고 '김상곤'을 연호하는데, 다른 분들도 큰 인상을 받으셨을 거예요. 그게 데모가 아니라 김상곤에 대한 호소이고 애정이잖아요. 깔깔거리면서 일제히 창문에 매달려서 스케치북을 찢어 흔드는 장면은 잊을 수 없는 감동의 삽화였어요. 그런 기대를 보이는 아이들의 모습은 감동이면서도 부담이죠.

지승호 아이들이 원하는 것을 좀 해주면 아이들한테도 신뢰를 받고, 사랑을 받을 텐데요. 자기들도 아이들을 기를 텐데, 도대체 왜 그러는지 모르겠습니다. 왜 아이들과 갈등하는 선택을 하는지 이해할 수가 없습니다. (웃음)

김상곤 지금도 그런 논리가 많지만, 아이들은 미성숙하다, 따라서 보호와 지도가 필요하다, 이런 논리를 가지고서 학생인권을 제한하려 들거든요. 미성숙의 개념을 어떻게 볼 것이냐가 문제인데, 사실 어리다고 해서 미성숙으로 단정해버리는 관행이 심각한 오류를 만들어내거든요. 그렇게 봐서는 안 되죠. 하나의 건강한 인격체로 보면서 그 수준에서 키워나가야 할 덕목이나 가치관을 키울 수 있도록 존중하고 이끌어내는 것이 필요하다, 이런 생각을 합니다.

지승호 참여정부 때 장관을 지냈던 분의 경우에 보수신문들이 무지하게 공격했지 않습니까? 매일 사설에서 씹어대고, 그걸 가지고 학교에서 논술 공부를 하니까 굉장히 힘들어했다고 하던데요. 교육감님 자녀분들은 어떠셨나요? (웃음)

김상곤 우리 딸들은 다 커가지고. (웃음) 이슈가 된 사안들은 다 이해하고 판단할 수 있는 나이라서 댓글이라든가 언론에서 평하는 여러 가지 것들을 잘 구분하고 판단하는 것 같아요.

지승호 저 같은 경우에도 인터넷에서 제 책이나 저를 욕하는 글이 가끔 있는데요. 아내하고 딸은 그걸 보면서 낄낄대더라고요. 전 그때 되게 화가 나던데요. (웃음) 저는 속상해 죽겠는데.

김상곤 하하하.

지승호 가족이라면 같이 속상한 척 해줘야 하는 거 아닌가요. (웃음)

김상곤 대체로는 그러던데요. 같이 속상한 척 해주던데요. (웃음)

일제고사는 무한경쟁 줄 세우기

지승호 2기 임기가 한 달 조금 넘게 지났는데요. 지난번 임기 때와 가장 다른 점은 무엇인가요?

김상곤 지난번에는 모든 게 생소하고 새롭고 시작이고 그랬죠. 이번에는 그동안에 조직과 결합하고 업무를 파악하고 교육정책 방향에 대해서 구체적으로 고민해온 것을 바탕으로 해서 미래지향적인 혁신 탑을 세워나가는 거니까 훨씬 더 안정되게 업무를 추진할 수 있는 그런 여건이 되어 있다고 봅니다.

지승호 2기 임기 시작 후 첫 현안으로, 민노당에 가입해 당비나 후원금을 낸 혐의로 기소된 전교조 교사에 대해 "실정법을 위반했다"며 징계의결을 요구하셨는데요. "실정법 위반 사안이어서 헌법상 표현의 자유 영역에 속하는 시국선언과 다르다"고 하신 부분이 시국선언 서명교사 사건에 대한 대응과는 달랐던 거 아니냐는 시각도 있는데요.

김상곤 그럴 수도 있습니다. 그런데 공직자이자 교육행정가인 교육감으로서는 법령을 초월한 판단을 할 수는 없죠. 교사의 신분으로 정당에 가입한 것은 헌법의 정치적인 중립성, 정치활동 금지 사항에 명백하게 위배되는 사안이기 때문에 그런 조치를 취할 수밖에 없었던 겁니다. 그런데 그 조치 과정에서 교과부가 파면이나 해임 같은 배제 징계를 하라고 한 것에 대해서는 교육감인 내가 판단을 해야 할 사안임을 들어 받아들이지 않았어요. 물론 법적인 저촉 여부도 교과부에서 여러 자문을 얻어서 지침으로 주었지만, 그것도 제가 판단할 문제라고 했고요. 그 다음에 양정 수준도 인사권과 징계권을 가진 교육감이 합리적이고 종합적으로 판단해야 한다고 했어요. 그것은 이전에 얘기한 서명교사 징계 건과 같은 선상에서 교육감이 판단해야 할 부분이라고 분명히 선을 긋고서 경징계로 징계위원회에 회부했죠.

지승호 공무원들이 노조를 만들고, 정치적 의사를 표현하는 데 있어서 논란이 되는 부분이 있지 않습니까?

김상곤 공무원의 정치활동의 자유를 어떻게 할 것이냐는 사실 논란이 되는 지점입니다. 그리고 아시다시피 선진자본주의 국가에서 공무원의 정치적인 자유를 법적으로 제한하는 경우는 별로 없죠. 제한을 가하는 대표적인 나라가 한국인데요. 일반

공무원이든 교육 공무원이든 정치활동의 자유를 제약하고 있는데, 그것에 대해서는 좀더 우리 사회의 발전과 국제적인 경향을 참고해서 재검토해야 한다는 생각입니다.

지승호 민노당에 대해서만 나왔지만, 사실은 한나라당이나 민주당에 가입한 교사들도 있을 수 있지 않습니까? 검찰이 민노당에 대해서만 조사하고 발표하는 것은 정치적인 불공평일 수도 있는데요.

김상곤 만약 한나라당이나 다른 정당에도 당원으로 가입하고 후원한 사례가 있다면, 민주노동당만 가지고서 그런 것은 분명히 불공평한 거지요. 그런 사례가 얼마나 있느냐 하는 것은 우리 교육청에서 밝힐 사안이 아니기 때문에 심증은 있지만 교육청으로서는 어떤 조치를 취하기 어려운 사안이죠.

지승호 국가 수준 학업성취도 평가(일제고사)도 "현행 법률상 의무적인 국가위임사무이기 때문에 수용할 수밖에 없었다"고 하셨습니다. 이는 교과부와 갈등을 빚은 서울, 전북, 강원 등 초선의 진보 성향 교육감들이 취한 대응과 거리가 느껴진다는 지적도 있었는데요.

김상곤 지난해에 제가 교육감에 처음 나와서 학업 평가는 이런 일제고사라는 이름의 전수평가가 아니라 표본 추출 방식의 평가를 해야 한다고 주장했고, 앞으로 그런 방향으로 수정하고 바꾸나갈 것이라고 얘기했어요. 그리고 학업성취도 평가나 진단평가 등 국가 주도의 평가는 사실 10여 년 전부터는 표집평가로 해왔는데, 현 정부 들어와서 이것을 비교육적인 일제고사 평가로 바꾼 거죠. 왜 이게 비교육적이냐면, 원래 이런 평가는 수학 능력이 부족한 학생들을 보완하고, 학업성취도가 낮은 학생들을 실제로 지원하는 것을 1차 목표로 삼고 있는데, 이런 전수평가는 그런 목표에 적절하지도 않을 뿐더러 경쟁적인 줄 세우기를 조장하는 결과를 초래하기 때문이지요. 저는 그런 취지에서 전수평가 자체를 반대했습니다.

거기에 더해 여러 가지 낭비적인 요소가 있어요. 특히 전국의 모든 학생이 한 날 한 시에 같은 시험을 본다는 것은 얼마나 낭비예요. 소모적이고요. 하나 더 얘기한다면, 선진자본주의 국가는 물론 OECD 대부분의 국가는 전수평가를 할 경우 학생과 학부모의 자유로운 선택권을 보장하고 있어요. 그런데 우리 경우는 형식적으로만 선택권을 주는 것으로 해놓고 사실상 선택권을 봉쇄하고 있잖아요. 그래서 이건 폭력적이고 비교육적인 방식이라고 얘기했던 거죠.

작년에는 학업성취도 평가를 10월에 했어요. 그래서 법적 검토를 해보니까 이건 교과부가 교과부 법령 규칙에 따라 직접 관리하고 시행하는 방식이어서 교육청이 거기에 개입할 권한이 없었어요. 우리로서는 전수평가 방식을 비교육적으로 보고 내심 반대하는 입장임에도 불구하고 이런 상황이니까 이를 염두에 두고 고사에 응하라고 얘기한 것이지요. 그리고 그때도 교과부에다가 그것도 보내면서 검토를 요청했고요.

대개 학기 초인 3월에 진단평가를 하는데, 그건 교육청, 그러니까 교육감에게 실시 권한이 일부 이양되어 있어요. 따라서 그것에 대해서는 학생과 학교에 선택권을 줬습니다. 경기도가 자체적으로 또는 교육청끼리 연합해서 보는 일제고사 형식의 시험은 반드시 선택권을 줬고, 경기도 단독으로 시행하는 일제고사 시험들은 중3을 제외하고는 다 폐지했습니다.

금년 7월에 전국 일제고사 실시를 했는데, 교과부가 작년과 같은 법령과 규칙으로 일관했고, 그에 대해서 다시 검토를 해봤지만 교육감이 개입할 여지가 거의 없는 상황이어서 시험을 볼 수밖에 없었어요. 단 학교에서 시험을 보지 않는 학생에 대해서는 교장이 중심이 되어서 최대한 사유를 파악하고, 자율적으로 어떻게 처리할 것인가를 판단하기 바란다고 권했죠.

지금 말씀하신 강원과 전북 사례들을 보면 강원과 전북이 학생 선택권을 부분적으로 준 겁니다. 서울은 그런 것을 주지는 않았고, 약간의 혼선이 있었죠. 결국 개개 학교별로 시험 안 보는 학생에 대해서 조치를 취하는데, 교과부의 방침대로 하는 데도 있고 학교장이 독자적으로 판단을 내려서 조치한 데도 있는 것 같아요. 징계와 관련해서도 시험 안 보고 결석한 아이들에 대한 조치는 조금씩 다른 것 같습니다.

지승호　지난번《한국일보》설문조사에 따르면, 국가 수준의 학업성취도 평가와 자율형 사립고 문제 등을 놓고 교육과학기술부와 대립각을 세우고 있는 김승환 전북 교육감이 가장 낮은 평가를 받았는데요. 그 점에 대해서는 어떻게 생각하십니까?

김상곤 우선 언론에서 교육학자들의 답변이라고 해도 그것을 그대로 척도화해서 점수로 매긴 것은 교육감을 평가하는 방식으로는 적절하지 않다고 봅니다. 교육감들 저마다 스타일의 차이에서 오는 간극을 점수화한다는 것은 적절치 않고요. 더구나 이제 임기 시작한 지 한 달이 안 된 시점에서 매긴 점수라서 별 의미가 없다고 봅니다.

안순억 이른바 진보 교육감 그룹이 등장했지만, 실제 정책으로 보면 진보·보수로 딱 나눠지는 정책이 그렇게 많지는 않거든요. 그런데 센세이셔널한 것을 추구하는 언론의 속성이 그렇게 나누기를 좋아하죠. 문제는 진보·보수로 나눴으면 진보·보수끼리 대비시켜야 하는데, 상당히 많은 경우에 진보 내에서 대비시키는 보도를 일삼고 있습니다.

김상곤 사실 대부분이죠, 제가 교육감 되고부터는. 물론 사안에 따라서 전수조사를 해서 요약하는 경우도 있지만, 언론에서 구체적으로 비교할 때는 진보 교육감들만 가지고서 상호비교를 하는 경우가 많았죠.

지승호 교육학자들은 진보 교육감의 긍정적인 측면으로 비리 척결 의지가 높고 획일적인 정책에 다양성을 불어넣을 수 있는 점 등을 꼽은 반면에 부정적인 측면으론 교육현장의 편 가르기, 중앙정부와의 의도적 갈등 조장, 개혁의 취지를 살리지 못한 소모적 이념 싸움으로 인한 일선 학교의 혼란 등을 지적했습니다.

김상곤　아까도 말씀드렸듯이 이제 한 달밖에 안 됐는데요. 4년 가운데 한 달을 가지고서 평한다는 것은 사실 졸속이 될 수 있고 성급한 판단일 수 있습니다. 지금 지적한 그런 문제들이 불거지지 않고 합리적인 조정과정을 거치면 좋겠다는 바람으로는 이해할 수 있지만, 그 자체의 지적은 그리 큰 의미가 없다고 봅니다.

지승호　어떻게 보면 김상곤 교육감님을 겨냥한 그런 얘기일 수 있는데요. (웃음) 임기를 마치신 분이니까.

김상곤　그렇죠. 그런 논란의 배경에는 이런 것도 있는 것 같습니다. 중앙정부와의 의도적 갈등이라고 하는데, 이걸 뒤집어놓고 보면, 중앙정부가 기존의 중앙집권적인 조직에서 교육자치의 정신을 구현하려는 것과 부딪히니까 일정하게 중앙정부와 교육자치가 혼란을 겪으면서 조정하는 과정을 거칠 수밖에 없는 것 같거든요.

또 교육현장의 혼란이라고 하는데요. 실상 진보 교육감이 대거 등장한 것은 기존 교육을 바꾸라는 국민적 명령으로 볼 수도 있는 거잖아요. 그것은 혼란이라기보다는 교육이 새롭게 탈바꿈하는 과정으로 봐야 하는 것 아닐까 싶습니다. 혼란이라고 한다면 기존의 교육계가 그대로 가는 것이 옳다는 명제가 전제되는 것인데, 논리적으로 맞지 않거든요. 어쩌면 어떤 목적의식을 가지고 내뱉는 독설일 가능성이 높다고 생각합니다.

끊임없이 교육자치를 예속하려는 이명박 정부

지승호 교육감협의회에서 이른바 보수 교육감들과 회의도 하고, 의견을 나눠보셨을 텐데요.

김상곤 이전에도 제가 얘기를 했어요. 지금 교육감을 진보·보수로 나누는데, 사실 우리 교육이 안고 있는 문제에 대해서는 서로 공감하는 부분이 많습니다. 그리고 그것을 바꾸어야 한다는 생각도 공유하고 있고요. 다만, 바꾸는 방법에 있어 시차나 방식, 과정이나 절차의 문제에서 약간의 차이는 있습니다. 한국의 공교육이 무너져 있는데, 그것을 정상화하고 이제 미래지향적인 선진교육을 할 수 있는 교육 시스템을 갖추어야 한다는 데에는 (진보·보수를 막론하고) 모두가 공감할 수밖에 없지 않겠어요.

매월 교육감협의회를 한 차례씩 하는데, 지난 7월에는 교육감협의회 구성을 중심으로 해서 논의했고, 그때 한번 서로의 의견을 비교적 장시간 교환했지요. 8월에는 구체적 의제를 가지고서 했는데, 큰 논쟁이라든가 별 갈등 없이 제안된 의안을 서로 논의하면서 통과시켰죠. 예를 들면, 무상급식에 대해서도 학교급식에 관한 법률을 바꾸자는 제안이 나왔는데, 이른바 진보 교육감이 아니라 다른 교육감이 제안하셨어요. 법 조항을 "의무교육 대상자에게는 국가와 지방자치단체가 무상으로 급식을 제공한다"로 바꾸자는 제안이었는데, 한 사람도 반대하지 않았습니다. 그 밖에 또 몇 가지, 가령 정부에만 이것을 제안할 것이냐, 국회에도 제안할 것이냐 하는 등의 논의들이 있었는데, 찬반 논쟁은 없었습니다.

그런 것만 봐도 실은 우리 사회의 교육과 관련된 주요 이슈에 대해서는 상당한 공동의식을 가지고 있지 않나 싶습니다. 물론 개별 교육감들의 구체적인 정책과 사업이나 그것을 실시하는 스타일을 보면 상당한 차이가 있긴 하지만, 공통의 관심사와 관련해서는 상당한 정도로 공감대를 형성하고 있다고 봅니다.

지승호 교육감 직을 수행하시면서 한계도 느끼셨을 것 같은데요. 불완전한 인사권과 재정 독립성 부분에서 어려움을 겪으셨을 것 같기도 하고요. 교과부나 경기도청과 충돌하는 부분도 있을 것 같은데요.

김상곤 우선 중앙정부나 광역자치단체 간에는 지도감독을 하고 받는 관계이기 때문에 거기서 오는 갈등 요소가 내재되어 있죠.

그런데 그것을 제기하느냐 안 하느냐에 따라 갈등이 야기되기도 하고, 그냥 잠복하기도 하겠지요. 그 다음에 지자체(시도)와의 관계는 지방교육자치법에서 교육과 학예는 별도로 한다는 조항에 근거해서 지방교육자치법이 만들어졌습니다. 그런데 지자체 장(시도 지사)의 경우에는 아까 얘기한 일반 행정과 교육의 일원화를 강하게 원하고 있습니다. 그처럼 시도 차원에서 나름대로 교육에 개입하고자 하면서 거기에서 갈등 요소가 생기기도 하는 거죠. 기초 지자체하고도 비슷한 문제가 나타나기도 합니다.

그런 면에서 보면, 교육자치라고 하지만 실상은 독립 재정권이 확보되어 있지 않기 때문에 한계가 있을 수밖에 없습니다. 운영예산 자체가 국민의 세금으로 조성된 것인데 그것을 국세청에서 걷어서 배분한다는 것 정도의 차이는 있지만, 기본적으로 비슷한 수준의 행정기관입니다. 그런 면에서 보면 상당한 정도 제약이 이루어지고 있는데, 그 제약을 그냥 따라가고 감수한다면 발전이 어렵지요. 그야말로 주민 직선 교육자치 시대에 걸맞도록 교육감의 재량권을 얼마나 어떻게 확보해갈 것인가를 염두에 두어야겠다고 생각합니다.

지승호 지난 임기 중에 경기도청에서 교육국을 설치했을 때 갈등이 있었지 않습니까? '정치력 부재'라는 비판도 항간에서 받으셨잖아요.

김상곤 경기도청의 교육국 설치는 아직도 이해가 안 되는 사안이지요. 행정기구 개편 조례에서 경기도 교육청과 관련된 사항이 있다면 당연히 해당 기관과 상의하도록 관련법에 규정되어 있기 때문입니다. 하지만 도에서는 전혀 상의 없이 교육국 설치를 입법예고했어요. 교육청에서는 도청의 기자회견을 통해서야 교육국이 설치된다는 것을 알았어요. 그게 8월 하순이에요. 그래서 우리가 이것은 말이 안 된다, 법적으로도 문제가 있을 수밖에 없다고 해서 이의신청을 했습니다.

9월 1일부터 15일까지가 도의회 기간이었어요. 그래서 도청에 우리가 생각하는 교육국 설치와 관련된 반대의견을 논리정연하게 여러 가지 각도에서 작성하여 제출했습니다. 도의회에도 제출했고요. 그런데 도의회에서는 우리 보고 제대로 못한다고 하면서 (제목은 잊어버렸는데) 쉽게 말해 "김상곤 교육감의 만행을 규탄"하는 성명서를 쓴 셈이지요. "김상곤 교육감은 정치적"이라는 표현을 보면서 억울했는데요. 도의회가 아예 내놓고 도지사 편을 든 것이죠. 도의회 의장단이 광역단체장을 비난하는 성명서를 의장단 이름으로 낸 예는 없었거든요.

이것은 의회 정치의 기본에도 어긋난다고 생각할 수밖에 없는 거죠. 그래서 우리 해당 부서장들이 의회에 나가서 교육국 설치의 부당성을 계속 얘기했지만, 오히려 당시 한나라당 도의회 의원들이 우리더러 잘못하고 있다면서 교육을 정치적으로 이용하고 있다고 비난했어요. 우리 해당 부서장들이 무척 곤혹스러워했죠. 그리고 도청에서는 의회의 동의를 받아서 법안을 공포하고 교육국을 설치하여 지금까지 오고 있죠.

안순억 교육국 설치 문제는 약간의 설명이 필요합니다. 교육자치에는 두 가지 문제가 함께 걸려 있는데요. 하나는 중앙정부와 교육지자체 간의 교육자치에 관한 문제고요. 또 하나는 행정지자체가 교육지자체를 끊임없이 예속하려고 하는 경향입니다. 나라에 따라 도지사와 교육감이 러닝메이트가 되는 경우도 있는데, 우리는 상대적으로 교육자치를 교육의 자주성, 전문성, 정치적 중립성이라는 헌법 조항에 근거해서 우리 식으로 굉장히 잘 발전시켜온 측면이 있습니다. 교육감을 직선으로 뽑는 데까지는 나아갔으니까요. 그것은 우리 사회의 역사적 교훈이라고 보거든요.

그동안 우리 사회에서는 교육이 정치에 많이 휘둘려왔는데요. 더 이상 그렇게 되면 안 되고, 이제 교육은 정치의 영향에서 벗어나 교육 자체로 제자리를 잡아야죠. 행정자치라고 하면 필연적으로 주민 편의의 정치 즉 주민의 인기에 영합할 수밖에 없습니다. 적어도 교육은 그래서는 안 되겠죠. 그래서 정치로부터 교육의 '독립'이 필요한 겁니다. 그래서 온전한 교육을 위해 교육자치를 뿌리내려야 한다는 사회적 합의를 거쳐왔는데, 작년의 도청 교육국 설치는 교육자치를 정면으로 거스르는 도발입니다. 우리 교육청의 최고 핵심국은 교육국이거든요.

행정은 일반적으로 교육을 지원하거나 협력하는 역할입니다. 그러나 경기도는 우리 교육청하고 똑같은 교육국이라는 이름을 쓰면서 오히려 교육자치를 침해한 겁니다. 우리가 문제를 제기하자 그건 교육자치 침해가 아니라고 해요. 그렇다면 왜 불필요한 오해를 사면서까지 교육국이라는 명칭을 고집하는지 모르겠어요. 교육지원국이나 교육협력국 또는 평생교육국이라고 할 수도 있는데요. 더구나 그런 명칭들이 오히려 도청의 역할과도 맞잖아요.

그분들이 맨 처음에는 평생교육 지원이나 대학 유치는 교육청에서 못하는 거니까 그런 것만 하겠다고 했는데, 실상은 교육국의 업무 영역에 교육 및 학예에 관한 사항이 들어가 있어요. 교육감님을 비롯한 교육청에서는 그것을 행정자치가 교육자치를 침해한 명백한 사례로 보고 시정을 요구했지만 그쪽에서 일언지하에 거절하더군요. 그 과정에서 도의회는 도지사의 거수기 역할을 했던 거고요.

그러면서 실제로 교육감님이 작년에 200시간 비상근무를 했거든요. 말이 비상근무지, 실제로 200시간 동안 교육감실에서 먹고 자고 했습니다. 사실 현직 기관장이 행정자치단체와의 갈등이나 교육자치가 침해되는 것에 대한 심각한 우려를 나타낸, 보이기 쉽지 않은 행보였거든요.

그럼에도 불구하고 교육국 설치 안건이 의회에서 간단하게 통과되어 지금까지도 존속하고 있는 거죠. 작년에는 교육감님이 교육감협의회에서도 (진보 교육감으로는) 혼자 계셨는데, (보수 일색인) 교육감협의회에서조차도 교육국 설치가 교육자치를 침해한다는 성명을 냈습니다.

교육계 내부는 물론 우리 사회 전반에서 행정자치에 의해서 교육자치가 예속되는 것이 부당하다는 여론이 끊임없이 환기되었는데요. 그럼에도 불구하고 다수당의 힘을 빌려서 밀어붙이기를 했던 거지요. 그 과정에서 교육국 설치를 막지는 못했지만,

교육자치와 행정자치의 관계를 의제화하면서 행정자치의 월권을 부각시킨 소득은 있었지 싶습니다.

지승호 앞으로도 계속 갈등을 빚을 수밖에 없는 상황이겠네요.

김상곤 그렇죠. 하지만 지금은 상황이 조금 달라졌어요. 아까 교육 및 학예에 관한 사항이라고 했는데, 정확하게 보면 조례에 해당 부서에서 하는 기능, 교육 행정 및 자치에 관한 사항이라고 해놨어요. 교육에 관한 모든 사항이 거기에 들어가는 겁니다. 도청에서 금년 들어 그것(기능을 교육, 행정 및 자치에 관한 사안이라고 일반적으로 들어 있는 것)은 바꿨어요. 두 가지였어요. 그것하고, 평생교육에 관한 사항이 있었는데, 그것을 네 개로 바꿨어요. 구체적인 업무로 대학 유치에 관한 사안, 교육지원에 관한 사안, 평생교육에 관한 사안 등으로 바꿨는데요. 왜냐하면 대법원에 제소하고, 행정심판을 제기해놨거든요.

그러다 보니까 도청에서 그 사안은 바꾸는 게 필요하겠다고 봤던 것 같아요. 우리도 행정심판은 취소했지만 대법원에 제소된 것은 유지되고 있는데요. 교육지자체를 견제할 의도가 아니라면 왜 그렇게 도청이 교육국에 집착하는지 모르겠어요. 사실 도청에서 교육국을 설치할 만큼 교육에 관해서 할 일이 별로 없거든요. 대학 문제도 도청이 할 수 있는 일이 아니잖아요. 대학 유치하는 문제 외에는 도청이 대학 교육에 개입할 여지가 없지 않습니까.

대학의 일은 대학 자체가 하고 감독은 교과부가 하는 거잖아요. 그리고 평생교육에 관한 것도 거시적인 기획 부분에서 도청이 일부 하는 것도 있지만, 구체적인 단위에서는 교육청이 하는 것이고, 다른 사항들은 교육지원 사업이니까 교육청이 하는 것을 지원하는 것이에요. 정작 교육지원 면에서는 전임 지사 때보다 지원 금액이 훨씬 줄어들었습니다. 예를 들면 그 전에는 연간 직접 지원이 500억 원 수준이었다면 지금 김문수 지사는 그 절반에도 못 미치는 200억 원 수준, 2010년에는 200억 원 이하로 내려갔거든요. 2011년에는 아예 2010년의 10퍼센트 이하로 편성될 것이라는 얘기도 있습니다. 오히려 지원을 축소하면서 행정부서 규모는 키우려고 하는 게 사실은, 점잖게 말하면 정치적인 과장 행위라고 봅니다. 달리 말하지는 않겠습니다. (웃음)

교육이 워낙 국민들이나 유권자들에게 어필하는 영역이기 때문에 정치적인 효과를 극대화하기 위해서 (정치적인 과장 행위를) 강행해온 것이고, 지금도 그것이 유지되고 있는데, 곧 경기도 행정기구 개편 조례 개정안이 경기도 의회에 제출됩니다. 거기에도 교육국 문제를 바꾸겠다는 언급이 없습니다. 그러나 우리는 지속적으로 경기도청의 교육국은 폐지되거나 개편되어야 한다는 생각을 가지고 있습니다. 이번에 경기도 행정기구 개편 때도 우리 의견을 그런 방식으로 제출했죠. 앞으로 경기도 의회에서 행정기구와 관련해서는 도청에서 제출한 조례 개정안에 대한 논의시에 교육국 문제도 논의될 수 있다고 봅니다.

지승호 어떻게 보면 교육감님에 대한 견제로 볼 수 있을 것 같은데요.

김상곤 언론에서는 그렇게들 얘기했죠.

지승호 오래 알고 지낸 대학 후배 김문수 지사는 어떻게 평가하십니까?

김상곤 예전에 학생운동 같이 했던 사람이에요. 김문수 지사가 정치권으로 들어간 뒤로는 의례적인 만남 이외에는 하지 않았던 관계죠.

지승호 그런 부분 때문에 만나서 풀어야 되지 않느냐는 얘기를 주변에서 하기도 했던 것 같은데요. 옛날과는 세계관의 차이가 크기 때문에 오히려 어려울 것 같은데요.

김상곤 상대를 잘 알기 때문에 만나서 될 것이 있고, 안 되는 것이 있다는 것을 명확히 서로 판단할 수 있습니다. 특히 교육국 문제는 본격적으로 이슈가 되는 상황에서 한번 만났는데, 전혀 답을 하지 않더라고요. 아무튼 (안 선생님도 얘기했지만) 이 사안으로 인해 교육자치의 위상을 어떻게 세울 것인가를 구체적으로 고민할 수 있는 계기는 되었다고 생각합니다.

역사적인 판결,
감동을 준 판결문

지승호 일제고사에 대한 대응, 민노당 가입 관련 교사 징계 등과 관련해서 지난 임기 때와 달라졌거나 조심스러워진 것이 아니냐는 지적과 우려도 있는데요. 그런 점에 대해서는 어떻게 생각하십니까?

김상곤 저는 그렇지 않다고 봅니다. 일제고사는 아까도 얘기했지만, 지난해 가졌던 입장과 방침을 그대로 유지했을 뿐더러 이번에는 시험 거부 학생에 대한 조치를 학교가 좀더 자율적으로 판단하도록 하는 것을 추가했거든요. 그 다음에 민노당 가입 교사에 대해서는 지난해에는 교사의 서명이라는 것이 헌법상의 표현의 자유 범주에 들어간다고 논리적으로나 경험적으로 판단했기 때문에 그것에 대해서는 징계위원회 회부 유보, 그러니까 내가 최종 판단을 할 것이 아니라 사법부의 판단을 지켜보는 것이 합리적인 자세라고 봤던 것이에요.

이번에는 아까 얘기한 대로 정당 가입 문제는 명확하게 실정법 위반이므로 그에 대한 조치를 합리적인 양정을 통해서 할 수밖에 없다고 판단했던 거고요. 지금도 헌법상의 자유권이나 사회권과 관련되는 사안으로서 실정법 적용에 신중해야 하는 경우에는 같은 결정을 할 겁니다.

안순억 그런 건 교육감님이 말씀하시기 어려운 부분인데요. 사실 민노당 건을 가지고 시민사회단체에서 문제제기를 한 경우는 거의 없었습니다. 명확하게 당원 번호가 나와 있는 실정법 위반이기 때문에 검찰이 기소를 했을 때 징계를 하지 않을 도리는 없거든요. 교육감님이 위법을 감수하면서까지 두둔할 수는 없는 거잖아요. 시민단체 대표가 아니라 행정기관의 장이기 때문에.

일제고사는 비교육적이므로 폐지되는 것이 옳은데요. 우리는 성명서를 통해 그런 방향으로 우리 입장을 계속해서 명확하게 제시해왔습니다. 실제로 저번에 일제고사를 치르면서 지역마다 약간의 표현의 차이가 있었습니다. 말 그대로 표현의 차이였거든요. 그때 교육감님들이 취임하시고 얼마 안 된 때라서 그때그때 하시는 말씀들이 (우리는 일정한 톤을 가지고 얘기했는데, 그분들의 즉흥적인 반응이 조금씩 있었는데요) 경기도 교육청이나 김상곤 교육감님이 작년하고는 다른 행보를 보인다고 비판하는 것을 저도 조금 보기는 했는데요. 실상은 정확한 팩트가 아니었고요. 또 하나, 이런 부분은 교육감님께서 말씀하시기 어렵겠지만, 실제로 진보 진영 내에서의 의제가 만들어지는 과정들이 사실은 여러 부분에서 안타까운 경우도 개인적으로 많이 봤거든요. 실제로 우리가 같이 힘을 모아야 하는 영역과 서로가 문제를 정확하게 짚어야 하는 영역이라는 부분에 있어서 많은 얘깃거리가 이 속에 숨어 있는 겁니다.

특히 교육과 관련하여 김상곤 교육감님과 경기교육청이 해왔던 행보는 그 일관성에 있어서는 전혀 흔들림이 없었다고 생각합니다. 특히 진보진영이라고 하는 그룹 내에서는 제가 볼 때 솔직히 좀 과도하거나 조급한 면이 있었어요. 미루어 짐작해서 자꾸 그 안에서 비교해서 '좀더 선명하게'라는 정체성의 영역으로 확대하려는 경향이 있었는데요. 그런 것들은 조심해야 하는 게 아닌가 생각합니다.

김상곤 지금 말씀하신 차이를 얘기하고 김상곤 교육감의 정체성까지를 연결해서 얘기하는 사람들은 극히 일부예요. 진보라고 하는 사람들 중에서도 극히 일부라고 보는데요. 왜냐하면 시민사회·노동·민중 단체들이 단체 수준에서 그렇게 규정한 경우는 없거든요. 교육과 관련해서 여러 가지 사안들을 충분히 소통하려 노력하고 있고요. 그런 오해들은 일부 개인 차원에서 제기된 것이지 집단 차원에서 제기된 것은 없다고 생각합니다. 어떤 면에서는 정말로 진보적인 입장에서 제대로 열심히 해달라는 주문 또는 촉구 차원에서 그렇게 얘기한 경우는 있다고 봅니다.

지승호 아까 200시간 비상근무를 하셨다고 했나요? 저번에 안 선생님 말씀을 들어봐도 지난 임기 때 이틀 정도밖에 안 쉬셨다고 하던데요.

안순억   제가 기억하기로는 작년 여름휴가 사흘 빼고는 하루도 안 쉬셨습니다.

지승호   일정이 자정을 넘기는 경우도 많은 것 같은데요. 건강관리는 어떻게 하세요?

김상곤   잘 먹고 잘 자는 거, 어느 상황에서도 먹고 자는 일에 게으르지 않다는 얘기밖에 할 것이 없습니다. (웃음)

안순억   신이 내린 체력인 것 같은데요.

김상곤   나이가 들어서 여기저기 흠이 있죠.

안순억   교육감님은 머리도 안 빠지고 흰머리도 안 났죠. 시력도 10~11포인트 글씨를 전혀 불편 없이 보실 만큼 좋고요. 뭔가 일을 열심히 하시라고 내린 복 같아요. (웃음) 안경도 안 쓰시는데 그래요. 너무 불공평하다는 생각이 듭니다.

지승호   그런 거 가지고 피해의식을 가지면 살기 힘들어질 것 같은데요. (웃음)

김상곤 어떨 때는 저도 안경 끼고 폼 잡아보고 싶다는 생각이 들 때도 있습니다. (웃음)

지승호 지난 7월 27일에 시국선언 교사에 대한 징계 유보 건에 대한 교과부의 고발에 따른 1심 재판에서 무죄판결을 받으셨는데요. 굉장히 의미 있는 판결이라는 평이 많았는데요.

안순억 역사적인 판결이죠.

김상곤 그건 저보다 안 선생님이 더 공부를 많이 해서요. 아무튼 지난해 11월 1일자로 징계 유보를 담화문으로 발표하고 나자 교과부와 보수단체의 공격이 있었죠. 교과부가 바로 11월

고양 문천초등학교 늘해랑 학교에서 아이들과 악기를 연주하는 모습

3일자로 직무이행명령을 내렸는데, 한 달 이내에 이행하라는 거였어요. 그래서 직무이행명령이 과연 합법적이냐를 좀 따질 필요가 있다 싶어서 11월 18일 이행명령에 대해서 대법원에 취소청구 소송을 냈고, 집행정지 결정을 구하는 소송을 제기했습니다. 11월 말에 가니까 교과부가 직무를 이행하라고 촉구 및 경고를 했어요. 안 그러면 법적 조치를 하겠다고 했습니다.

그래도 이행을 안 하니까 12월 10일에 교과부가 고발을 했고, 뒤이어 학사모를 비롯한 보수단체들이 고발을 했습니다. 아마 세 군데일 거예요. 그것에 대해서 검찰이 입건하겠다고 사전 조사하고 소환하기 시작한 게 12월 하순입니다. 소환을 하고, 1월에 들어서는 공식으로 소환장을 보내기 시작했는데, 두 차례 소환을 거부하다가 세 번째에 갔죠. 저는 묵비권을 행사하고, 그 과정을 거쳐서 검찰이 기소를 했습니다. 검찰이 설마 기소를 하겠느냐는 의견들도 있었지만, 결국 검찰이 기소를 했고 1심 재판이 시작됐습니다.

1심 재판 과정에서 증언들도 있었고, 재판부가 과연 어떤 판단을 내릴 것인가 궁금하고 그랬는데, 7월 27일 1심 판결에서 "교육감이 철학적인 양심을 가지고서 필요한 절차를 거쳐서 징계 유보에 대한 판단을 한 것은 합법적이고 합리적인 판단이었다"고 결론을 내렸습니다.

더욱 중요한 것은 이 사건과 관련해서 다룰 수 있거나 제기할 수 있는 중요한 모든 문제에 대해서 양측의 주장을 비교·검토하여 재판부의 의견을 제시한 것입니다. 그래서 판결문을 낭독하는 데만 40~50분이 걸릴 정도로 판결문을 상세하게 썼을 뿐 아니라 그것을 그대로 법정에서 낭독해주었어요. 낭독하기 전에 "판결문이 길 텐데 이해해달라"는 양해까지 구했고, 낭독하고 나서는 "혹시 여러분이 보시기에 괜찮았을지 모르겠다"는 얘기까지 했습니다. 피고, 원고, 변호인 그리고 방청객 모두에게 '이런 기본적인 입장을 가지고 쟁점들을 이렇게 판단했으니 잘 참고해주십시오' 하는 분위기였습니다.

지승호 판결문의 문장 자체가 명문이었다고 하던데요.

김상곤 잘 정돈되고 수려한 판결문이었어요. 그리고 마지막에는 지난해 11월 1일 징계위원회 회부를 유보한다는 그 취지의 글에서 핵심 내용들을 다 인용하면서 결론에 도달하는 것을 보면서 정말로 아주 깊은 고민 속에서 법리적으로나 논리적으로나 신중하게 합리적으로 내린 판결이라는 생각을 갖게 했죠.

안순억 사실 법원 판결문 자체가 일반적으로 드라이하잖아요. 위법이니 불법이니 하는 것만 단죄하는 경향이 강한데요. 이번 판결문은 고도의 가치와 철학을 담은 명문이었다는 생각이 들었거든요. 저는 마치 시 낭송을 듣는 느낌이었어요. 마음이 들어 있는 판결문이라는 생각이 들었습니다. 심지어는 "선출직 교육감으로서 헌법상 기본권에 대한 깊은 고뇌, 교육 자치의 가치와 이념의 발전을 위한 결론, 교육감으로서의 책임감과 철학적 양심에서 비롯된 것으로 보아야…" 등의 표현까지 판결문에 들어가 있었어요.

그러니까 유죄냐 무죄냐 따지는 법리적 판단을 넘어서 한 시대의 가치와 철학을 담아내는 판결이 뭔지를 생생하게 보여준 감동의 현장이었어요. 참 흔치 않은 경우죠. 그 판사님에 대한 개인적인 존경심도 컸지만 변호사님들도 역사적인 판결문, 법학도라면 반드시 읽어야 할 중요한 판결문으로 남을 것이라고들 하더군요. 교육지자체와 중앙정부 사이의 갈등과 관련해서 수많은 것이 예견되어 있을 텐데, 거기에 대해서 중요한 가늠자 하나를 제시한 판결문이 아니었나 싶습니다.

김상곤 법학 교수들이나 법조인들의 공통적인 얘기가 하나의 좋은 판례를 만든 것이다. 그리고 그 판례를 위해서 필요한 모든 법적인 요소들을 다 검토해서 결론을 맺은 것이라는 거예요.

지승호 자료를 보시지도 않고 날짜나 숫자를 잘 기억하시는 것 같은데요. 머리가 좋으신 건가요? (웃음)

김상곤 아니, 뭐 그런 것은 아니고.

지승호 하도 마음고생을 많이 하셔서 그런 건가요?

김상곤 그렇죠. 집중하다 보니까.

소통을 가로막는
이명박 정부의 억압구조

지승호 물론 그런 선택을 하기까지 고민도 많이 하시고, 내부에서 논의도 많이 하셨을 것 같은데요.

김상곤 제가 판결문을 듣고서도 그런 생각을 했는데요. 지난해 6월 18일에 서명 교사들이 선언문을 발표했고, 6월 26일에 교과부에서 고발 및 징계하라는 요구가 왔어요. 그때부터 100일 동안 고민하고 검토하면서 내부에서 필요한 절차를 거쳤습니다.
 교과부가 보낸 공문을 학교에 전달해야 할 경우에는 아무것도 가리지 않고 그대로 다 전달했고, 그런 과정들을 처음부터 달리 마음을 정해놓고 진행한 것이 아니라 진정으로 접근한 거죠. 그게 제가 공직자인 교육감으로서 마땅히 해야 할 소임을 다했다고 보게 된 배경이 됐던 것 같아요. 그걸 판결문에서도 느꼈는데, 아무튼 그 사안과 관련하여 그때그때 필요한 과정과 절차를 다 거쳤습니다.

그러면서도 이것이 법리적으로나 헌법적인 가치로나 경험적으로나 법에 저촉된다고 볼 수는 없을 것 같은데, 지도·감독 기관인 교과부에서는 강력하게 중징계하라는 요구를 하고 나서는 판이니까 과연 이것을 어떻게 처리할 것이냐 고민할 수밖에 없었죠. 방법은 세 가지였어요.

하나는 교과부가 요구하는 대로 중징계 사안으로 징계위원회에 회부하는 방법, 다른 하나는 아예 징계를 하지 않는 방법, 나머지 하나는 징계는 하되 경징계를 한다든지 양정을 낮춰서 회부하는 방법이었어요.

그동안의 제 경험과 제가 알고 있는 헌법적인 지식이나 법률적인 상식으로 봐서 이건 징계 사안이 아니라고 판단했습니다. 왜냐하면 그동안 교사들의 단순 서명에 대해서 형사상의 처벌이나 징계를 한 경우가 없었어요. 정당법상이나 정치활동 금지와 관련해서 명백하게 문제가 된 경우에는 징계나 처벌을 한 적은 있었지만, 단순 서명인 경우에는 그런 적이 없다는 거죠. 그리고 지식인의 책임이라든지 시민으로서의 권리라든지 하는 면을 고려하면 문제 삼을 수 없는 사안일 뿐더러 헌법에서 보장한 표현의 자유 범주에 속하는 사안이라는 취지에서 그런 판단을 한 것입니다.

그러나 제가 그대로 판단하는 것은 자칫 오판이거나 속단일 수도 있다는 생각에서 가장 공신력 있는 판단 기관인 사법부의 최종 판결을 지켜보고 조치를 해도 늦지 않겠다고 생각한 거죠. 이와 관련해서 주변에서 많은 분들이 문제제기를 했습니다. 정부하고 정면으로 부딪히는 것은 자칫 교육감의 직무를 수행하는 데 크게 문제가 될 수 있다는 겁니다. 이 단일 사안을 가지고 그렇게 크게 부딪혀서 실제로 교육감 직무를 수행하기가 어려워진다면 지지해준 유권자들이나 시민사회에 뭐라고 할 것이냐는 취지의 문제제기였죠.

그러니까 낮은 수준의 징계라도 한다면 전체적으로 중징계를 하고 있는 상황이므로 (중앙정부와 세게 부딪힐 필요도 없고) 지지자들이나 시민사회에도 면이 설 수 있지 않겠느냐는 취지에서 어떤 식으로든 징계를 하는 게 좋겠다는 조언들이 많았습니다. 같이 활동했던 분들까지도 그런 조언을 많이 했죠. 하지만 제가 볼 때 아까 말한 몇 가지 이유로 해서 징계위원회에 회부한다는 것 자체는 합리적이지도 못하고, 인사권을 가진 교육감으로서의 재량을 포기하는 것이라고 본 겁니다.

지승호 다행히 합리적인 판사를 만나서 무죄판결이 났는데요. 그렇지 않고 보수에 기울었거나 정치적인 판단을 하는 분을 만났다면 교육감 직 수행이 어려워질 수도 있었다는 얘기 아닙니까? 그런 각오까지 하셨다는 건가요?

김상곤 그럴 수도 있죠. 내가 볼 때 이 사안은 그런 위험을 무릅쓸 만한 가치가 있다고 봤던 거죠. 주변에서 여러 가지 걱정하는 의미로 최소한의 조치라도 취하라고들 했지만, 그건 당장의 위험을 피하자고 원칙을 어기는 행위나 다름없죠. 실은 가장 염려했던 게 우리 교육청 조직 내부의 반응이었습니다. 그 후에 교과부가 직무이행명령을 내렸고, 저는 거기에 대해서 반론을 제기하는 소송을 제기했고요. 교육국 설치와 관련한 소송, 서명 교사 징계에 관련한 직무이행명령 취소 소송 두 건을 몇 달 사이에 연달아서 대법원에 제기한다는 게 공직자로서 엄청나게 부담되죠. 제 자신의 부담은 둘째 치고 같이 일하는 공무원들에게 어떤 영향을 미칠 것인가를 굉장히 우려한 것입니다. 그래서 그게 부정적인 영향을 미치지 않도록 조직 내에서 제가 할 수 있는 최선의 노력을 기울였습니다.

사실 대법원 제소는 담당 부서로부터의 결재 과정을 거치지 않고, 제가 직접 기안하고 단독 결재하여 실행한 것입니다. 이렇게 된 데는 다 사유가 있어요. 해당 부서의 담당자, 부서장은 물론이고 중간 결재자들도 이걸 버거워하는 거예요. 그렇다면 내가 이 사람들에게 부담을 안 주는 방법을 찾아야 한다고 생각하게 된 거죠. 왜냐면 말예요. 저는 지난 임기 전에 직무정지를 받거나 한 번만 하고 지나갈 수도 있잖아요. 어쨌든 제 임기는 제한되어 있지만 이분들은 대개 정년까지 해야 할 처지에 있단 말이죠. 그런데 어떤 의미로든 난처한 입장에 처하게 되면 공무원으로서 승진이나 직무수행에 나쁜 영향을 받을 수도 있는 거잖아요. 저는 인사권자이고 교육감이기 때문에 그 점까지 배려하고 포용해야 한다는 고민을 참 많이 했습니다. 그래서 행정안전부에 간접적으로 질의를 했더니, 기관장의 경우에는 단독결재 방식이 있다고 하더군요. 결국 그런 방식으로 소송을 제기할 당시에도 제 심정이 복잡했어요. 그러나 아무리 생각해도 그 부담은 제가 모두 지고 갈 수밖에 없다고 판단한 거죠.

지승호 그런 위험을 감수할 만한 사안이었다고 말씀하셨는데요. 어떤 사안에 대해서는 전략상 일보 후퇴할 필요도 있을 텐데요. 그런 것을 결정할 때 가장 중시하는 부분은 어떤 것인가요?

김상곤 교사들의 정당 가입 문제를 판단할 때, 기본적으로는 민주주의와 인권 그리고 교육자치 등을 동시에 감안하려고 노력했고, 또 그래야 한다고 생각합니다.

지승호 판결이 나오자마자 교육과학기술부에서는 유감을 표명했는데요. 거기에 대해서는 어떻게 생각하십니까?

김상곤 교과부가 1심 판결 내용을 보고 그 점까지는 미처 생각지 못했노라고 수긍하면서 수용해주면 좋겠다는 생각을 했습니다. 하지만 그렇게 하지 않고 "유감이다, 1심이 끝이 아니다, 2심을 지켜보겠다"는 식으로 입장을 발표하는 것을 보면서 중앙정부와 광역 교육지자체와의 관계를 조정하는 과정이 쉽지 않겠구나 생각했고요. 또 다른 한편으로는 앞으로 양측의 다른 문제와 관련해서는 굳이 사법부에 호소하지 않고, 서로 대화와 조정 속에서 이루어지면 좋겠다는 생각을 했죠.

지승호 "그동안 소통과 협력 면에서 교과부의 조치가 사실상 법치, 뭐, 옳은 말이긴 하지만 너무 경직된 법 명령, 고발, 이런 강제적인 표현들이 비교적 남발되는 상황이어서 안타까움을 느꼈습니다. 이번 판결이 가지고 있는 취지를 충분히 좀 감안해서 교과부와 교육청 즉 지방교육자치단체와의 관계가 좀 조정되기를 바랍니다"라고 하셨는데요. 관계가 어떻게 조정되어야 한다고 보십니까?

김상곤 그러니까 자치기구의 사무가 자치사무하고 위임사무로 나뉘잖아요. 그동안에는 많은 부분을 위임사무라고 간주하고 전통적으로 가지고 있는 지도감독권을 그대로 발휘하려고 해왔거든요. 위임사무이더라도 교육지자체 재량의 상당 부분을 인정해야 한다고 보고요. 그리고 권한을 위양하는 경우에는 자치사무로 간주해주면서 교육자치가 확대될 수 있도록 해야 하는 상황이라고 봅니다. 교육자치 개념이 워낙 좁게 해석되어온 상황이기 때문에 그야말로 교육감 직선제 교육자치에 걸맞게 조정되어야 할 필요가 있다고 생각하는 거죠.

지승호 그걸 이해해주면 좋았을 텐데요. 검찰이 즉각 항소 의사를 표시했고, 교과부도 2심 판결을 기다리겠다고 했는데요. 앞으로 재판이 어떻게 될 것 같습니까?

김상곤 고법에서 재판부가 배정되었고요. 거기에서 재판을 오래 끌지는 않으리라고 생각합니다. 기간은 정확하게 얘기할 수 없지만, 내년 초에는 끝날 것이라고 예상하고 있습니다.

달라지는 학부모 의식,
변화하는 학교현장

지승호 교육감 직무를 수행하시는 동안 우리 교육의 가장 큰 문제가 뭐라고 생각하셨나요?

김상곤 뭐라고 생각해요? (웃음)

안순억 가장 큰 문제는 학생들이 즐겁게 배울 수 없다는 것이겠죠.

김상곤 그 말이죠. 학생들이 피곤해하고, 학부모들이 고통스러워하는 교육현실이 가장 큰 문제죠.

안순억 그렇게 공부를 하는 결과가 사회적인 에너지나 개인의 참다운 성취와 연결되지 않는 것에 문제가 있다고 생각합니다.

지승호 공교육의 붕괴 현장도 둘러보셨을 테고, 학부모의 고통도 피부로 느끼셨을 텐데요. 지난번에 말씀드린 것처럼 학부모는 피해자이기도 하면서 가장 큰 가해자이기도 하지 않습니까? 하다못해 체벌문제만 해도 학부모들 다수가 "아이들 때리지 마라"고 하면 그렇게 될 가능성이 높은데요. "때려서라도 대학에만 보내주십시오"라고 하지 않습니까. 아이들이 커서 놀게 될까 봐 두려워서 아이들을 경쟁에서 내려놓지 못하는데요. 그런 학부모들의 태도가 바뀌어야 우리 교육이 바뀔 수 있을 것 같습니다.

김상곤 우리 학부모들은 양가적인 가치관을 가지고 있는 것 같아요. 아이들이 공부 잘해서 훌륭하게 되면 좋겠다는 것은 학부모뿐 아니라 누구나의 당연한 바람 아니겠어요. 그런데 훌륭한 사람이 되려면 공부만 잘해서는 안 되고 민주의식이나 시민의식을 기르는 것도 필요하잖아요. 또 아이들의 창의성을 길러주는 것도 필요하고요. 하지만 실제로는 학과 공부 외에 그런 것에는 별로 관심을 두지 않고 오히려 그런 것에 역행하는 경우가 많습니다. 학부모들의 자녀교육에 대한 열정이 학과 성적, 그러니까 대학입시 쪽으로만 편향된 나머지 전인적 교육을 어렵게 하는 면이 있는 것 같습니다.

지승호 어떻게 보면 치킨게임하고 비슷한데요. 누가 먼저 멈추기만을 기다리는 거잖아요.

김상곤 그런 부분들도 있는데요. 지난해부터 구체적으로 현장에서 학부모들과 얘기하면서 그런 이율배반적인 사고를 조정하고 공동체적인 교육과 공동체적인 자녀 양육에 대해서 상당 정도 관심을 표명하는 것을 느껴왔는데요. 그런 점에서는 전환의 가능성이 높다고 봅니다. 어떻게 보면 이런 왜곡된 교육열은 학부모 개개인의 잘못된 인식 때문이 아니라 왜곡된 사회구조와 교육정책에서 비롯한 게 아닌가 생각합니다.

지승호 여러 가지 문제에도 불구하고 한국 학부모들의 교육열은 못 말릴 정도로 높은 게 사실이고요. 장점도 있을 것 같은데요. 현장에 계시면서 우리 교육의 성장 가능성과 장점도 보셨을 텐데요.

김상곤 학부모가 가진 태도와 방향성과 관련해서 한계도 얘기했지만, 기본적으로 한국 교육은 국민 일반이 가진 교육열 덕분에 지금껏 우리 사회의 발전을 뒷받침해올 수 있었다고 봅니다. 그런 교육열 덕분에 사실 산업화라든가 민주화라든가 하는 것들도 집약적으로 발전해올 수 있지 않았을까, 하는 생각을 기본적으로 하죠. 지금도 그것이 우리의 최대 자산이고 장점이라고 생각합니다.

우리 국민이 가진 교육에 대한 열정, 어떻게 보면 우리 경기교육이 변화와 혁신을 향해서 나아갈 수 있는 것도 그 배경에 학부모들의 열정이 있기 때문이라고 봐요. 게다가 많은 교육 전문가들을 중심으로 교육에 대한 전문성을 오랜 기간 축적해온 역량이 이제 우리 교육의 장단점을 제대로 파악하고 발전 방향을 모색할 수 있을 정도는 됐다고 생각합니다. 교육열과 전문적인 역량이 우리 교육의 최대 자산이라고 생각할 수 있죠.

지승호 그걸 끌어내려면 학부모들과 소통하고, 설득해나가야 할 텐데요.

김상곤 지난해부터 학부모들과의 소통을 위해서 여러 정책과 사업을 해오고 있는데요. 학부모가 학교 공동체의 공동 주체이면서 사실은 학생들의 보호자이고, 학부모가 가진 교육열을 우리 교육의 변화와 개혁의 방향으로 이끌어내는 게 아주 중요한 사안이기 때문에 학부모와 관련된 정책과 사업을 지난해부터 본격적으로 펼치기 시작했죠. 그러니까 제가 들어와서 공식적으로 한 것은 주민 참여 예산제도를 지난해 8월에 구체적으로 도입하고, 거기에 학부모를 포함한 시민사회가 역할을 하도록 한 것입니다.
 학부모와 관련해서는 그동안에 상담자원봉사단, 일반자원봉사단, 아이들 안전 등하교를 위한 녹색어머니회 등 여러 형태의 학부모 봉사단들이 활동해오고 있는데요. 그런 봉사단들이 보다 활발하게 움직일 수 있도록 지원하는 일뿐 아니라 학부모들이 이제는 공동 주체로서 충분한 역할을 할 수 있도록 하기 위해 학부모 연수를 지난해 하반기부터 시작했어요. 다양한 연수, 가령 아이들의 생활인권과 관련된 것이라든가 대학입시에 필요한 다양한 정보를 (학원이 아니라) 학교에서도 제공받을 수 있게 하는 것들이죠. 특히 금년 들어서는 학부모들을 본격적으로 조직해야 한다는 판단 아래 교과부의 지침에 더해서 학부모회를 본격적으로 지원하기 시작했어요.

그리고 31개 지역에서 전 경기도 차원의 학부모 조직화, 그러니까 의견 수렴과 피드백을 할 수 있는 조직화 작업을 6.2 지방선거 후에 한 겁니다. 선거 전에 하면 오해의 소지가 있겠지요. 그리하여 학부모 조직이 체계화되어가고 있습니다.

그리고 기존의 학교 운영위원회를 활성화시키기 위해서 필요한 조치들을 해왔고요. 그러면서 학부모가 학교공동체의 일원일 뿐 아니라 학교 공동체의 공동 주체로서 자기 역할을 할 수 있도록 조직 작업, 체계화 작업을 해나가고 있는데, 이런 활동 과정에서 학부모가 재정 부담을 지거나 지게 하면 곤란하겠죠. 자칫 촌지하고도 연결될 수 있는 거고요. 처음부터 철저하게 학부모가 한 푼의 재정부담도 지는 일이 없도록 해놓고 작업을 진행했습니다.

우리 사회에서 그동안 학부모가 학교하고 소통하는 데 가장 큰 문제가 되었던 게 바로 촌지예요. 우리 사회가 정에 약한 사회다 보니까 학부모가 선생님을 만나러 가면 뭔가 인사를 해야 한다고 생각하게 마련이거든요. 꼭 자기 자녀를 잘 봐달라는 부탁 차원을 떠나서요. 물론 처음에는 그저 순수한 '인사' 차원이었을지라도 그러다 보면 그게 자연스럽게 자녀에 대한 부탁으로 연결이 되고 서로 부담스러워지는 거죠. 그런 이후로는 학부모가 선생님을 뵈러가기가 망설여지고 학교와 학부모 사이에 담이 쌓이는 거죠. 대표적인 예가 '스승의 날'인데요. 그날 학교 문을 닫을지 말지 고민할 수밖에 없는 상황이 되었잖아요.

안순억 한마디로 코미디예요. 하지만 교육감님께서 취임한 이후로는 학부모 사회가 그 전하고는 급격하게 달라지고 있어요. 또 아이들도 감수성이 굉장히 달라져서 새로운 뭔가를 요구하는데, 학교는 기존의 관성대로만 하려다 보니까 아이들의 마음이 계속 뜨거든요. 학부모들도 마찬가지예요. 아직 "때려서라도 가르쳐달라"는 학부모들이 일부 계시긴 하지만, 고학력 중산층 학부모들을 중심으로 "교육, 이대로 좋은가?" 하는 문제의식을 가지고 기존 교육에 대한 회의를 강하게 제기하고 있단 말예요.

이런 것이 교육감 선거를 통해서도 분명하게 나타나고 있어요. 사실 분당이나 일산 같은 신도시 유권자들은 정치적으로는 상당히 보수적인 판단을 하는데도 불구하고 교육감님에 대한 지지율이 굉장히 높게 나오거든요. 이것은 학부모들의 교육적 요구가 변하고 있다는 것을 의미합니다. 이제껏 학부모들이 학교교육에 참여한다는 것은 치맛바람, 관변조직… 뭐 이런 이미지였는데 생각 있는 학부모들이 이제 그런 걸 부끄러운 일로 느끼기 시작하면서 변화가 시작된 것이에요. 작년 경기도 교육청의 경우만 봐도 시민사회단체 학부모들이 주도적으로 학교교육에 참여하겠다면서 주민 참여 예산제 같은 데 막 들어온단 말이죠. 기존의 학부모들이 학교에 참여하는 것과는 사뭇 다른 방식으로 학교나 교육청 사업에 시민사회단체와 같은 감수성을 가지고 들어온다는 것이거든요. 사실 교육개혁은 학부모들이 참여하지 않고서는 불가능한 것인데, 그런 분들이 자발적으로 교육청 일에 그렇게 들어와 주시는 게 얼마나 고마운지 몰라요.

지승호 혁신학교를 보면 학부모들의 참여도가 높은데, 기존 학부모들의 참여 태도와 달라졌다는 거죠.

김상곤 기존 학교에 대한 시각이 달라졌고, 실제로 부담이 크게 줄어들었거나 아예 없어졌고요. 다른 하나는 참여해서 하면 뭔가 할 수 있을 것 같은 그런 여건이 조성되고 있는 거라고 봅니다.

지승호 부모가 맞벌이를 한다든지 경제적으로 어려워서 학교교육에 참여하기 힘든 아이들도 있지 않겠습니까? 부모들이 참여하는 것은 좋은데, 그런데서 소외당하는 아이들도 있을 텐데요.

김상곤 그래서 혁신학교라든지 여러 학교들에서 학부모 모임을 주말이나 저녁을 활용해서 하는 경우가 갈수록 늘어나고 있고, 그렇게 권장하고 있습니다.

지승호 반에서 학부모들 사정을 봐서 논의할 수도 있을 테니까요. 아이들과 실제로 구체적인 대화를 나눠보신 것은 교육감이 되신 후의 일일 것 같은데요. 어떠셨나요?

김상곤 그렇죠. 대학생 말고 초중등학생하고는 집단적인 대화를 나눠본 적은 거의 없죠.

지승호 밖에서 보는 아이들과 다른 점은 있었나요?

김상곤 밖에서 보던 아이들과 직접 들어와서 보는 아이들은 느낌이 달라요. 밖에서는 거리감이 있을 뿐더러 대상화되어서 저한테 비쳐지는 거잖아요. 따라서 밖에서 볼 때는 한편으로는 안됐다는 생각도 들지만, 다른 한편으로는 왜 저런 행태들을 보일까, 하는 아쉬움도 있었죠. 그런데 들어와서 보니까 지금의 교육 여건이 예전보다는 많이 나아졌다고는 하지만 아직도 개선해야 할 점이 많은데도 불구하고 아이들이 뭔가 열심히 하려고 한다는 것을 느꼈어요. 그러면서도 이 아이들이 우리의 교육정책 기조나 방향과 관련해서 너무 소극적·수동적·타율적으로 되어가는 걸 보면서 안타깝게 여겨지고, 그런 면들이 보다 더 크게 부각되는 것 같아요. 안에 들어와서 보니까요.

지승호 아이들이 어떤 걸 가장 힘들다고 하던가요?

김상곤 두 가지죠. 대체로 시험 좀 적게 보게 해달라는 거고요. 다른 하나는 통제와 속박에서 벗어나 좀 자유롭고 싶다는 거예요. 가령, 두발자유화 해주세요, 복장 좀 편하게 입고 다니게 해주세요… 하는 얘기죠. 그런데 자율학습 부분은 좀 뜻밖이에요. 어떤 학생은 너무 자율적으로 하다 보면 학원에 더 많이 갈 거 아니냐는 얘기를 하거든요. 학교뿐 아니라 집에서도 너무 공부하라고만 몰아붙이니까 아이들도 딜레마에 빠져 있는 것 같아요. 자율학습은 말 그대로 자율적일수록 좋은 건데 아이들 입장에서는 꼭 좋은 것만도 아니라는 거죠. 범 피하려다 사자 만나는 격이랄까요.

안순억　전체적으로 범생이 그룹이 보수적인 사고를 하죠.

지승호　아무래도 체제 순응적 아이들은 모범생 얘기를 들을 가능성이 많고요. 삐딱한 아이들은 선생님들 눈밖에 날 확률이 높겠죠. 오늘처럼 아이들하고 대화하고 가깝게 지내기 위한 프로그램으로는 어떤 게 있나요?

김상곤　이전에 아이들과 몇 차례 그런 시간을 가졌는데요. 자장면 먹으면서 '자장면 대화'도 했고, 학교에 가서 아이들에게 특강이라고 해야 하나, 간단하게 얘기하고 질문도 받고 하는 시간은 자주 있었죠. 최근에는 삼일상고 간다든지, 아까 말한 수일고등학교, 점심 먹고 아이들이 환호했던 그곳에 재선하고 가서 이런 저런 이야기를 했던 적도 있고요.

지승호　삼일상고 가셔서 MB 얘기하셨잖아요.

김상곤　김대중·노무현 전 대통령, 이명박 현 대통령 모두 상고 출신이라는 얘기를 했죠. (웃음) 오늘 우리 교육위원들하고 마지막 오찬을 했는데요. 앞으로는 농고, 농대 출신이 할 거라는 소문이 있다고 합니다. (웃음) 김태호 총리 내정자가 농교육과라고 하던가요? 아마.

40만 일선 교사들에 대한 생각

지승호 일선 교사들과도 자주 만나서 고충을 들으실 텐데요.

김상곤 학교 방문 시에 일선 교사들하고는 가능하면 교장·교감 등 관리자들을 배제한 상태에서 만나 얘기를 나누고요. 교사들 모임이나 편하게 만날 수 있는 자리에서 주로 얘기를 나눕니다. 그러니까 눈치 보지 않고 그야말로 허심탄회하게 얘기할 수 있는 자리를 만들기 위해 노력하고 있습니다.

안순억 그 부분에서 아마 교육감님께서는 소통의 시간이라기보다 소통의 방식에서 일정하게 믿음을 주는 것 같습니다. 교육감님이 학교에 가면 애들이 몰려와서 악수하고 그러거든요. 그건 사실 기존의 개념으로 보면 벌어질 수 없는 풍경이에요. 교사들을 대하시는 것도 마찬가지예요. 기존의 격식만 있고 알맹이는 없는 그런 형식적인 행사는 딱 질색하시는 거예요.

    교육감님은 작년에 취임하시자마자 학교에 가시면 교장실에서 잠시 학교 현황 브리핑 듣고, 교장선생님하고 몇 마디 나누고는 바로 나오세요. 그게 불과 5분이에요. 그러고는 "수업이 비는 선생님들은 모여주십시오" 해서는 교장·교감 선생님은 물론 아무도 못 들어오게 하고 일선 교사들하고만 대화를 하셨어요. 그렇게 100번 이상 하셨죠. 아무런 전제 없이 터놓고 얘기하니까 일선 교사들이 교장선생님하고 얘기하는 것보다 교육감님과 얘기하는 것이 더 편하다고들 하세요. 그런 분위기이다 보니까 일선 교사들도 툭 터놓고 얘기하게 되고 교육감님도 일선 학교의 목소리를 가감 없이 들을 수 있게 되는 거죠. 쉽게 말해 학생이든 일선 교사든 마음을 열고 대화를 하시는 겁니다. 이건 하나의 문화적인 접근이라고 봐야 될 것 같습니다.

지승호 그러면 교장선생님이 싫어한다든가 그러지는 않습니까? (웃음)

김상곤 그런 자리에서 교장선생님에 대한 험담 같은 것은 나오지는 않고, 저도 기본적으로 관리자에 대해서 어떤 비판이나 비난을 하지는 않습니다. 물론 학교 운영을 책임지고 있는 분들이 개선해야 할 점들이 있긴 하지만, 기본적으로 30~40년간 우리 교육을 책임지고 일궈온 부분이 크기 때문에 감사와 존경하는 마음을 바탕에 깔고 그분들을 생각하고 있습니다. 지금 우리 교육이 처한 상황은 이렇기 때문에 앞으로 이렇게 해야 할 것 같고, 교장·교감 선생님들이 리더로서 이런 리더십을 발휘해주면 좋겠다는 방식으로 접근하고 대화를 하거든요.

물론 제가 나오고 난 다음에 교장선생님이 교사들을 통해 어떤 대화가 어떤 식으로 오갔는지 다 알게 되겠죠. 아무튼 그런 자리에서는 교사들과 편안하고 즐거운 마음으로 얘기해요. 교사들은 앉아서 질문하게 하고, 저는 대개 서서 대답을 합니다. 저로서는 그렇게 하는 게 일선에서 수고하시는 '선생님'들에 대한 예의에 합당할 뿐더러 그게 소통을 위해서 훨씬 나은 방식이니까요. 교사들이 처음에는 아무래도 긴장을 하는데, 두어 번 질의응답이 오가고 나면 한결 편안해하는 것 같았어요. 말을 편안하게 하고 모든 질문에 대해서 내가 알고 있는 것, 내가 가진 생각을 있는 그대로 다 얘기하니까요. 그런 것들을 한두 번 보고선 나중에는 사인을 요구하는 그런 분위기까지 되곤 합니다. (웃음)

안순억 일부 총각 교사들은 교육감님의 따님들에 대한 흑심을 노골적으로 드러내기도 하고요. (웃음)

지승호 그렇겠네요. 세 분이나 계시니까요. (웃음) 지난번에도 교장의 역할이 중요하다고 말씀하셨는데요. 학교 운영에서 교장이 결정할 수 있는 게 아주 많지 않습니까. 그래서 교사와의 대화 못지않게 교장과의 대화도 중요할 것 같은데요.

김상곤 교장선생님들과는 교장 연수 때 가서 특강을 한다든지

교원연수 현장에서 선생님들을 격려하며

일선학교를 방문하여 선생님들과 함께

하는 방식으로 대화를 하죠. 특히 교장단 활동을 하는 분들과의 쌍방향 대화는 그럴 때 가서 구체적으로 하는 거죠. 그분들이 같이 모여서 저한테 제안이나 요청을 하고 저는 그것과 관련해서 경기도의 상황이라든가 교육청의 지향이라든가 하는 것을 얘기하면서 점차 이해와 공감의 지평을 넓혀 나가는 겁니다.

그리고 아까 말씀드렸듯이 여러 형태의 교장의 연수에 가서는 특히 리더십과 관련된 얘기를 많이 합니다. 그리고 필요하면 국내외 경제나 경영에 관한 얘기도 하면서, 학교 경영자라고 생각한다면 경영을 어떻게 할 것인가, 학교경영이라면 결국 수요자인 학생과 학부모를 중심에 두고 학교를 운영해나가야 한다는 취지의 얘기를 하죠.

지승호 주위에서 감당할 수 없을 정도의 물리적 시간을 쓰신다면서 좀 쉬시기도 해야 하는 거 아니냐는 걱정도 많이 하는 것 같습니다.

김상곤 저는 괜찮습니다.

지승호 현장에서 교사들의 교육감님에 대한 기대도 클 것 같은데요. 학교현장에서 가장 많이 요구하는 부분은 어떤 것인가요?

김상곤 앞에서도 얘기했듯이 교육 이외에 행정 업무나 잡무가 너무 많다는 겁니다. 그래서 실제로 아이들을 가르치는 데 적잖은 지장을 초래한다는 겁니다. 그리고 아이들이 예전과 달라서 다루기가 쉽지 않다는 얘기들도 하고요. 교육과정, 정부의 교육 정책이 너무 빨리 변하고 바뀌어서 부담스러울 뿐더러 제대로 뒷받침해주지 못하는 것 같아 안타깝다는 고충도 털어놓았습니다.

안순억 교사는 우리 사회에서 단일 직종으로는 최대 지식인 그룹 아닐까요? 초중등만 하더라도 40만 명인데, 다 지식인이라 할 수 있잖아요. 그런데 그동안 교사들이 지성적인 사고를 펼쳐내기에는 우리 사회의 한계가 많았잖아요. 구성원끼리의 대화도 부족하고, 토론 문화에 있어서도 학교가 의외로 약한 공간이었고요. 그러다 보니 교육감님과 대화를 하는 것을 보면 딱 두 가지 그룹으로 나뉘어요. 한쪽은 승진 점수에 관련된 사항이나 교사의 근무환경 또는 필요한 시설 지원과 같은 현실적인 얘기를 하고요. 다른 한쪽은 아주 열정적으로 혁신의 필요성을 역설하면서 교육감님의 핵심 정책인 혁신학교에 대해서 깊은 관심을 보이는데, 이런 분들이 학교마다 몇몇은 새파랗게 살아 계세요. (웃음)

교육감님께서 다녀가시면 그분들이 힘을 받는다는 느낌이 들어요. 소수 그룹이거든요. 부끄럽지만, 그동안 학교현장이 이런 소수 그룹이 냉소적인 태도를 지닐 수밖에 없는 환경에 놓여 있었습니다. 하지만 이제 그분들이 냉소적인 태도에서 벗어나 뭔가 바꿔보려고 나서고 있다는 느낌을 곳곳에서 확인하고 있습니다. 적어도 제가 보기엔 그렇습니다.

지승호 몇 년 만에 가본 학교가 하나도 변하지 않아 놀라웠다는 애기를 자주 듣게 되는데요. 교육현장이 그렇게 더디게 변하는 이유는 뭘까요? 시설도 크게 달라진 것이 없는 것 같더라고요.

김상곤 기존의 학교를 구성하는 요소들이 바뀌지 않아서 그렇게 느끼는 면도 있습니다. 교장, 교사, 학생, 교실을 비롯한 시설에 기본적인 구성과 디자인 같은 것들이 대체로 정형화되어 있어서 그런 느낌을 갖는 면이 있고요. 또 실상 학교 조직이 폐쇄적인 성격이 강합니다. 주민사회에 대해 완전히 개방적이 되기는 어렵잖아요. 그러니까 최소한 학생들이 학교생활을 하는 동안에는 개방할 수는 없는 거죠. 게다가 선생님들이 주민들하고 늘 함께 어울린다든가 할 조건도 아니고요. 학교교육의 특성상 일반인이 와서 학생 수준이나 관심에 맞는 얘기를 한다든지 하는 교류의 장을 펼치기도 어렵지요. 그러다 보니까 폐쇄적인 성격, 아니 그런 느낌을 가질 수밖에 없는 면이 있습니다.

그 두 가지 성격에다 실제로 우리의 교육 정책이나 기조가 그동안 별로 바뀌지 않고 오히려 경쟁이 강화되는 쪽으로 온 면이 있어서 변화를 못 느낄 수도 있죠. 수십 년 전이나 지금이나 아이들 열심히 공부시켜서 좋은 대학 가게 만들자는 분위기는 여전한 거잖아요. 그래도 예전에는 예체능 과목도 골고루 시켰는데, 요새는 그것마저 생략해가면서 오로지 대학입시 과목 중심으로 공부하는 시스템이 강화되어 오다 보니까 학교가 변화되지 않은 것처럼 느껴지는 면이 있고, 실제로 변화되지 않은 면도 있다고 봅니다.

안순억 내부에서 교사로 있으면서 느낀 가장 큰 문제는 관료주의라고 생각합니다. 관료주의가 개개인의 자발성을 묶어놓았던 측면이 강했죠. 크게 보면 '인재'를 바라보는 관점이 예나 지금이나 하나도 안 변했다는 겁니다. 한마디로 교육을 통한 인재양성을 여전히 효용 중심으로만 접근하고 있는 것 같습니다. 쉽게 말해 보편적 가치를 구현하는 '인간교육'보다는 어디든 유용하게 써먹을 수 있는 '인재육성'에 치중해온 것인데, 그런 교육관이 별로 바뀌지 않았다는 겁니다. 60~70년대에는 심지어 '산업역군 육성'이라는 표현까지 썼잖아요. 그게 개발독재시대에는 일정한 효과가 있었겠지만 오늘날에는 오히려 그런 개념이 교육의 발목을 잡고 있다는 생각입니다. 시대가 변하면 교육도 변해야 하는 것 아니겠어요.

김상곤 달리 이야기하면 기능주의적이고 실용주의적인 교육관을 추구해왔고, 그것도 권위주의적인 방식으로 추구해왔다는 거죠.

학교와 학생 그리고 교육을 살리는 길

보리밥

학교와 집 사이는 / 후다닥 걸어서 가면 / 단 5분 거리 / 하지만 나는 / 다섯 시간이나 걸린다 // 수학은 영재수학 / 국어는 독서논술 / 영어는 웰컴 투 영어나라 / 컴퓨터 워드 3급 / 태권도 품세 심사 // 학교와 집 사이가 / 점점 더 멀어져 간다.

_ 김은영(아동문학가), 〈학교와 집 사이〉

아이들을 한 줄로 해서 뛰게 하면 거기엔 당연히 한 줄로 서열이 생기겠죠. 더구나 서열에 따라 인센티브를 주는 달리기라면 당연히 경쟁이 한 방향으로만 일어날 수밖에 없습니다. 더 큰 것을 차지하기 위해 다른 애들을 밀쳐내고 어떤 방법으로든 앞서야 하는 거잖아요. 그런데 아이들을 둥그런 원 안에서 출발하여 360도 방향 어디든 자기가 원하는 방향으로 뛰게 한다면 저마다 자기의 소질과 소양에 따라서 자기가 잘할 수 있는 방향으로 뛸 거 아녜요.

_본문 중에서

이제는 전근대적인
교육 패러다임에서 벗어날 때

지승호   이번에 안산에서 여학생이 체벌당해서 엉덩이에 피멍이 든 사진이 인터넷에 올라와서 떠들썩했는데요. 징계 여부와는 별도로 열성적으로 교육하다 보면 생길 수 있는 일이라는 얘기도 하는데, 제가 보기에는 그러기엔 너무 심한 체벌이라는 생각이 들거든요. 체벌이 논란이 되는 상황에서 그런 일이 생겼는데, 아까 체벌과 관련해서 감사를 한 것은 처음이라는 말씀을 하셨는데요.

김상곤   그동안에도 사회문제가 된 체벌에 대해서 필요한 경우에는 절차를 거쳐서 조사한 적이 있습니다. 경기도 교육청에서는 생활인권 지원센터도 만들고 해서 이번 1학기부터 본격적으로 학교에서 학생인권이 존중되고 확보될 수 있는 조치들을 권장해왔습니다. 그럼에도 불구하고 계속 체벌을 비롯한 인권침해 사례들이 생기거든요.

최근에 안산에서의 여학생 체벌은 위험수위를 넘는 가혹한 체벌이고, 학생들의 마음에 상처를 줄 정도의 심각한 사안이라고 보고 곧바로 교육청 본청 감사팀을 투입하여 조사를 했습니다. 그래서 그에 상응하는 징계조치를 할 건데요. 경기도 교육청에서 한 학기 이상 학생인권에 대해서 논의하고 공감대를 확보해왔기 때문에 이제 2학기부터는 학생 체벌을 비롯한 분명한 학생인권 침해가 교사에 의해서 자행될 경우에는 그 경중에 따라서 징계조치도 따를 수밖에 없다고 판단하고 있습니다.

지승호 그런 부분에 대해서 사회적 합의가 덜 된 것 같다는 생각이 드는데요. 촌지에 대한 처벌을 강화하여 10만 원 미만의 촌지 수수에 대해서도 중징계를 검토하고 있다는 얘기를 들었는데, 아이들을 때리는 것이 10만 원을 받는 것보다 아이들에게는 더 큰 상처를 줄 것 같다는 생각이 들거든요. 그동안 돈을 받는 문제, 그러니까 공무원이 업무와 관련해서 얼마 이상의 접대를 받을 경우에는 문제가 되고, 경찰관이 몇십만 원을 수수하게 되면 파면까지 되는 경우가 있지 않습니까. 그런 데 대해서는 어느 정도 합의가 이뤄진 데 반해 체벌에 대해서는 처벌이 좀 약하지 않나 하는 생각이 들거든요.

김상곤 체벌은 거기에 '교육적'이라는 수사가 붙으면서 상당히 포장되어서 비쳐지는 상황인 것 같아요. 그리고 교사들도 교육이라는 이름으로 행해지는 체벌은 용인될 수 있다거나 합리화될 수 있다는 착각을 하고 있는 상황이기도 하고요. 그러나 최근에 우리나라에서도 인권의식과 인권침해에 대한 규제 수준이 점차 강화되면서 학생 체벌에 대한 문제제기도 상당히 늘고 있고, 체벌의 폭압성에 대한 인식의 공유가 점차 확산되고 있다고 봅니다.

물론 아직도 체벌이 아니라면 (물론 체벌 자체가 결코 좋은 교육 방식이 아니라는 데에는 공감하지만) 학생들을 어떻게 교육시키고 지도하느냐는 생각에서 벗어나지 못한 채 체벌을 하나의 유력한 교육수단으로 삼고자 하는 흐름이 없지 않아 있습니다. 하지만 체벌이 지닌 문제점에 대해서 상당히 폭넓은 공감대가 형성되고 있는 것도 사실입니다.

특히 우리 교육청에서는 지난해부터 체벌을 포함한 학생인권 침해 사례를 수집하고 여론 수렴을 통해서 학생인권을 제대로 보장하고 확보하려는 노력을 기울이는 가운데 그것이 우리 학생들의 창의성과 인성 발달에 반드시 필요한 일이라는 데 뜻을 모아왔습니다. 그리고 다양한 형태의 연수나 강연 그리고 모임을 통해서, 학생에게도 인권이 있으며 그 학생인권을 보장하는 것이야말로 학생들을 건강한 시민으로 키우고 미래지향적인 학교 질서를 만들어낼 수 있는 출발이라는 취지의 얘기를 하고, 그것을 널리 공유하는 작업을 해온 겁니다.

지승호 말씀하신 대로 일부 일선 교사들은 체벌 없이 학생 지도를 어떻게 하겠느냐는 반론을 제기하고 있지 않습니까. 룰을 보니까 지름 1센티미터 이하의 회초리로 2대 이상 때리면 안 된다고 되어 있던데, 체벌을 반대하는 제가 보기에도 안 때리면 안 때렸지, 전혀 효과가 없을 것 같거든요. (웃음)

김상곤　하하하. 체벌은 원칙적으로 하지 않아야 하는 거지만, 원칙에는 늘 예외가 있게 마련 아닙니까. 예외적으로 교육적인 지도 필요에 따라서 교장선생님의 허락을 받아 이러이러한 수준의 체벌은 가할 수 있다는 취지인데요. 그런 정도의 체벌은 예외로 인정된다고 했지만, 실제 학교현장에서는 그보다 심한 체벌이 일상화되어 있는데다가 대개는 용인되고 있는 상황 아닙니까. 교사들은 물론 학부모들도 교육이라는 이름으로 상당 부분 그걸 용인해오고 있는 거죠. 이런 상황인데 체벌의 그런 제한규정이 잘 지켜지겠어요? 설사 지켜진다고 해도 그런 체벌로는 별 도움이 되지 않을 거고요. 대개 칭찬이나 상은 한참 후에 주더라도 얼마든지 효과를 볼 수 있는 거지만(더구나 반복하면 효과가 배가될 수 있고요) 벌은 즉시성이 없으면 오히려 역효과를 부르게 마련입니다.

　벌은 뭔가 잘못을 저질렀을 때 잘못을 깨닫게 하고 다시는 그런 행동을 하지 않도록 하기 위한 의미로 가하는 조치인데, 즉시성이 없다면 명분도 없고 효과도 기대할 수 없는 거죠. 벌 하나 주느라고 여러 절차를 거치고 엄격한 제한규정을 다 적용하다 보면 벌의 의미가 사라져 아예 벌을 주지 않느니만 못할 수 있는데요. 그러니까 지켜지기 어려운 규정이라는 건 사실 없느니만 못한 경우도 있다는 겁니다. 벌에는 스토브 효과라는 것이 있는데요. 뜨거운 난로에 손을 대면 어떻습니까? 뜨거워서 바로 손을 뗄 수밖에 없죠. 벌도 어떤 잘못을 했을 경우 곧바로 조치를 해야 효과가 있는 것이지, 타이밍을 놓치면 오히려 역효과를 낼 수 있는 겁니다.

지승호 그런 문제를 제기할 때 교사들이 반발하는 경우가 많지 않습니까? 인터넷 댓글이나 사석에서 가장 많이 들을 수 있는 얘기들이 "현장에 와 봐라, 이상하고 다르다. 니가 한번 가르쳐 봐라" 하는 건데요.

김상곤 교사들이 문제제기를 하는 취지는 충분히 이해합니다. 그래서 경기도 교육청에서는 금년 초부터 대체 또는 대안 프로그램을 준비하고 있고, 그것이 어느 정도 개괄적으로 정리되고 있으니 외부 전문가 용역을 통해서라도 좀더 심화시키고 발전시킬 겁니다. 학생인권조례가 실시되는 시점에서는 그러한 대체 또는 대안 프로그램들도 동시에 제시하여 학교문화를 바꾸는 작업을 본격적으로 실행할 것입니다. 아울러 교사들의 인권 즉 교권을 실질적으로 지켜내고 보장하기 위한 구체적인 조치들도 보완해나갈 겁니다.

지승호 폭력 교사가 나왔을 때 그 교사를 비판하면 다른 많은 교사들이 자기 방어적인 태도를 취하는 경우를 많이 보게 됩니다. "좋은 선생님들도 많은데, 일부 선생님들 가지고 그러지 말라"고 하거든요. 어떤 정치적인 비리사건이 터졌을 때는 "저런 정치인들은 문제가 있다. 정치권을 정화하자"고 맘껏 목소리를 높여도 (물론 우리 정치권으로서는 입이 열 개라도 변명할 입장이 아닌 것 같긴 하지만) "깨끗한 정치인도 많은데 왜 일부 정치인이 그런 걸 가지고 전체를 매도하느냐?" 얘기는 감히 못한단 말예요.

그런데 인터넷 댓글 같은 데 보면 교사들이 그렇게 얘기하는 걸 자주 봅니다. 일종의 피해의식 같기도 하고요. 이를테면 오장풍 선생이 나타났을 때 아이들을 그렇게 때리는데 주위 교사들이나 학교 당국에서 몰랐다고 해도 문제가 있는 것 같고요. 더구나 알았는데도 가만히 있었다면 교사들이 비난을 받는 것에 대해서 항변할 자격이 없다고 생각하거든요. 그렇게 얘기하려면 먼저 주위의 그런 교사들이 과도한 행동을 하지 못하도록 "교사들 욕 먹이는 일이니까 하지 마십시오"라고 요구할 수 있어야 하고, 학교에서 공식으로 문제제기를 할 수 있어야 한다고 봅니다. 제가 교사가 아니어서 그런지 모르겠지만, 자신들의 어려운 점만 항변하는 거 아닌가 하는 생각이 들 때가 있거든요.

김상곤 안타까운 일이에요. 지금 말씀하신 대로 교사들이 스스로 교권을 생각한다면 학생들의 인권도 존중해줄 생각을 해야 하는데요. 실은 아이들에 대해 교육자라는 입장, 그것도 때로 전근대적인 교육자상을 자임하는 흐름이 아직도 남아 있어서 그게 교사들의 집단 분위기를 지배하고 있지 않나 생각합니다. 개별 교사들은 대개 다른 교사의 체벌이라든가 학생인권 침해라든가 하는 것에 대해서 비판적인 생각을 분명히 가지고 있죠. 그럼에도 불구하고 학교라는 조직 단위에서 집단적인 사고를 하다 보면 개인의 사고에 기반을 둔 언행이 나오지 못하고, 전체적인 분위기에 매몰되어버리는 안타까운 상황이 지금도 지속되고 있습니다.

거기에 중요한 역할을 하는 사람은 교장을 비롯한 관리자들인데요. 학교 관리자들의 사고가 어떠냐에 따라서 학교 조직 구성원들의 분위기가 좌우되게 마련이죠. 관리자들의 기본적인 교육철학 부재 또는 왜곡, 그에 따른 학생인권에 대한 몰지각, 그리고 교사들의 집단적인 분위기 속에 잔재하는 전근대성 같은 것들이 결합되어서 교사들의 체벌을 비롯한 학생인권 침해가 아직도 그냥 자연스럽게 이루어지는 상황이라는 게 큰 문제죠. 쉬쉬 하는 차원이 아니라 자연스럽게 '내 교실에서 내 학생을 내가 다룬다는 데 누가 토를 달아?' 하는 생각을 가진 교사들이 아직도 상당수 있습니다. 그런 생각들을 바꿔나가기 위한 조치들이 필요한 상황이죠.

안순억 교사로 지낸 감수성으로 얘기하면, 사실 체벌은 학생뿐 아니라 체벌을 가하는 교사 자신도 피해자거든요. 다 피해자예요. 20~30년 전의 체벌과 지금의 체벌은 그 느낌이 완연하게 다릅니다. 예전에는 때리는 교사나 맞는 학생이나 그것을 당연하게 여기고 수용하는 분위기가 있었습니다. 그러나 지금은 분명히 인권침해라고 생각하거든요. 따라서 교사는 체벌을 가하면서도 죄책감에 사로잡히는 거죠. 아이들은 아이들대로 반발심이 더 커지고요.

실상은 교직사회 자체가 서로 지성적으로 교류하는 힘이 참

미약합니다. 교실 단위, 개인 단위의 폐쇄성이 참 커요. 그것은 좋게 말하면 존중이지만, 엄격하게 말하면 민주적인 토론이나 상호 지성적 교류가 차단되어 있다는 의미거든요. 심지어는 복도를 지나가다가 옆 교실에서 수업하는 모습을 쳐다보는 것도 남의 영역을 침해하는 결례로 치부되거든요. 수업을 하고 있으면 고개를 다른 쪽으로 돌리고 지나가는 것을 예의라고 생각하는데요. 제가 볼 땐 존중이나 예의라기보다 폐쇄성이 부른 과도한 자기방어 기제인 것 같아요.

어제도 교육감님이 마포에서 강의하실 때 선생님들이 거의 이구동성으로 그랬잖아요. "애들이 선생님한테 대드는데, 교사들의 인권을 어떻게 할 것이냐? 저도 충분히 공감이 가는 얘긴데, 그러면 어떻게 하자는 것이냐?" 하는 얘기가 나오는 거거든요. 우리나라 법에서 "우리나라 국민은…"이라고 할 때 학생은 사실상 그 국민에 포함되지 않은 경우가 많았어요. 학생들도 '국민의 권리'를 누리는 것이 당연한데 그게 지금껏 교육이라는 명분으로 침탈되어 왔고 아직도 그런 분위기가 지배적이기 때문에 학생인권조례 같은 특단의 조치들이 나오는 거잖아요.

교사들 스스로도 체벌 없이 어떻게 교육을 시키느냐고 반박하기 전에 (체벌이 명백하게 비교육적이라는 사실을 인정한다면) 고민하고 연구해야죠. 잘못된 것을 알면서도 언제까지 방법론을 핑계로 지속할 수는 없는 거잖아요. 가장 비교육적인 방법(체벌)을 교육을 위해서 지속할 수밖에 없다? 세상에 그런 모순이 또 어디 있어요? 교육감님 말씀대로 아이들이 바뀌고 있는데 교사들의 의식이나 교육방식도 바뀌어야 맞는 거죠. 체벌의 효용성을 두둔하는 그런 의식은 전근대적 사고의 잔재라는 것이 정확한 진단이라고 봅니다.

김상곤　교사도 학생들도 체벌에 관해서는 공동의 피해자라고 얘기하는데요. 일면 일리가 있지만 다른 면에서는 그렇지 않다고 봅니다. 예를 들어 중앙권력과 관 주도의 교육정책과 관련해서 보면 공동의 피해자라고 볼 수 있는 일면이 있지만 학교 내에서 교사와 학생의 관계에서 보면 명백히 교사가 가해자고 학생이 피해자예요. 그 점을 혼동해버리면 "교사도 피해자다, 우리도 그렇게 하고 싶지 않은데, 할 수밖에 없다"는 집단합리화가 될 수 있는 사안이거든요. 집단합리화는 경계해야 합니다.

　뭔가 의식이나 행동이 집단적으로 퍼지고 통용될 때 심리학에서는 집단증후군이라고 하죠. 선생님들 개개인은, 심지어 체벌을 가하는 선생님조차도 개인적으로는 체벌은 안 하는 게 좋다고 생각해요. 그런데 회의라든가 하는 집단의 분위기가 체벌을 인정하고 옹호하는 쪽으로 기울어 있으면 "체벌을 하지 말자"는 얘기를 선뜻 꺼내지 못하는 겁니다. "그러면 어떻게 하자는 거냐?"는 반박에 대한 두려움이랄까, 그런 것 때문에 감히 말을 못하는 분위기가 조성되는 거거든요. 사실 이 문제는 구체적인 대안 운운하기 전에 성찰이 필요한 사안이라고 봅니다. 인권, 교육의 참 의미와 같은 근본에 대한 성찰이 된다면 체벌을 금지할 것이냐 말 것이냐는 더 이상 논란거리가 못 된다고 봅니다. 다만, 체벌이 사라진 자리를 어떻게 발전적이고 미래지향적인 방식으로 메워갈 것인가 하는 고민만 남겠죠.

제가 혁신을 이야기할 때 다섯 가지 얘기를 합니다. 그중에서 수업혁신, 교실혁신, 학교혁신 이렇게 세 가지를 먼저 얘기하는데요. 그 세 가지에는 안 선생님이 말씀하신 대로 개방성이 필요하고, 교육현장 내에서 상호소통이 필요합니다. 교실과 교실 사이에 개방과 소통, 수업과 수업의 개방과 소통, 학교와 학교 간에도 사실은 (하나씩의 폐쇄된 성을 쌓는 것이 아니라) 개방과 소통이 이루어져야 비로소 전체 교육의 변화를 일으킬 수 있습니다. 혁신의 동력을 그 속에서 만들어갈 수 있다고 볼 수 있죠. 그런 속에서 나머지 두 가지 행정혁신과 제도혁신을 추진해가야 한다고 생각합니다.

아무튼 수업, 교실, 학교가 아직도 상당한 배타성과 폐쇄성을 가지고 있는 건 사실인데요. 물론 그것들의 기본 속성에 기인한 때문이기도 하지만 적어도 교육 차원에서는 그런 배타성과 폐쇄성을 허물고 열어갈 필요가 있습니다. 그리고 그 구성원들인 교사들이나 교장선생님을 비롯한 관리자들도 마찬가지라고 봅니다. 이젠 뭐든 열어놓고 소통해야죠. 그래야 건강해지고 풍요로워지지 않겠어요.

무너진 교권을
어떻게 다시 세울 것인가

지승호 요즘 뉴스에 보면 간혹 학생들이 교사를 폭행하는 경우도 있지 않습니까?

김상곤 그러한 학생들에 대한 조치는, 아까 말씀드린 대로 교사의 인권 즉 교권보호헌장과 그에 따른 후속 대책에 따라서 하나하나 체계화해나갈 겁니다. 그리고 이건 체벌과 직결되는 사안이라고 봅니다. 가령, 학교 전반적으로 학생인권이 존중되는 분위기가 형성된다면 학생 대부분은 개별적인 문제가 없는 한 교사에 대해 존경까지는 아니더라도 최소한 존중하게 되겠지요. 실제로 학교현장에서 그러한 사례들이 꽤 만들어지고 있거든요.
　아이들의 미래를 봐서라도 어떤 명분이든 폭력은 사라져야 합니다. 폭력을 당하거나 보고 자라는 아이는 그렇지 않은 아이보다 폭력적으로 될 확률이 훨씬 높다는 건 교육심리학으로나 통계상으로 보여주고 있잖아요. 폭력이 나쁜 것이라는 것도 잘 알고 폭력을 쓰지 않아야 한다고 생각하면서도, 어릴 때부터 겪거나 보아온 경험을 통해 폭력에 익숙해져버린 상태라서 제어가 잘 안 된다는 거죠. 그렇게 학교생활에서 내면화된 폭력은 사회에 나가서도 평생을 지고 가는 멍에일 수 있는데, 얼마나 불행한 일이에요. 그런 면에서 학교 폭력은 어떤 명분으로도 용인되어서는 안 된다고 생각합니다. 폭력 없는 학교문화를 만드는 것은 그만큼 중요합니다.

지승호 학생이 폭행하는 것과 조금 다른 지점일 수 있는데요. 학부모가 와서 교사를 폭행할 경우 이것을 학교 내의 문제로만 보기도, 학교 밖의 문제로만 보기도 좀 모호한 구석이 있지 않습니까?

김상곤 지금까지는 학부모가 교사에게 신체폭력이나 지나친 언어폭력을 행했을 경우, 그게 언론에 드러나고 사회문제로 비화되면 여러모로 복잡해지고 골치 아파진다는 이유로 서로 쉬쉬했습니다. 물론 당사자들 간에도 잠시 감정을 다스리지 못해 그랬다가 대개는 바로 사과하고 화해하는 것으로 마무리하지만 그건 문제가 근본적으로 해소된 게 아니고 잠시 덮어버린 데 불과하죠. 또 학교나 교사들도 그렇게 좋은(?) 쪽으로 무마를 유도하고 쉬쉬하는 겁니다. 그런 면에서 보면 학교나 교사들이 공적으로 약한 거죠.

대체적인 분위기가 이렇다 보니까 교사들도 그걸 선뜻 드러내지 못하는 거예요. 그랬다가는 불이익을 받을 게 분명하니까 그냥 꾹 참고 견디는 겁니다. 그러면서 다른 곳으로 전근하든가 하는 식으로 무마되는 경우가 많았어요. 하지만 이건 명백히 잘못된 방식이고, 악순환을 되풀이하는 고리입니다. 아무리 학부모라도 폭력을 저질렀으면 상응한 대가를 치르는 것이 당연한 거 아니겠어요. 그에 따른 조치나 대가가 꼭 고소고발에 의한 법적 처분만 있는 것은 아니고, 여러 가지 다양한 방법들이 있습니다.

 학부모도 교권을 심각하게 침해했을 때는 그에 합당한 책임을 지도록 하는 것이 시민사회의 책무 아니겠어요. 학부모 중에는 교사들의 지도 방식과 교수법에까지 직접 개입하려 드는 경우가 있거든요. 필요하다면 정해진 절차에 따라 정식으로 학교에 건의하거나 교사에게 제안하는 것은 학부모의 권리로서 존중받아야 하겠지만 교권을 무시하고 일방적으로 간섭한다거나 폭력을 행사하는 것은 명백한 불법일 뿐 아니라 교육적으로 있어서는 안 되는 일이죠.

지승호 일부 덩치 큰 중학생이나 고등학생이 젊은 여교사에게 성희롱에 가까운 언행을 일삼기도 하지 않습니까. 그럴 때 교사 사회에서조차 "애들 때는 다 그렇지 뭐" 하는 식으로 대충 넘어가는 경우가 많은 것 같은데요.

김상곤 그건 잘못된 거라고 봅니다.

지승호 젠더적인 관점에서의 성교육 차원에서 생각해볼 때도 문제가 있는 건데요.

김상곤 큰 남학생이 여선생님을 상대로 성희롱이나 심지어 성추행을 하는 사례가 일어나고 있고, 늘 그럴 가능성이 있죠. 그것을 체벌이나 폭압적인 방식으로 제어하려 하면 오히려 반발심을 불러 더 악화될 가능성이 크다고 봅니다. 일반적인 심리를 봐도 그렇죠. 일탈의 가능성을 근본적으로 해소시켜 나가야지요. 결국은 시민의식의 함양, 그러니까 인성의 함양이 필요하다고 봐야 합니다.

지금 아이들은 온갖 정보를 다 접해서 알 건 다 아는데 미성숙아로 간주하고 전근대적인 방식, 그러니까 일벌백계 식으로 다스리려고 하면 오히려 반발심을 키워 일탈이 일반화될 우려가 큽니다. 그렇다고 해서 교사는 물론 학교사회와 시민사회가 "애들이니까 그럴 수도 있지" 하고 대충 넘어가는 것은 위험한 발상입니다. 절대 애들 아닙니다. (웃음) 애들이라고 한다면 더욱 그냥 넘어가서는 안 되죠. 그 나이에 가져야 할 책임의식이나 주체의식, 그리고 건강한 성의식을 갖도록 교육하는 게 필요하다고 봅니다.

지승호 그동안의 성교육은 주로 임신이나 피임에 관한 지식 전달 관점에서만 이뤄진 것 같은데요. 그것도 중요하지만, (특히 남학생들에게는) 양성 평등적인 관점에서의 교육이 필요하지 않겠습니까. 어릴 때부터 남자와 여자는 같이 살아가야 하는 동료라는 인식을 심어줄 필요가 있을 텐데요.

김상곤 지금까지는 그게 잘 안 이루어져 왔죠. 실은 우리나라 초중등 교육정책의 방향이나 기조가 대학 입시에 예속되어 있다 보니까 폭넓은 인성교육이 가정이나 학교에서 이루어지기 어려운 상황이었어요. 수년 전부터 그에 대한 필요성은 인식하고 교육과정에 일부 반영해오고는 있지만 형식적으로 이루어지다 보니까 별 효과가 없었던 겁니다.

성추행이나 성폭행이 왜 나쁘고 본인의 삶에 어떤 영향을 미치는지, 양성 평등의식이 왜 중요한 의미를 지니는지 등을 이해시키고 의식화할 수 있는 체계적인 교육 시스템이 필요합니다. 이런 전반적인 교육과정의 핵심을 어떻게 배치하고 수행하느냐가 관건이라고 봅니다. 앞으로 경기 교육에서는 그러한 교육이 체계적·종합적으로 이루어질 수 있도록 구체적인 프로그램을 마련하여 시행할 계획입니다.

우리 어른들이 아이들에게 입버릇처럼 아무 때나 미성숙, 미성년을 강조하다 보니까 한편은 스스로 자신이 미성숙하다는 생각에 빠져 있고, 다른 한편은 아직도 어린애 취급한다며 반발하는 겁니다. 양쪽 다 문제가 있는 거죠. 물론 신체적으로는 아직 성숙한 상태가 아닌 건 맞지만 아무리 어리더라도 하나의 독립된 인격체로 존중하고 그렇게 대하는 자세가 중요하다는 얘깁니다. 아이들도 그걸 원하는 거예요. 아이들이 일탈행위를 할 경우에도 합리적인 이유를 들어 교육을 해야지 "어린놈이…" 하는 식으로 닦달하면 오히려 역효과만 초래하게 마련입니다. 어

린 게 죄는 아니잖아요. (웃음)

　아이들을 보호하고 격려하고 배려하면서 건강한 시민으로 자랄 수 있도록 뒷받침하는 게 우리 어른들의 소임이고 교육의 본래 목적 아니겠어요. 가정과 학교사회 그리고 시민사회가 삼위일체가 되어 아이들에게 책임의식과 시민의식을 심어주는 노력이 필요합니다. 거기에는 아이들이 생각하기에 어른들이 자신을 억압의 대상이 아니라 사랑의 대상으로 여기고 있다는 자존감을 심어주는 게 중요합니다. 예를 들어, 학교에서 아예 포기하고 내놓을 정도로 사고뭉치인 아이도 먼저 자기 얘기를 들어주고 자기를 인정해주고 인격체로 존중해주는 선생님은 어려워하고 함부로 못 대하잖아요. 아이든 어른이든 자기 자신을 존중하고 귀하게 여기는 사람은 남도 존중하고 귀하게 여길 줄 아는 겁니다. 교육은 바로 이런 인식에서 출발해야 한다고 생각합니다.

엘리트 양성보다 더 중요한 것은
위기 학생을 줄이는 것

지승호 평소 엘리트를 길러내는 것보다 위기 학생 수를 줄이는 게 훨씬 중요하다고 강조하셨는데요. 흔히들 한국사회에서는 1명이 10만 명을 먹여 살린다는 그릇된 신화가 횡행하고 있지 않습니까. 회사 사장 입장에서는 직원들과 같이 일해서 먹고산다는 인식이 아니라 직원들을 자기가 먹여 살린다는 생각을 갖고 있고요. 아이들도 어릴 때부터 엘리트 의식을 심어주려고 하다 보니까 자라서 어떤 일을 하게 됐을 때 그것을 하나의 사회적 역할이라고 생각하기보다는 '남보다 내가 열심히 공부해서 높은 지위에 있으니까 군림해도 되고, 사람들을 지배할 수 있고, 잘못을 저질러도 용서받아야 한다. 내가 다른 사람들에게 대단한 뭔가를 베풀고 있다'는 착각을 하게 만드는 교육이 이루어져온 것 같은데요.

김상곤 지금껏 아이들에게 그런 의식을 심어왔죠. 우리 교육의 기본적인 지향성이 극도의 시장주의에 치우친 무한경쟁에 뿌리를 두다 보니까 정글의 법칙 즉 약육강식의 논리가 일반화된 거죠. 정글의 법칙이 뭡니까? 나 아닌 다른 사람은 함께 가는 동반자가 아니라 내가 살기 위해 견제하고 억누르고 밀쳐내야 할 대상일 수밖에 없는 거잖아요. 학교교육까지 이렇다 보니 그런 삭막한 사회가 강화될 수밖에 없는 거죠. 그래서 기본적으로 교육과 관련된 가치 덕목을 바꿔야 할 필요가 있습니다. 전체적인 교육과정의 목표나 취지를 바꾸어내면서 아이들이 경쟁보다는 협력과 협동 즉 상생을 중시하는 사고를 갖도록 해주고, 아울러 그런 가운데서 분야별로 뛰어난 아이들은 거기에 맞게 키워내야지요.

　인재교육을 무시하는 것이 아니라 소질과 소양에 따른 인재를 각 분야별로 키워내야 한다는 얘깁니다. 예를 들어, 아이들을 한 줄로 해서 뛰게 하면 거기엔 당연히 한 줄로 서열이 생기겠죠. 더구나 서열에 따라 인센티브를 주는 달리기라면 당연히 경쟁이 한 방향으로만 일어날 수밖에 없습니다. 더 큰 것을 차지하기 위해 다른 애들을 따라잡아야 하고, 밀쳐내야 하고, 어떤 방법으로든 앞서야 하는 거잖아요. 그런데 아이들을 둥그런 원 안에서 출발하여 360도 방향 어디든 자기가 원하는 방향으로 뛰게 한다면 저마다 자기의 소질과 소양에 따라서 자기가 잘 할 수 있는 방향으로 뛸 거 아녜요. 그만큼 선택의 폭이 넓어지니까 굳이 죽자 사자 다른 사람을 밀쳐낼 필요가 없는 거 아닙니까. 한마디로 내 갈 길을 가면 되는 거잖아요. 학교가, 교육이 이런 여건을 만들어주는 역할을 해야 한다는 것이 제가 추구하는 경기 교육의 방향입니다.

지승호 실업계고 학생이 현장실습 나가서 사고가 생기면 노동부, 교육부 모두 책임을 지지 않고 서로 미룬다고 하던데요. 학생도 노동자도 아닌 상태인데, 그들을 보호할 수 있는 장치는 있습니까?

김상곤 요즘은 전문계고 또는 특성화고라고 하거든요. 전문계고의 조건이 근래 20년 사이에 상당히 열악해졌습니다. 다들 아시다시피 전문계고 입시 시기가 일반계보다 앞서는 것도 있지만, 우선 일반계고를 선택했다가 힘든 경우에 전문계고를 지원하는 학생들이 꽤 많을 정도로 열악해졌는데요. 결국 정부의 교육정책 기조 때문에 이런 현상이 벌어졌는데, 잘못된 겁니다. 학생 개개인의 소질과 소양, 가고자 하는 방향에 따라 일반계고와 전문계고가 분화되어야 되는데, 워낙에 우리 교육이 대학 진학을 위한 방향으로만 획일화되어 있다 보니까 일반계고든 전문계고든 특성의 차이가 아니라 서열의 차이로 변질되어버린 겁니다. 학교뿐 아니라 사회 전반이 그렇잖아요. 특성에 따라 다양하게 분화되지 못하고 서열화의 구조가 강화되고 있는데, 바로 그게 학교교육에도 그대로 투영된다고 생각합니다.

 초중등 교육정책이 대학 정책에 예속되어오다 보니 전문계고가 상대적으로 열악한 조건에 놓일 수밖에 없게 됐는데요. 그러면서 전문계고에 대한 지원이나 전문계고 학생들에 대한 사회적 평가가 점차 떨어질 수밖에 없었던 거죠. 이제는 그런 것을 좀 탈피해서 전문계고를 통해 자기 소질을 살린 평생의 직업도 구하고, 전문성을 키울 수 있도록 함으로써 전문계고의 본래 취지를 살려야 합니다.

아까 말씀하신 전문계고 학생들이 현장교육에서 받는 여러 가지 불이익이나 부당한 처사 또는 불안정한 신분으로 일어나는 문제에 대해서는 조금씩 개선작업을 해나가고 있는데요. 어떤 사고를 당했을 때 그게 해당 기업의 문제로 일어났다면 물론 기업이 응분의 책임을 져야겠지요. 그런데 그게 기업의 업무체계 속에서 일어난 게 아니고 학생 개인의 결정적인 과실로 일어난 경우에는 교육 쪽에서 뒷받침할 부분이 있습니다. 또 종종 책임의 소재가 아주 모호한 경우가 있어 시비가 붙기도 하는데요. 그러한 경우에도 우리 학생들이 억울한 피해를 보지 않는 선에서 해소할 수 있도록 구조적인 노력을 해나갈 겁니다.

지승호 9월 1일에 간부 공무원 정기 인사를 두고 일부 신문에서는 전문계고 담당 인력 축소에 대한 우려를 보였습니다. 최근 전문계고를 방문해서 지원을 약속한 것과 상반되는 조치가 아니냐는 지적도 있던데요.

김상곤 전문계고는 정확한 수는 나중에 확인해봐야겠지만 경기도에 124개 정도 되는데요. 정부에서 전문계고를 전체적으로 조정하려고 합니다. 전문계고 중에는 일반고하고 병행하는 복합적인 전문계고가 있는데요. 일반고하고 병행하는 전문계고는

(정체성이 모호하니까) 양자택일하도록 요구하고, 그 밖의 전문계고는 점차 특성화고로 만들어가는 것이 정부 정책입니다. 그런 식으로 전문계고의 수를 줄여가는 게 정부의 기본적인 전문계고 정책이라서 우리도 따라가는 건데요. 지금의 열악한 조건에 놓인 형태가 아니라 그 수를 줄이는 대신 특성화고로 전환시켜 나가면서 전문계고 교육의 질적 수준을 높이겠다는 것이 개선의 취지예요. 그런 과정에서 전문계고의 수가 줄어듦에 따라 그것을 뒷받침하는 부서도 변화시키는 건데, 그렇다고 해서 담당 부서의 인원을 크게 줄인다거나 지원을 줄이는 것은 아닙니다. 124개에는 특목고 전문계고나 마이스터고도 있고, 이미 특성화고가 된 곳도 있어요.

지승호 아까 위기 학생을 줄이는 것이 중요하다는 말씀을 하셨는데요. 전문계고에서 대학에 진학하지 않고 취업하는 경우 열악한 비정규직이 될 가능성이 클 텐데요. 그 아이들이 사회에 나가서 어떤 시민이 될지에 대한 교육보다는 주로 기능적인 교육이 이루어질 텐데, 그 아이들에게 사회구성원으로서 자부심을 심어줄 교육도 필요하지 않을까요?

김상곤 전문계고 학생들이 졸업하고서 취업으로 나가는 비율이 아주 낮아졌습니다. 지금은 20퍼센트 안 되는 수준이에요. 높다고 해봐야 30퍼센트 안팎인데요. 나머지 70퍼센트 이상은 대학 진학을 하거나 군대를 가고, 그중 상당수는 실업상태에 놓이기도 하는데요. 그러다 보니까 전문계고의 전문성 교육이 상당히 불안한 상태죠. 가장 바람직한 것은 이 아이들이 바로 거기에서 전문성 교육을 받아서 취업을 하는 겁니다.

우리는 지난해부터 전문계고 졸업생의 취업과 관련하여 기업과 MOU(양해각서)를 맺기 시작하고 있습니다. 해당 전문 분야에 필요한 전문계고 학생을 바로 원하는 기업들이 있는데 학생들 대부분은 대학 진학 때문에 조금 망설여요. 그런데 이 전문계고 학생들이 대학을 나와서 취업을 얼마나 더 잘할지는 사실 미지수거든요.

아시다시피 우리 사회는 고용구조가 아주 편향되어 있지 않습니까. 현재 절반이 넘는 비정규직 비율이 오히려 늘어나고 있는 상황인데다, 학력 간 임금격차도 상당하잖아요. 그래서 망설이는 거예요. 전문계고만 나와서 곧바로 취업하는 게 여러모로 불리하고 불안정하니까요. 그럼 대학 생각 안 할 수가 없겠지요. 게다가 대학들도 전문계고 학생들까지도 다 흡수하려 노력하고 있는 판이니까요. 그러한 것들이 맞물려서 전문계고의 교육이나 학생들의 관심도 대학입시 중심으로 흘러갈 수밖에 없게 된 겁니다.

그래서 우리가 일부 특성화된 전문계고를 통해 잡은 목표가 선취업·후진학입니다. 진학을 하지 말라는 게 아니라 먼저 취업을 하고서 다양한 형태의 대학 제도를 활용하자는 것이지요. 기업 내에 대학이 설치되어 있는 곳도 있고요. 전문계고의 본래 취지를 살리기 위해서는 이런 방식이 바람직하다고 봅니다.

대학입시에 예속된 초중등교육을
어떻게 풀 것인가

지승호 8월 26일에 발표된 교과부의 수능개편안을 보면 국영수 비중이 확대된 것이 특징인데요. 안 그래도 비중이 높은 상황에서 국영수를 잘하는 학생들이 인생에서 굉장히 유리한 위치를 선점해버리는 것 아닙니까? 문제가 있다고 생각하는데요. 물론 개편안에 불과하다고 물러서긴 했지만, 그런 것을 내놨다는 자체에 의구심이 가고요. 나머지 선택과목은 줄였지 않습니까?

김상곤 아직 구체적으로 얘기할 계제는 아니지만 기본적으로 국영수가 더 강조되는 것은 적절하지 않다고 봅니다. 학생들에게 편식을 강요하는 셈이죠. 그리고 과학탐구, 사회탐구 중에서 택일하는 것인데, 대학입시가 중등교육을 좌우한다는 면에서 보면 우리 교육 전체를 상당 정도 왜곡시킬 가능성이 있기 때문에 아주 신중하게 재검토되어야 할 것으로 봅니다.

지승호 그 부분에 대한 대응도 곽노현 서울시 교육감과 스타일 차이가 있는 것 같은데요. 곽 교육감은 강하게 반발하지 않았습니까? 김 교육감님은 좀더 신중하게 대응하시는 것 같고요.

김상곤 지금 말씀드린 대로 발표한 안에 대한 문제의식은 공유하는데요. 요는 어떻게 할 거냐 하는 책임 있는 대안까지도 제시해야 한다고 봅니다. 초등교육과 고등교육을 아우르는 전반적인 교육체계를 어떻게 가져가는 것이 바람직한가를 구체적으로 검토해야 한다고 보고 지금 내부에서 해당 분야 전문 교수들과 논의하고 있습니다.

안순억 수능이라든가 대학입시 개편안이 수시로 바뀌잖아요. 풍선효과처럼 어느 한 부분의 문제를 개선하면 어느 한 부분이 불거지고요. 모두 다 이른바 SKY(서울대, 고려대, 연세대)로 몰리는 그 구조 자체가 해소되지 않는 한 제도를 부분적으로 손댄다고 해서 해결될 일이 아니거든요. 개편안이 나오고 나면 (학자로서) 문제점을 지적하는 것은 어렵지 않은데, 구체적인 대안까지 제시해야 하는 교육감님의 입장에서는 신중하고 조심스러울 수밖에 없지 않나 생각합니다.

지승호 말씀하신 것처럼 SKY로 몰리는 구조 자체를 바꿔야 할 텐데요. 거기에는 몇 가지 방식이 있을 수 있지 않습니까. 미국식으로 학교마다 상대적으로 강한 전공과를 특성화하는 방법이 있을 거고요. 프랑스식으로 아예 이름을 파리 1대학, 10대학 하는 식으로 강제 평준화(?)를 시킬 수도 있는데요. 우리나라는 일직선의 서열화 구조라서 어느 대학을 가느냐에 따라서 인생의 등급이 어느 정도 정해져버리지 않습니까. 그것을 개선할 방법은 뭐라고 보십니까?

김상곤 그걸 지금 바로 얘기하기는 적절하지 않다고 보고요. 아까 말씀드렸듯이 그러한 것까지 포함해서 토론을 하고, 내부에서 내년 초쯤 그와 관련하여 책을 하나 내려고 합니다.

안순억 교육감님이 신년기자회견에서 그 부분을 언급했습니다. 기자회견문에도 나와 있는데요. 초중고 교육이 대학교육에 예

경기 수원 삼일상고를 방문하여 학생들을 격려하는 모습

학교와 학생 그리고 교육을 살리는 길

속되어 있는 건 분명하잖아요. 그래서 그 자체의 교육기능을 온전하게 수행할 수 없다는 거고요. 실제로 초중등교육 쪽에서 대학교육을 어떻게 바꿔야 한다는 얘기는 그동안 하기 어려웠던 측면이 있습니다. 그 부분은 대학이나 교과부가 알아서 하는 것으로 치부해온 것인데, 초중등교육의 향방이 대학입시에 달려 있는 만큼 초중등교육을 책임지고 있는 교육감으로서 대학입시나 대학제도에 대해서 당연히 의견을 제시하고 책임 있는 역할을 요구할 수 있다는 겁니다. 대학입시 관련 연구·정책 단위들을 교육청 차원에서 만들고, 정책 연구를 해서 제안하는 방안을 검토·진행해야 한다고 생각하시는 거죠.

김상곤 그렇게 말씀드린 적이 있고요. 아무튼 초중등교육을 대학입시나 대학교육의 예속으로부터 풀어내서 그 자체로서의 교육을 살려야 합니다. 초중등교육의 본질, 그러니까 아이들 성장과정에 필요한 다양성과 그 수준에 맞는 내용을 회복해야 한다는 생각이죠. 물론 입시를 아주 무시할 수는 없지만, 초등학생이라면 국제적으로 어떤 것을 배우고 어떤 상황 속에서 학교생활을 하게 만들어야 하느냐, 하는 것에 초점을 맞추는 것이고요. 중학생이면 또 거기에 맞춰서 하는 것이고, 고등학생은 역시 입시에 직면해 있기 때문에 입시를 감안하면서 어떻게 할 것이냐 하는 부분을 4+2 정책으로 구상하고 있죠.

그게 뭐냐면, 중고등학교 6년 가운데 4년은 기본적으로 초등학교부터 이어져오는 창의력과 상상력을 살리는 종합적인 학력과 인성 발달 교육과정으로 이어가고, 마지막 2년(고 2, 3학년)은 초등학교 1학년부터 10년 동안 쌓아온 잠재능력과 학습능력을 기반으로 해서 대학입시로 연결될 수 있는 교육으로 전환하는 것이 필요하다고 봅니다.

지승호 "전문성과 시민정신 두 가지 모두 갖춰져야 글로벌 리더"라고 하셨는데요. 우리가 전문성 교육이 상당히 약하지 않습니까. 아이들의 개성에 맞는 전문교육이 상당히 약한데요. 전문성을 기르기 위해서는 어떤 교육을 실시해야 한다고 생각하십니까?

김상곤 교수 학습방식이라든가 평가방식을 개혁해나가고 있는 과정입니다. 그동안의 교수 학습이 주입식, 암기식, 일방적인 강의 방식이었다면 앞으로는 체험학습을 포함해서 토론 방식, 협동·협력 방식으로 전환하고, 그러면서 기본적인 학력의 다양성, 질적인 심화를 꾀하고자 하는데, 거기에 가장 중요한 것이 인문학 교육이라고 생각합니다. 예술을 포함한 인문학을 얼마나 접하고, 거기에서 자기의 학력 기반을 닦아낼 수 있느냐가 참 중요하다고 봅니다. 인문지성적인 학력 진작이라는 표현도 쓰고 있거든요.

그런데 인문학적인 소양은 꼭 인문학 서적만 탐독한다고 해서 갖춰지는 것이 아니라 구체적인 자기 삶 속에서 감성을 풍부하게 하고 인문적인 소양을 쌓을 수 있는 체질을 만들면서 갖추어진다고 봅니다. 따라서 학교생활을 보다 자유롭고 자율적으로 할 수 있도록 만들어주는 것이 필요하겠지요. 아까 들어오면서 보셨는지 모르겠는데, 군포·의왕 교육청 입구에 "학교는 자유롭게, 학생은 행복하게"라는 슬로건이 걸려 있습니다. 자유와 자율을 학생들이 기본적으로 누리면서 그 바탕 위에서 자기 소양과 소질에 맞는 자양분을 섭취해나간다면 충분히 자기 전문성을 갖춰나갈 수 있다고 보는 거죠.

지승호 가령 아이가 다른 공부는 못하지만, 동물을 사랑해서 동물에 대해서는 수의사에 버금가는 지식을 갖고 있다고 할 경우에요. 결국 그 아이가 수의과에 가려면 국영수도 어느 정도 해야 가능할 텐데요. 그게 한계이지 않습니까. 결국 대학을 나오지 않으면 자기가 원하는 꿈을 이루기가 힘든 상황이고요.

김상곤 그래서 드린 얘기입니다. 가령 지금 말씀하신 대로 아이가 동물에 대한 남다른 애정과 관심이 있고, 그것에 대한 탐구욕도 있어서 그쪽으로 쭉 나간다고 하면, 그걸 제도적으로 뒷받침할 필요가 있지요. 혁신학교가 바로 그런 겁니다. 초등학교 수준에서는 동물 키우기라든가, 악기 다루기라든가, 식물 키우기라든가 하는 것들을 시키고 있는 학교들이 있거든요.

그런 면을 본인이 쭉 지속적으로 함양해나갈 수 있다면 대학은 그것을 가지고서 판단할 수 있도록 입시정책이 조율되어야 합니다. 실제로 지금 대학에서는 해당 분야에서 특출한 능력을 발휘한 사실이 객관적으로 증명이 되는 경우에 특차로 선발하기도 하잖아요. 초중등 과정에서 자기가 잘할 수 있는 것을 전문가 수준으로 키워낸다면 그것을 가지고 대학의 전공 분야에서 그 정도면 충분하다고 뽑을 수 있죠. 분야에 따라서는 대학에서 (비록 영어나 수학 잘 못하더라도) 그 정도면 해당 전공 분야에서 충분히 자기 역량을 발휘할 수 있다고 판단할 수 있겠지요.

지승호 교육감님께서는 학생들에게 가르쳐야 할 시민정신이란 무엇이라고 생각하며, 그것을 기르기 위해서는 어떤 교육이 필요하다고 생각하십니까? 예전에 국민윤리 하면 좀 지루한 시간, 좋은 얘기만 나열하는 뭔가 위선적인 느낌이 드는 그런 시간이었던 것 같은데요. (웃음)

김상곤 시민정신이라면 윤리 관련 수업에만 한정되진 않겠죠. 전체 학교활동을 통해 체계적인 교육이 이루어져야지요. 모든 수업 시간은 물론 수업 외의 활동 과정에서 시민정신은 함양되어야 하고, 될 수 있다고 봅니다. 예를 들면 경기도에서 지금 학교문화를 바꾸기 위한 3대 요소를 제시하고, 학생들이 갖춰나가도록 권장하고 있거든요. 우선 존중해야 한다는 겁니다. 동료도 존중하고, 교사도 존중하고, 시민사회도 존중하고, 학생도 존중해야 되고요. 나머지 두 가지는 배려하는 마음, 나누는 마음입니다. 이렇게 존중·배려·나눔 3대 요소는 학교문화를 바꾸는 데 있어 학생들이 갖춰나가야 할 기본 소양이라고 생각합니다.

지금 말씀드린 존중·배려·나눔은 꼭 책 속에서 얻는 것은 아니지 않습니까. 다양한 학교생활을 통해 얻는 부분이 더 크다고 봅니다. 정규 수업 말고, 아이들의 취미나 특기 활동이라든가 다양한 청소년 단체 활동을 장려하여 그 속에서 시민정신을 기르도록 하는 것이 필요하지요. 그동안은 워낙 공부, 공부 하다 보니까 아이들의 그런 활동들이 극도로 제한되고, 심지어는 시간낭비라는 의식이 팽배해 있었죠. 그건 크게 잘못된 상황이라고 봅니다.

시민정신이 학력과 무관하다고 생각하면 큰 오산입니다. 시민정신은 학력이나 경쟁력과 직결되는 문제라고 봅니다. 그러니까 존중하고 배려하고 나누는 것을 통해, 예를 들어 동료 사이에 서로 모르는 것을 가르쳐주고 부족한 부분을 채워주는 과정이 자연스럽게 이루어질 수 있다고 보면 시민정신이 왜 학력과 직결되는 건지 알 수 있습니다. 지금의 상황은 대학은 물론이고 초중등 아이들끼리도 그런 배려나 나눔이 상당히 약한데요. 서로를 위해서 이젠 그런 고립과 폐쇄성에서 벗어나야겠죠. 우리 교육도 그런 쪽으로 뒷받침해줄 필요가 있고요.

그리고 경쟁력이라는 게 뭡니까? 국제경쟁력? 물론 상품의 국제경쟁력 하면 우선 원가나 비용 또는 품질을 떠올리겠지만, 더 중요한 요소는 마케팅이죠. 마케팅 능력, 국제시장을 파악하는 정보력도 국제경쟁력의 중요한 요소 아니겠어요. 그런데 그런 마케팅 능력이나 정보력은 국제시장에서 활동하는 참여자들하고의 관계 형성이 제대로 안 되면 약화될 수밖에 없습니다. 그런 능력은 바로 인성이나 감수성 교육을 통해서 키울 수 있습니다. 그것도 바로 시민의식에 포함된다고 봅니다.

그동안에는 너무 일면만 가지고 경쟁력을 논의해온 측면이 강했지만 이제는 인적 요소까지 포괄해서 얘기할 수밖에 없는 상황이 되었습니다. 더구나 한 해에 1조 달러 수준의 무역규모가 된 상황에서는 그런 인적 경쟁력이 더욱 절실하게 필요하지 않겠어요. 세계시민으로서의 의식을 제대로 갖추지 않고서는 인적경쟁력을 온전하게 확보해낼 수 없다고 봅니다. 그렇다고 해서 모든 사람이 영어를 비롯한 외국어를 잘해야 한다는 얘기는 아녜요. 그것과는 또 다른 의미죠.

지승호 사람을 대하는 데도 교양과 매력이 중요한 요소일 텐데요. 우리는 영어라는 수단만 강조하는 경향이 있지 않습니까. 모 기업 회장이 스필버그를 만나서 전자산업 얘기만 하니까 스필버그가 상당히 지루해했다는 얘기도 있던데요. (웃음)
 교육감 취임사에서 "타인과의 배타적 경쟁문화 속에서 자신만을 생각하는 학생들은 진정한 애국자가 될 수도 없고, 인류사회에 건강한 기여도 할 수 없습니다. 국제적으로 다른 문화를 이해하고, 타자와 공존하고 소통하며, 평화를 건설해 나가는 진취적 능력이 진정한 국제경쟁력입니다"라고 하셨는데요.
 대개 보면 우리 아이들은 외국에 보내놔도 달랑 어학만 배우고 오지, 그 나라의 문화를 이해하려는 의지나 자세가 부족한 것 같아요. 국제행사 같은 데서도 보면 외국 아이들은 다른 나라 아이들에게 말도 걸고 호기심도 보이고 하는데, 우리나라 아이들은 자기들(한국 아이들)끼리만 어울리는 경향이 있다고 하더라고요.
 지금 외국인 신부들이 굉장히 많이 들어와 있는데, 그 자녀들의 수도 급증하고 있지 않습니까. 그 사람들의 문화를 이해하고, 같이 가려는 배려도 필요할 텐데, 우리는 무조건 우리에게 동화시키려는 정책을 쓰는 것 같거든요.

김상곤 우리 경기 교육에서는 인문·예술적 소양 함양을 기초로 삼겠다고 강조해왔는데요. 인문·예술 부분이 인간이 인간일 수 있게 하는 요소를 형성하고 있죠. 감성과 이성을 종합적으로 포괄하는 것이잖아요. 인간으로서 가지는 풍부한 감성과 이성을 통합적으로 길러낸다면 인종과 민족 그리고 국가를 떠나 기본적으로 사람에 대한 관심과 애정을 갖게 마련일 겁니다. 그것이 관계의 첫째 아니냐는 거죠.

국제관계든 국내에서의 인간관계든 상호 존중의식이 기본입니다. 거기에 우리 문화가 있으면 상대방의 문화도 있고, 우리 문화가 소중하다면 상대방의 문화도 그만큼 소중한 거죠. 또 저마다의 문화에는 우월한 면도 있는 것인데, 서로 그걸 알아주고 인정하는 자세가 필요합니다. 그러려면 문화를 보는 탐구 능력을 기르고 역사에 관련된 지식을 쌓아야 합니다. 상대의 생활양식과 문화를 이해해야 비로소 상대의 마음에 다가갈 수 있지 않겠어요. 이런 게 바로 세계시민으로서의 기본 조건이라고 봅니다.

사실 이제는 나라 밖이 아니라 나라 안에서도 세계시민의식이 필요하게 되었습니다. 우리나라도 급속하게 다문화하고 있잖아요. 특히 농촌에서는 더 그렇죠. 이건 사회경제적인 발전에 따른 세계화 속에서 피할 수 없는 상황인데요. 우리는 이런 다문화 현상을 수동적이 아니라 보다 적극적인 자세로 우리 사회문화와 융합해내야 한다고 봅니다. 지금은 다문화 가족, 다문화 학생 문제가 우리 교육계의 중요한 화두 중 하나인데요. 다문화 가족은 이제 안산을 비롯한 경기도 전역에 산재해 있습니다.

그리고 다문화 가족들은 자녀 교육뿐 아니라 한국사회에 적응하고 뿌리를 내리기 위해 엄청나게 노력하고 있는데, 그러한 부분을 우리가 충분히 이해하고 지원하는 한편으로 그들과 어떻게 긍정적인 융합을 이룰 것인가에 대해 고민해야 할 것입니다. 교육에서도 마찬가지로 다문화 자녀들, 다문화 학생들을 어떻게 자연스럽게 한국사회와 결합시켜낼 것인가 하는 게 우리 고민의 초점이죠. 그래서 제가 들어와서 이중언어 교육이라든가 여러 가지 다문화와 관련한 교육활동의 지원 폭을 넓혀가고 있긴 하지만, 아직은 다문화 교육 시스템을 만들어가는 과정에 있다고 말씀드릴 수 있습니다.

교육은 이데올로기를
생산하고 확산하는 작업

지승호 시골 같은 데는, 농촌 총각들이 외국인 신부와 결혼을 많이 해서 어떤 곳은 다문화 가정 아이들이 전체의 거의 3분의 1에 이른다고 하던데요. 경기도도 이미 외국인 노동자가 적잖은 상황에서 문이 더 넓어지면 다문화 가정이 더욱 급격하게 늘어날 거고요. 그 아이들이 학교에 들어가면 문화적인 충돌이 있을 텐데, 그에 따른 대비는 진행되고 있습니까?

김상곤 이미 대비하고 있고요. 그런 학생들이 경기도에만 5000명 이상 될 겁니다. 그 학생들이 어떻게 하면 소외되지 않고 한국 문화와 사회 그리고 교육 시스템에 적응하고 융합할 수 있게 하느냐가 가장 고민하는 지점이죠. 그 아이들을 특별 배려하는 사업을 할 경우에 오히려 그 학생들이 차별을 느끼게 만들 수도 있거든요. 가령 어느 경우에 "수학 못하는 누구누구 모여" 하고

남겨서 보충학습을 한다면 그 학생들은 공부 못하는 아이로 찍히는 거잖아요. (웃음)

다문화 가정 학생들은 당연히 우리말에 서툴고 우리 문화에 낯선 면도 있어서 책을 읽어도 이해가 안 되는 부분이 많을 텐데, 그러한 것을 부작용 없이 보완해주려면 아주 세심한 교육 프로그램 개발이 필요하다는 생각을 하고 있죠. 하나씩 개발해서 시행하고 있습니다만, 아직 많이 부족합니다. 그리고 아직도 우리 사회는 (배달민족이나 백의민족이라는 표현은 요새는 쓰지 않습니다만) 배타성이 강하게 남아 있죠. 자본주의 사회 가운데 배타성이 가장 큰 사회 중 하나 아닙니까.

에바다에서 아이들과 함께 도자기를 빚는 모습

지승호 대규모 차이나타운이 없는 유일한 나라라고 하죠. (웃음)

김상곤 화교가 경제력을 그렇게 약하게 갖고 있는 나라가 우리 나라밖에 없다고 하니까요.

지승호 겉보기에는 그렇게 배타적으로 보이지는 않는데, 다른 것에 대한 경계심이나 두려움 때문일까요?

김상곤 심리적인 부분까지는 모르겠지만, 별로 웃지 않고, 모르는 사람에게 좀처럼 말을 걸지 않고, 말을 걸어오는 사람에게는 경계심을 갖고 하는 것이 겉으로 나타나는 특성이지요. 그리고 유난히 "우리끼리"라든가 하는 "우리"를 강조하는 언어습관에서도 배타성을 엿볼 수 있죠.

지승호 시골 할머니들 보면, 낯선 외국인이라도 우리말로 반갑게 맞으면서 엉덩이 툭툭 치고 그러는데요. 그 할머니처럼 못하는 게 어떻게 보면 한국전쟁 이후의 역사 과정에서 서로를 불신하게 된 게 아닌가 싶기도 하고요.

김상곤 역사적인 결과라고 봐야죠. 이민족의 침략 과정에서 형성된 면도 있고, 그다음에 일제강점기부터 이어져온 특히 해방 공간에서부터 본격화된 사상투쟁 문제도 있지 않겠어요. 그런 속에서 자칫 잘못하면 손해 볼 수밖에 없다, 그러니 어느 편도

들지 않겠다고 하면서 경계심을 키우게 된 거죠. 사실 이른바 식자층이나 상류층이야 시류나 대세에 영합하여 변절과 변신을 일삼았다지만 일반 민중이야 목숨 부지하려면 강요된 선택에 따를 수밖에 없는 역사적 상황이 빈번했잖아요. 그렇게 보면 어느 한 개인의 잘못이라기보다 역사성과 사회성 속에서 형성된 특성이 아닌가 싶습니다.

안순억 어떻게 보면 사대주의가 깊게 뿌리내린 사회는 역으로 배척이나 배타도 그와 똑같은 무게로 작동하는 것 아닌가 하는 생각이 듭니다.

김상곤 그런 표현도 있죠, 아제국주의. 거기에 한국도 낀다고 하는데, 제국주의적인 침략을 당해 제국주의적인 개입 속에서 성장해온 나라가 그와 비슷하게 우리보다 못한 나라에 제국주의적인 접근을 하는 것 아니냐는 비판적인 시각도 있잖아요.

지승호 그런 역사를 극복하기 위해서라도 역사를 배워야 할 텐데요. 한국전쟁에서 어떤 일이 있었고, 어떻게 해야 그것을 극복할 수 있을까 하는 교육이 절실할 것 같은데요. 그런 교육은 엄두도 못내는 상황이지 않습니까. 그걸 정치적이라고 해석해 버리고요. 그래서 반공 교육 위주가 되어버리는 것 같습니다.

김상곤 그런 얘기까지 이런 인터뷰에서 해야 할지 모르겠는데요. 단적인 예로 역사 전공자들 중에 근현대사를 제대로 하는 분들이 많지 않습니다. 그리고 근현대사를 한다는 것은 우리가 근현대사를 통해 겪어왔던 국가 발전의 종합적인 문제뿐 아니라 사상적인 문제 등 모든 것을 검토하면서 역사 사실을 평가하고 조명하고 그것을 근간으로 해서 글을 쓰고 가르치고 해야 하는데, 사실은 그게 부담스러운 거죠.

지금도 학문의 자유, 사상의 자유, 언론의 자유가 온전하게 보장되지 못하고 있는 상황이잖아요. 물론 아직도 분단국가 상태여서 그에 따른 영향을 강하게 받을 수밖에 없는 면도 있지만, 우리 정치권력의 성격이라든가 한미관계를 비롯한 편향된 국제관계 속에서 비롯된 면이 크죠. 그러다 보니까 최근 역사교과서 내용 수정 논란 과정에서 보듯이 다시 예전의 반공주의적인 시각으로 돌아가려는 움직임들이 나타나고 있잖아요. 아직도 역사를 인식하는 균형성이 확보되지 못하고 있다고 볼 수 있습니다.

초중등교육에도 그런 일면이 있는데, 그것을 탈피하고자 하는 일부 교사들의 노력이 때로는 편향되게 나타나다 보니까 문제가 생기는 경우도 있는데요. 아무튼 그동안에 우리 사회의 민주주의 진전과 함께 적잖이 변화되어 왔지만, 아직도 자유와 평등 면에서는 역사 해석이라든가 현대사 조망이라든가 하는 것에서 변화되어야 할 점이 많다고 생각합니다.

지승호 교육에서 정치적인 요소를 다 배제할 수는 없지 않습니까. 교권보호헌장 제2장 제5절의 교사의 책무를 보면 "교사는 교육활동 과정에서 정치적·종교적 중립을 유지할 수 있도록 노력하여야 한다"는 구절이 나오는데요. 이게 논란이 될 수 있는 부분도 있지 않습니까.

김상곤 헌법상의 교육자치 정신과 관련해서 교육의 자주성, 전문성, 정치적 중립성이라는 것이 있거든요. 그것에 따른 겁니다. 헌법에서는 교육 내용의 정치적인 중립성은 물론 교원의 정치적인 중립성도 강하게 요구하고 있거든요. 다른 나라보다 훨씬 더 강하게 요구하고 있어요. 서명 교사 문제도 교원의 정치적인 중립 조항에 따른 것인데요. 달리 말해 정치활동 금지라고 되어 있는데, 교원노조법과 공무원법에도 있어요. 요는 정치활동 또는 정치행동 금지의 경계를 어디까지로 볼 것이냐 하는 문제거든요. 지금까지 사법부의 판단으로는 대체로 "정당과 직결되는 정치활동 또는 정치행동"으로 제한하려고 해왔어요. 판례로 보면요. 그러나 이것도 좀 모호한 구석이 있죠.

지승호 전교조 교사들의 교육에 대해서 이념적이라는 비판들이 있었는데요. 이런 조항하고 충돌되는 부분이 있지 않을까요?

김상곤 객관적으로 보면 교육은 이데올로기를 생산하고 확산하는 작업이라고도 할 수 있는데요. 이런 이데올로기는 기본적으로 정치권력의 영향을 받지 않을 수 없습니다. 어느 사회나 마찬가지죠. 그런 면에서 보면 정치권력이 가진 이데올로기적 배경에 어긋나거나 배치되면 그것을 문제 삼는 것이 정치권력의 일반적인 속성입니다.

그런 면에서 일반적으로 의식화라는 표현을 쓰면서 비판하고 비난하는 경향이 나타나는데요. 인간에게 시민의식이나 주체의식을 갖게 하는 것은 반드시 필요합니다. 사실 의식화라는 용어의 기본 의미는 편향된 가치나 이념에 따른 내용이 아닌데, 그것을 어느 쪽에서 어떻게 사용하느냐에 따라서 이데올로기적인 뉘앙스를 담게 되는 거죠.

안순억 1980년대에 나왔던 말 중에서 제가 여전히 공포감을 갖고 있는 것 중 하나가 '의식화 교사'거든요. (웃음) 그건 분명하게 좌경화된 교사라는 의미인데요.

김상곤 쉽게 말하면 빨갱이 교사라는 거죠. (웃음) 그때는 좌경 교사라는 말도 많이 썼죠.

지승호 정당 가입 교사 징계 의결을 다시 유보했다고 나오던데요. 그런 결정을 하신 배경이 있습니까?

김상곤 통상적으로 징계위원회에서 어떤 사안에 불비한 면이 있다고 볼 경우에 1심 판결까지 유보하는 일이 있습니다. 그런 수준에서 징계위원회가 내린 결정입니다. 징계위원회에 회부했던 것은 정당활동을 중심으로 본 겁니다. 교사들이 정당에 가입했고 당비와 후원금을 낸 기록이 있기 때문에 그 자체는 실정법 위반이라고 보고 징계위원회에 회부한 거지요.

안순억 사실 우리 사회에서 정치적 중립성이라고 하면 고무줄 개념이 있어요. 필요에 따라서 자의적으로 해석할 여지가 너무 많은 거죠. 외국의 경우에도 교육이 종교나 정치로부터 중립적이어야 한다는 요구가 있지만 그게 기계적인 중립 개념은 아닌 것 같아요. 우리는 어떤 때는 기계적인 중립을 요구하다가도 1970년대와 같이 철저하게 정권 이데올로기를 재생산해내는 일이 계속 반복되어 왔잖아요. 지금 상태에서 특히 이 정부 들어와서 정당 가입 교사 문제에서 보듯이 정치적 중립성을 자의적으로 해석하는 경향이 농후해진 것 같습니다.

김상곤 가령, 프랑스를 비롯한 많은 나라에서 아이들에게 일방적으로 정치적인, 편향적인 교육을 시키라는 곳은 아무데도 없습니다. 그러면서 아이들의 사상의 자유, 표현의 자유를 충분히 감안해서 교육하도록 하는 거죠. 그러면서 교사들은 어느 정당의 당원도 될 수 있고요. 설사 어느 정당의 당원이더라도 그 정당 편향적 교육을 하면 안 된다는 것이 기본적인 교육방침인데, 그것만 철저히 지키면 되는 거예요.

그런 반면에 우리는 정치적 중립 문제를 너무 기계적으로 해석하고 적용하는 면이 강합니다. 그런데 어느 사회나 마찬가지 겠지만, 해석 주체(일차적으로는 중앙권력과 지방권력 그리고 교육지 자체권력, 최종적으로는 사법권력)의 성격이나 성향에 따라 중립성을 해석하는 잣대가 다르겠죠. 또 때로는 정치적인 이해관계나 이념편향이 작용하기도 하고요.

지승호 흔히들 진보는 무조건 경쟁을 배격한다고 오해할 수 있을 것 같은데요. 경쟁이 필요할 때도 있지 않습니까?

김상곤 그럼요. 지금 한국사회가 기반을 두고 있는 것이 시장자본주의이니까요. 시장자본주의가 지닌 기본적인 성격을 모두 배제할 수는 없습니다. 그리고 교육에서도 교육이라는 공공성이 전제되는 속에서 시장자본주의가 지닌 속성이 작동될 수밖에 없습니다. 그 핵심 속성의 하나인 경쟁논리도 당연히 작용하겠지요. 하지만 경쟁은 교육의 공공성과 공익성에 기반을 두고 적절한 수준에서 조절되어야 한다고 봅니다.

교육을 시장자본주의적 관점에서 바라보고 그런 차원에서 경쟁을 교육에 적용시키려 하는 게 작금의 무한경쟁방식이고, 어떻게 보면 교육에서의 이것은 산업시장에서보다 훨씬 더 치열한 조건으로 치닫고 있지요. 시장에서는 상품의 질과 가격을 통해서 소비자의 선택을 받는 건데, 여기서는 학생의 배경 즉 가족의 경제력이나 부모의 학력 또는 사회적 지위가 크게 작용하는 상황이다 보니까 오히려 산업시장에서의 경쟁논리보다 훨씬 더 편향되고 왜곡되어 있습니다. 불공정한 경쟁 시스템인 거죠.

혁신학교 사업은
붕괴된 공교육을 다시 세우는 작업

지승호　혁신학교를 구상하게 된 배경은 뭔가요? 김상곤식 혁신학교로 공교육을 정상화시키겠다는 말씀이신데요.

김상곤　그렇죠. 혁신학교 만들기는 한마디로 왜곡된 교육구조의 정상화 작업입니다. 교실이 붕괴되고 공교육보다 사교육에 대한 의존도가 갈수록 높아지면서 학부모나 학생들로부터 공교육이 불신을 받고 있는 상황 아닙니까. 이것을 바꾸어내지 않으면 안 된다는 절박한 심정에서 그 전환의 모형으로 혁신학교를 제시한 겁니다.

안순억　혁신학교라는 이름 자체가 크게 중요해보이지는 않습니다. 대안 모델들을 만들어야 할 텐데요. 그동안 정부에서는 대안 모델로서 특목고 같은 고교 다양화 정책들을 시도해왔는데,

그것들이 오히려 교육을 더 왜곡시킨 측면이 있다는 겁니다. 결국은 교육공동체의 자발성에 기초한 새로운 학교문화를 만들어가는 어떤 모델이 필요한 것인데, 그것의 이름이 바로 혁신학교입니다.

김상곤 다들 생각한 거죠. 경기도만이 아니라 다른 지역에서도 다들 노력해온 사례들이 있어요. 부산의 금성초등학교, 전북 완주의 삼우초등학교, 경기도 광주의 남한산초등학교 등이 그런 노력의 사례들이에요. 이번 경기도에서의 의미는 그런 노력을 교육청이 중심이 되어서 제안하고 권장하고 있다는 데 있습니다. 권장이란 표현을 쓴 것은 어떤 프로그램을 강제하는 차원이 아니라 자발적으로 그 학교의 특성에 맞는 프로그램을 개발하도록 지원하고, 그러한 학교들이 네트워크를 형성하여 유기적으로 교류하고 협력하도록 권장한다는 의미입니다. 교육청은 다만 교육행정 센터가 되어서 그러한 것을 뒷받침하고 조율하는 역할을 한다는 것입니다.

물론 이전에도 정부를 비롯하여 교육 관련 기관들이 학교를 정상화하자, 공교육을 내실화하자는 취지로 여러 가지 정책을 펼쳤지만 대개 일시적인 사업이나 구호에 그쳤습니다. 그리고 시행 과정에서 애초의 취지에서 크게 벗어나거나 변질되기도 했고요. 거기에 더 중요한 것은, 무한경쟁 중심의 교육정책 기조는 그대로 둔 채로 시행되는 공교육 내실화나 사교육 경감 정책 같은 것이 실효를 거두기는 어렵다는 거예요. 뿌리가 말라가는데 뿌리는 놔두고 잎사귀에 물을 준다고 그 나무가 살아나겠어요? 근본적인 한계죠.

따라서 경기도 교육청에서는 단기적인 정책이나 사업 수준이 아니라 경기 교육 전체를 바꾸어내고자 하는 지속적이고 미래지향적인 정책으로써 혁신학교를 제시한 겁니다. 혁신학교를 중심으로 혁신교육 정책을 제시하고 있다는 점에서 다르다고 볼 수 있죠.

지승호 혁신학교 하시면서 참고한 모델은 있습니까? 외국의 사례라든지.

김상곤 아까 말씀드린 국내 초중등의 모범 사례, 그리고 해외의 교육개혁 사례, 이미 성공한 핀란드를 비롯한 몇몇 나라의 오래 축적된 개혁의 경험 등을 참고해서 만들었고, 앞으로도 그런 것을 참고해서 우리 교육의 특색을 살리면서 해나가고자 합니다.

안순억 그 부분에서 삽화처럼 얘기하고 싶은 게 있어요. 제가 한 잡지사의 편집팀을 만나서 얘기를 나눴는데, 그분들이 전국을 다 돌면서 교사들하고 얘기를 나눴대요. 경기도에서 하고 있는 혁신학교에 대해 우리가 생각하고 있는 것보다 다른 분들이 훨씬 더 의미를 잘 정리해주시는 것 같아요. 그동안에 우리나라에서 학교를 개혁하고자 하는 것은 항상 그랬어요. 개혁의 주체가 되는 교사들, 그러니까 교육적 열정과 순수함을 가지고 교육의 본질에 충실하고자 했던 그 교사들의 움직임과 정부가 했던 움직임과 항상 따로 놀았거든요.

정부의 정책은 연구학교니 시범학교니 하는 무슨 학교를 지정해서 인센티브를 줘서 학교를 개혁하겠다는 것이었는데, 잠시 되는가 싶다가 일정한 기간이 지나면 사그라지는 식이었어요. 예전에 열린교육이라고 이름 지었던 것도 잠시 바람을 일으켰죠. 물론 열린교육의 취지는 크게 보면 좋거든요. 하지만 그것을 정부나 관이 주도가 되어서 밀어붙이기 식으로 움직이다 보니까 자발성을 이끌어내지 못한 치명적인 한계를 노출한 것이죠. 뭐든 자가발전이 되어야 지속가능성이 생기는 거잖아요. 자가발전은 자발성 속에서 일어나는 것이고요.

앞으로 혁신학교 같은 것들이 잘되어서 뿌리를 내린다면 우리나라에서 관(교육청)의 정책과 일선 학교나 교사들의 자발성이 융합되어서 만들어낸 학교개혁의 첫 성공사례가 될 겁니다. 달리 말해, 혁신학교에 대하여 교육공동체 속에서 일선 학교나 교사들이 자발적으로 움직일 수 있도록 교육기관이 지원하고 배려하고 서비스하여 학교개혁, 교육개혁을 이뤄낼 수 있는 굉장히 중요한 시발점이 될 거라고 외부에서 더 많이 얘기하고 있는 것 같습니다.

김상곤 그런 것 같아요. 제가 지난 6.2 지방선거와 관련해서 4월 21일에 예비후보 등록을 하고 그때부터 본격적으로 선거운동을 했는데요. 그러한 과정에서 경기도 31개 시·군도 열심히 다녔지만, 그런 중에서도 다른 지방에서 정책 간담회를 하자고 하면 다 갔거든요. 부산·창원·전주도 가고, 인천·서울도 가고 그랬는데요. 그런 과정에서 느낀 것은 물론 무상급식이 보편적인 교육복지 방식으로 부각되고 관심이 커졌지만, 그에 못지않게 공교육 혁신에 대한 관심들도 컸다는 거예요. 경기도에서 시도하고 있는 혁신학교 정책에 대해서 구체적으로 아는 사람들도 많았을 뿐더러 관심이 상당히 증폭되고 있다는 걸 느꼈지요.

아까 저나 안 선생님도 우리는 학교의 자발적인 노력에 대해서 지원하고 협력한다는 취지의 얘기를 했는데, 역시 요는 교육 관련 권력이죠. 행정지자체권력과 교육지자체권력이 학교현장을 주체와 중심으로 두고 지원하는 시스템으로 완전히 전환되어야 한다는 것이 지금 우리가 추구하는 시스템적인 사고입니다.

교육혁신을 위해 학교사회에서도 교사가 주체적으로 나설 수 있도록 뒷받침하고, 교사가 주체적으로 나서는 교육공동체를 폭넓게 구성할 수 있도록 지원하는 하나의 시범 사례를 만들어가고 있는 중이에요. 시범 사례라고 얘기하는 것은 아직 정착되었다고 볼 수 없다는 의미입니다. 앞으로도 위험 요소들이 단계별로 숱하게 도사리고 있는데, 그것을 신중하고 정밀하게 점검하고 극복해나간다면 공교육 정상화 또는 미래지향적인 학교교육의 선진화를 이룰 수 있는 정책으로 뿌리를 내릴 것이라 예상하고 있습니다. 또 그렇게 되기를 열망하는 거죠.

지승호 위험들이 단계별로 도사리고 있다고 하셨는데요. 어떤 위험들이 있는 건가요?

김상곤 학교가 제대로 되려면 학교를 구성하는 학교공동체의 각 공동 주체들이 각자 자기 역할을 하면서 상대 역할도 존중하고 관계 자체가 유기적으로 발전해야 하는 것 아니겠어요. 그런 경우에 교사들은 자발성을 가지고 적극적으로 하려고 하는데, 학부모들이 오해하면서 문제가 야기된다든가, 지휘자이고 리더인 교장선생님이 정작 소극적이라든가, 주체간에 미래지향적 가치의 공유 차이가 크다든가 하면 문제가 생길 수 있죠. 그것은 개별 학교의 문제고요.

학교와 학교 간, 지역의 학교군이 함께 나가도록 작업을 해나가는 데 있어 핵심적인 몇 개 학교가 소극성을 띤다든가, 그리고 잘 나가던 학교도 시간이 지나면서 구성원들의 의욕이 사그라지면 퇴행할 가능성이 얼마든지 있습니다. 그러한 위험요소들이 도처에 똬리를 틀고 있기 때문에 그것을 종합적으로 기획하는 가운데 지속적으로 문제를 보완해나가면서 발전을 꾀해야 합니다. 교육을 백년대계라고 하지 않습니까. 교육제도를 일시에 바꾼다고 해서 그 내용이 한꺼번에 모두 바뀌지는 않거든요. 어떤 제도, 어떤 조직이든 결국 사람이 바뀌어야 하는 것이고, 사람의 질적 수준이 변화되어야 하는 것이라서 시간이 걸릴 수밖에 없죠. 이런 제도가 모든 걸림돌이나 위험요소를 극복하고 뿌리를 내려서 우리 교육 전체가 바뀌고 선진화되려면 대체로 10년, 아니 20년 정도 걸릴 것으로 봅니다. 하지만 그에 필요한 기반 구축 작업은 앞으로 4, 5년이면 그 동력을 마련할 수 있을 겁니다. 그 동력이 탄탄하게 작동한다면 전체가 시스템으로 움직이면서 문제 요소들을 해소해나갈 수 있는 역량을 갖출 수 있다고 봅니다.

지승호 혁신학교의 시범학교를 정하는 기준은 뭔가요?

김상곤 가장 중요한 기준은 조금 전에 말씀드린 것과 연관이 되는데, 교장·교사·학부모 3자의 혁신적인 마인드 고도화 수준이죠. 혁신을 제대로 시켜보겠다는 마음들이 공유되어야 하고, 그에 따른 열정도 뒷받침되어야 하는 거고요. 단순히 마인드나 열정으로 그쳐서는 안 되고 구체적인 학교 단위의 정책과 계획으로 만들어낼 수 있어야 한다고 봅니다. 그런 잠재력과 능력을 갖추고 있느냐에 더해 특히 세 공동 주체의 혁신 의지가 가장 중요한 거 아니겠어요.

지승호 교사 대표, 학부모 대표를 면담한다거나 해서 테스트한다는 건가요?

김상곤 혁신학교를 지원하는 곳은 혁신학교를 어떻게 만들어갈 것인가에 대한 정책계획서를 내죠. 그러면서 거기에 얼마나 같이 동의하느냐, 특히 교사와 학부모가 얼마나 같이 동의하면서 그러한 정책과 계획들을 만들어낼 의지를 가지고 있느냐가 중요한 기준입니다. 또 교장선생님도 새로 오실 수도 있고 한데, 기존의 교장선생님이 동의를 하고 얼마나 협조를 하느냐는 것도 참고 요소죠.

지승호 2009년 13개교, 2010년 초반 20개교를 추가했는데요. 계속 추가해나가고 있지 않습니까. 일정은 어떻게 됩니까?

김상곤 2학기 때는 10개교가 추가되어서 43개교가 됐죠. 초등학교 22개, 중학교 14개교, 고등학교 7개교로 이번 2학기부터 운영될 겁니다. 앞으로 매년 50개교 내외를 추가 지정해나갈 계획인데, 일단 2013년까지 모두 200개교 정도를 혁신학교로 지정한 다음 2014년부터는 지역별로 확산하고 다시 혁신교육 벨트별로 확산해나가는 작업을 본격적으로 실행할 겁니다.

지승호 항간에는 혁신학교로 지정되지 않은 나머지 학교들이 위화감을 느끼지 않느냐는 얘기도 있고요. 혁신학교에만 예산을 많이 배정하지 않느냐는 얘기들도 있는데요.

김상곤 그것과 관련해서 혁신학교로 지정되고자 하는 학교가 과잉기대를 하는 측면이 있어요. 그리고 다른 대부분의 학교들은 "혁신학교를 너무 과대하게 지원하는 것 아니냐"는 우려도 하고 있습니다. (웃음) 실은 혁신학교는 교사가 중심이 되어서 학교를 바꾸어내는 겁니다. 교사의 자발성과 교육자로서의 본분에서 우러나오는 열정으로 바꿔나가는 게 기본이고, 거기에 학부모가 공동 주체가 되어서 만들어나가는 겁니다. 따라서 거기에 인센티브를 준다든가 물질적인 지원을 하는 부분은 부차적인 것이라는 겁니다.

  물질적인 지원에 관해 말하면, 지금까지는 학교당 일 년 평균 1억 2000만 원 수준이거든요. 그게 물론 작은 액수는 아니지만, 그렇다고 그렇게 과대한 액수도 아니에요. 앞으로도 혁신학교를 추가 지정해나가면서 물질적인 지원을 중심으로 진행할 생각은 없습니다. 그래서는 성공할 수도 없을 뿐더러 교육이 바뀌기가 어렵고 지속가능하기도 어렵습니다. 아까 말씀드렸듯이 기본적으로 교사들이 마인드를 바꾸고 전문성을 충분히 발휘할 수 있는 교육행정적인 조건을 만들어내는 것이 가장 시급하고 중요한 작업입니다. 이러한 기조가 흔들리지 않는 한 혁신학교에 2억이 넘는 돈을 지원한다든가 할 필요도 없고, 그럴 생각도 없습니다.

안순억 기존에는 어떤 사업을 할 때 지정된 학교들에 심지어 학교당 50억 원씩을 지원하는 사례도 많았습니다. 그런 학교들은 지원받을 당시에 좀 반짝하는가 싶다가 돈이 떨어지고 나면 원래대로 깨끗하게 돌아가는 거예요. (웃음) 처음부터 구조적·문화적 차원에서 접근한 게 아니고 일시적으로 어떤 가시적인 성과를 보여주는 차원에서 접근했기 때문에 돈도 많이 들거니와 반짝 돈잔치를 하고 만 셈이죠. 교육감님은 그런 폐단을 너무 잘 알기 때문에 그런 단기적인 성과주의를 극도로 경계하시는 겁니다. 근본적으로 교육의 체질과 문화를 바꾸는 차원에서는 일정한 인센티브나 교육환경 조성, 교사들의 교육활동에 대한 지원이 필요하겠지만, 그런 인센티브나 자금지원이 주가 되어서는 결코 교육의 체질과 문화를 바꿀 수는 없을 것 같습니다.

  그리고 꼭 혁신학교이어야만 학교를 혁신할 수 있는 건 아니잖아요. 혁신학교가 아니더라도 다른 방식으로 얼마든지 학교혁신을 이뤄낼 수 있다고 봅니다. 그런 가운데 자연스럽게 혁신학교로 지정될 수도 있는 거고요. 혁신학교만 과도하게 지원한다는 얘기, 혁신학교만 중심이 된 나머지 다른 학교는 찬밥 신세가 된다는 얘기는 호사가들의 추측에 지나지 않는다고 봐도 좋습니다.

지승호 혁신학교가 형식적인 틀이 아니라 공고한 교육 모델로 정착되어 가고 있는지, 잘 운영되고 있는지 점검하고 평가할 시스템은 있습니까?

김상곤 혁신학교는 4년 단위로 지정됩니다. 물론 매년 평가를 할 겁니다. 2년 평가 후에 혁신학교로서 방향과 내용이 갖춰졌다고 평가되면 계속 가지만 그렇지 않다면 지정을 취소하도록 되어 있습니다. 그 평가에 따라서 혁신학교 지속 여부가 재조정되게 되어 있는 거지요. 그리고 하나 더 얘기하자면, 혁신학교는 하나의 학교 모형이 아니라 경기도 전체 학교를 바꾸어나가기 위한 단계적인 접근이거든요. 따라서 단기적으로 부분적인 성과나 모범사례를 보여주려는 사업이 아니라 지속가능한 교육 혁신의 단계적인 접근이라고 이해해야 합니다. 한마디로 모델하우스 짓자는 게 아녜요. (웃음) 비유하자면 도시 전체를 바꾸는 첫걸음인 거죠.

안순억 재밌는 삽화가 또 있어요. 지난 선거 때 시·군의원, 도의원, 시장·군수 후보들이 공약을 내걸었잖아요. 그중에 무상급식을 공약으로 내건 후보가 많았는데, 중요한 것은 혁신학교 유치를 공약으로 내건 후보들이 있었다는 거예요. 길가에 '혁신학교 유치'라는 플래카드도 걸렸는데요. 그 전에 '특목고 유치'를 공약으로 내건 후보가 있었지만 사실 혁신학교는 특목고와는 개념 자체가 근본적으로 다르잖아요. 특목고는 이른바 명문대로 가는 엘리베이터로 여겨진 터여서 학부모들의 로망이었고요. 결국 혁신학교를 공약으로 내걸었다는 것은 그만큼 대중에게 호소력이 있다고 판단한 거 아니겠어요. 저로서는 혁신학교가 공약으로 내걸렸다는 사실이 참 유쾌했지요.

또 하나 재밌는 것은, 혁신학교는 경기도 교육청에서 지정하는 것인데 인천지역에서 후보들이 혁신학교 유치를 공약으로 내걸었다는 거예요. 아직 인천 교육청은 그런 틀이 없어서, 그걸 공약으로 내건 인천지역 후보가 우리보고 "혁신학교로 지정받으려면 어떻게 해야 되느냐?"고 아주 진지하게 물어오는 상황이 된 거죠. (웃음) 그러니까 혁신학교는 이제 어느 특정한 지역에 국한된 요구가 아니라 공교육 전체에 대한 대안개념으로 사람들에게 인식되고 있다는 인상을 주는 삽화들이죠.

4

아이들이 행복한 학교 만들기

보리밥

> 학교는 가르치기 위해 있는 것이 아니라 배우기 위해 있는 곳이다. … 그런데 교사와 부모들은 무조건 가르칠 생각만 한다. 침 맞을 사람 맥도 안 짚어보고 침놓을 생각만 하는 것과 같다. … 행정가들은 학습과 교수는 생각지 않고 행정할 생각만 하고, 정부는 제도와 정책만 만들고 고칠 생각만 한다. 학생들의 학습과는 거리가 먼 쓸데없는 짓만 하고 있는 것이다. 그래서 아이들은 "어른들은 몰라요. 아무것도 몰라요"라고 한다.
>
> _주삼환(충남대 명예교수)

> 아이들이 졸업을 두고 "감옥에서의 탈출"이라고 표현하는 것을 일부 낙오생의 말장난으로만 여길 일은 아니라고 봅니다. 어떻게든 학교를 벗어나고 싶어 하는 사춘기의 반항심이라고만 볼 일도 아니고요. 학교가 행복한 배움터, 즐거운 놀이터로서의 역할을 못한 데 대한 신랄한 야유이자 학교생활이 정말 감옥생활 같았다는 호소로 들어야죠.
>
> _본문 중에서

작은 학교 살리기 운동
그리고 학교문화 혁신

지승호 혁신학교 성공 사례들을 몇 가지 들어주실 수 있으세요? 어느 학교에서 이런 실험을 했는데, 이런 것은 다른 학교에서 본받으면 좋겠다는 게 있는지요?

김상곤 이 자리에서 구체적인 사례를 말씀드리기는 어려울 것 같고요. 지난해 2학기에 지정된 혁신학교 13개교는 이미 일 년이 넘은 상태입니다. 그 가운데 혁신학교로서의 면모를 제법 갖추기 시작한 학교들이 있어요. 교수 학습방식이라든가, 평가방식이라든가, 구체적으로 어떻게 해서 아이들의 학교생활을 보다 즐겁고 행복한 학교생활로 바꾸어낼 것인가 하는 지도활동의 면모를 일신한 사례들이 생기고 있죠. 개별 학교의 구체적인 사례는 자료로 받아보는 게 좋을 것 같습니다.

안순억 교육감님이 이 자리에서 어느 특정 학교를 사례로 꼽게 되면 서운해하는 학교들이 생길 수 있거든요. 그래서 혁신학교 전반에 대한 특징을 제가 정리해서 보완했으면 좋겠네요.

지승호 남한산초등학교가 2000년 폐교 위기에서 시작한 작은 학교 운동이 구체화되기 시작했고요. 작은 학교 지키기 운동을 넘어 살리기 운동, 새로운 학교 만들기 운동으로 진화되었는데요. 그 학교 사례가 〈PD수첩〉에 방영되면서 혁신학교, 작은 학교, 새로운 학교에 대해서 관심을 갖기 시작한 것 같습니다.

김상곤 지난해에 언론에서 7월까지 무상급식에 대해서 관심을 갖기 시작했고요. 8월부터는 무상급식과 함께 혁신학교 및 혁신교육에 대해 관심을 갖기 시작했습니다. 그래서 〈PD수첩〉에서 혁신학교 사례에 해당되는 학교 중심으로 8, 9월 연거푸 두 차례에 걸쳐서 다뤘는데요. 특히 작은 학교들의 자기 변신, 경기 지역뿐 아니라 전국적으로 그러한 변화를 꾀하고 자체적으로 혁신을 추구해온 학교들 사례를 들면서 아이들이 저렇게 학교생활을 하면 참으로 즐겁고 행복하겠구나, 하는 느낌을 시청자들에게 안겨주었죠. 그 방송 이후에 더욱 많은 사람이 우리 학교 모두가 그런 방향으로 바뀌었으면 좋겠다는 인식을 공유하게 된 겁니다. 경기도의 혁신학교 정책에 대한 관심도 그때부터 본격적으로 증폭되기 시작했습니다. 사실은 폭발적인 반응이었다고 말씀드릴 수 있지요.

지승호 양평의 조현초등학교 얘기도 요즘 많이 나오던데요. 배우 오지혜 씨가 아이들을 대안학교에 보내려 했는데, 양평으로 이사 가서 마침 그 학교가 거기 있기에 보냈더니 너무 좋더라는 얘길 하더라고요. 이중현 교장선생님 때문에 많은 변화가 있었다는 얘기도 있는데, 대도시에서는 개혁적인 성향의 교장선생님이 오면 '아이들 대학 가는 데 불리한 것 아니냐?'는 생각으로 오히려 마뜩찮아 한다고도 하던데요.

김상곤 혁신학교에 대해서 학부모들이 갖는 이미지나 기대 같은 것이 학교 각급별로 조금씩 차이가 나는 것 같습니다. 초등학교, 중학교, 고등학교 별로 차이가 나는데요. 급이 내려갈수록 아이들이 자율적으로 즐겁게 공부하고 생활할 수 있는 학교생활에 중점을 두는 반면에 급이 올라갈수록 성적에 중점을 두는 경향이 강해집니다. 특히 고등학교로 올라가면 당장 대학입시가 발등의 불이다 보니까 다른 생각을 할 여유가 없어지는 것 같아요. 그래서 각급별로 요구사항과 수용수준에서 좀 차이가 납니다.

그럼에도 불구하고 전체적으로 우리 학교 지금 이대로는 곤란하지 않느냐는 인식에는 공감대를 형성하고 있는 것 같습니다. 예를 들면 오늘 아침에도 언론에 나왔지만, 학교 정규 수업시간에 반 이상이 엎드려 잔다는 교실 풍경은 누가 봐도 문제가 있는 거고, 근본적인 해결책이 필요하다는 것은 아무도 부정할 수 없는 사실 아닙니까.

그런 면에서 우리 공교육이 혁신되어야 하고, 지금과는 다른 형태로 공교육 중심의 교육 시스템이 만들어져야 한다는 것은 다들 공감하고 있다고 봅니다. 따라서 혁신학교가 추구하는 초중등교육의 변화를 부정하거나 거부할 수는 없다고 보고요. 다만, 학부모마다 자녀의 학교생활 수준이라든가 자신의 가치관이나 생각에 따라서 기대하는 학교 모습이 조금씩은 다를 수 있다고 생각하는 거죠.

안순억 하나 보충 말씀을 드리자면, 경기도의 혁신학교가 하루 아침에 갑자기 의제화한 문제는 아닌 것 같습니다. 기존의 교육에 심각한 문제가 있다는 인식을 공유하고 새로운 교육에 대한 요구가 1990년대부터 거세게 일어났는데요. 아이들의 마음도 이미 학교에서 떠나고 있는 상황이었지요. 그것을 공교육의 장에서 수렴하지 못하니까 전부 대안교육 형태로 나간 경향이 있었어요.

그런 가운데 학부모들의 새로운 요구가 나왔고, 남한산초등학교를 비롯한 몇몇 학교들이 그것을 받아 문화적 차원에서 새롭게 접근하고 변화한 힘들이 쌓인 겁니다. 김 교육감님이 그런 변화의 힘과 조짐들을 모아 혁신학교 정책으로 수렴하면서 제도화의 틀이 잡히고 전국적으로 의제화가 된 것이지요. 또 이렇게 된 바탕에는 일선 학교와 교사, 학부모와 학생들의 믿음이 있었다고 봅니다. 사실은 그 믿음이 핵심이죠. 저 학교라면, 저 선생님이라면, 저 교육감이 하는 일이라면 적어도 기존의 문제는 되풀이하지 않겠구나 하는 믿음이 짧은 기간에 많은 걸 이루게 했지 싶습니다.

지승호 신뢰를 쌓아나가고, 공동체를 복원하고, 보육까지도 이뤄지고, 진로까지 모색할 수 있는 학교가 되어야 한다는 말씀도 하셨고요. 사교육 비용을 줄여 학부모의 부담을 덜어준다는 게 혁신학교, 전원형 혁신학교의 목표일 텐데요. 작은 단위에서의 실험은 비교적 성공하기 쉽겠지만, 아무래도 큰 단위에서는 어렵지 않나 하는 우려도 있지 않습니까? 보평초등학교는 1000명이 넘는 학교에서의 실험으로 주목받고 있는데요. 지금 어떻게 진행되고 있습니까?

김상곤 그 학교는 작년 9월에 신설되면서 혁신학교로 지정받은 후 내부공모제 교장선생님이 가셔서 혁신학교를 만들어내기 위한 작업을 하고 계십니다. 보평초등학교는 농어촌이나 벽지의 소규모 학교가 아닌 도시지역의 대규모 학교에 해당하지만 신설 학교여서 기존의 관행이나 관습이 학교 단위에서 만들어지기 전이죠. 따라서 혁신학교의 내용을 채워내는데, 백지에서 그려내는 의미를 갖는다고 봅니다. 이것은 저희 혁신학교 유형으로 봐서 미래형 학교로 생각합니다.

지금부터 시작되는 학교가 미래형 교육을 시키려면 어떤 내용들을 갖추어야 하는가를 만들어가는 작업이거든요. 그래서 급당 학생 수라든가 필요한 교사 수라든가 하는 부분을 엄격하게 조율하려고 하지만 그 지역의 사정상 급당 학생을 25명 이하로 유지하기는 쉽지 않습니다. 게다가 혁신학교라는 이유로 학부모들의 선호도가 높아지다 보니까 오히려 급당 학생 수가 30명이 넘는 상황이 되어버린 겁니다. 그러다 보니까 학교의 시설이나 환경을 충분히 보완하는 데 시간이 걸려서 그런 물리적인 애로를 당장 해소하지는 못하고 있습니다만, 그 내용에서는 그러니까 교육과정이나 운영방식 그리고 학교생활을 이끄는 방향에서는 제법 혁신학교다운 면모를 갖추어나가고 있습니다.

그런 모습들이 학부모와 주민들에게 영향을 미쳐서 상당한 관심을 끌고 있습니다. 제가 보평초등학교 등교시간에 한번 갔었는데요. 기존의 학교와는 사뭇 다른 풍경으로, 교장선생님을 비롯하여 그날 당번 선생님들이 등교하는 아이들을 교문에서 그야말로 따듯하게 맞이하고 있었어요. 지도·감독 대신 환영과 사랑으로 교문에서 아이들과 만나는 풍경을 지켜봤습니다. 많은 학교에서 그런 방향으로 바꾸고 있습니다만 경기도 교육청에서는 2학기 들어 교문지도를 교실지도로 전환하도록 요청했습니다. 아이들이 학교에 들어서면서부터 즐겁게 선생님하고 인사하고 하루 편안하고 기쁜 마음으로 배움에 열중하겠다는 마음이 들도록 해주는 것이 필요하겠다 싶어 그렇게 한 것인데요. 보평초등학교를 비롯하여 점차 많은 학교에서 그러한 취지를 살리고 있다고 봅니다.

안순억 용인 흥덕고를 비롯한 혁신학교 중심으로 아이들을 존중하는 문화적 접근을 하고 있습니다.

김상곤 제가 얼마 전부터 강조하는 것이 학교문화 혁신입니다. 기존의 학교문화에는 전근대적이고 군사주의적인 요소 또는 폐쇄적인 요소가 상당히 착종되어 있습니다. 그런 문화 속에서 교장선생님을 비롯한 관리자들이 학교 구성원들을 관리하고, 교사들이 학생들을 지도하는 방식은 이제는 한계에 달했다고 봅니다.

따라서 그런 학교문화를 혁신하지 않고서는 교육혁신은 사상누각이 될 가능성이 크다고 판단하고 있고요. 그동안에 추진했던 학생인권이나 교권보호 문제는 하나의 예인데요. 그것을 포함한 전반적인 학교문화 혁신이 필요하다고 봅니다. 그래서 최근 몇 차례 제가 교육청 간부들 교육 때나 학부모와의 대화 때 학교문화 혁신이 얼마나 중요한지, 그리고 이것을 얼마나 체계적·구체적으로 달성해내느냐에 따라 경기 교육 혁신의 미래가 좌우된다는 얘기를 거듭 강조한 겁니다.

구체적으로 몇 가지로 나누어 얘기하고 있는데요. 먼저 의식혁신이 있어야 한다는 겁니다. 그런데 의식혁신은 말로만 강조한다고 해서 될 게 아니고 전반적인 분위기와 여건을 조성·조율하면서 충분히 토론하고 공유하는 가운데 추진해나가는 것이 필요합니다. 다음으로는 각 주체별로 교장선생님을 비롯한 관리자들의 리더십 혁신이 있어야 한다는 겁니다. 작년부터 기회만 닿으면 꾸준히 해오고 있는 얘긴데요. 기존의 권위주의적이고 관료주의적인 그러니까 전통이라는 이름으로 포장된 전근대적인 리더십은 이제 과감히 버리고 섬김과 민주의 리더십, 크게 말해 열린 리더십으로 코페르니쿠스적 전환이 필요하다는 얘깁니다.

그리고 교사도 현재 우리 교육현실에 대한 책임을 질 수밖에 없다는 면에서 교수법의 혁신이 있어야 한다는 겁니다. 교수 학습방식뿐 아니라 평가방식, 아이들 지도방식을 포괄한 교수법 혁신이 일어나지 않으면 안 된다고 생각합니다. 한편 학생의 경우에는 (물론 학생인권이나 학습권 존중은 기본적으로 필요하지만) 거기에 더해서 시민으로 성장해나가야 할 미래의 주역이기 때문에 책임의식을 가져야 한다는 겁니다. 한마디로 책임의식의 혁신을 말하는 거죠. 학생들도 하나의 독립된 인격체로서 권리가 있다면 당연히 그에 따른 책임과 의무도 있지 않겠어요. 학생 자신에 대한 책임, 자기 정체성에 대한 책임, 자기 언행에 대한 책임을 질 수 있도록 책임의식의 혁신이 이루어져야 한다고 생각합니다. 게다가 학부모와 시민사회도 사실은 학교에 대한 연대책임을 질 수 있어야 합니다. 그런 면에서 거버넌스 혁신을 얘기한 겁니다.

이런 혁신들이 융합되어 어우러져야 비로소 학교문화가 혁신될 수 있습니다. 이러한 요소들이 저마다 혁신되면서 동시에 유기적으로 작용하여 관계 전반이 혁신되어야 비로소 학교문화가 혁신된 것이라고 볼 수 있지요. 그동안에는 학생인권, 그중에서도 체벌문제가 핵심 사안이라고 얘기해왔는데요. 경기 교육에서는 그동안 절차를 거쳐 그에 대한 인식을 충분히 공유해왔기 때문에 이제는 교육 자체를 혁신하기 위한 학교문화 혁신으로 나아가야 한다고 본 겁니다. 어떻게 보면 학교문화의 혁명적인 변화를 이끌어내는 것이 제가 가장 절실하게 원하고 있는 부분입니다.

등교시간이 기다려지는
즐거운 학교

지승호 아까 말씀하신 대로 2학기부터 교문지도를 교실지도로 바꾸라는 지시를 하셨는데요. 김상곤 교육감 스타일로 봐서는 상당한 강수를 둔 게 아니냐는 의견도 있던데요. 그게 학교문화 바꾸기에서 중요한 문제라고 생각하신 거군요.

김상곤 혁신학교라든가 혁신학교 외에도 교장선생님이나 선생님들 가운데 등교시간의 강압적인 분위기에 대해서는 재고해야 한다고 생각하는 분들이 꽤 있어요. 학교에서 자율적으로 검토하여 교문지도를 교실지도로 바꾸라고 권장한 것은 교문에는 절대로 서 계시지 말라는 게 아니라 통제 차원의 강압적인 등교 지도 방식 대신 민주적이고 소통을 위한 교육의 장이 되도록 하라는 의미거든요. 학교현장에서 그런 취지에 공감하는 분들이 점차 늘어나고 있다고 봅니다.

지승호 학교생활이 즐겁고, 좋아하는 친구들, 좋아하는 선생님이 있다면 등교시간이 기다려질 텐데요. 아침에 들어올 때부터 지각을 하거나 복장이 약간 불량하다고 해서 체벌을 받으면 하루 종일 기분이 상해 공부할 맛이 안 날 텐데요. 심지어는 학교가 지겨워지고 선생님 얼굴도 쳐다보기 싫어졌던 것이 제 학창시절의 경험이었습니다. (웃음)

김상곤 의무 때문에 어쩔 수 없는 것이라고 생각할 수도 있고요. 부모에 대한 마음, 선생님들에 대한 체면 같은 것들을 생각하면서 억지로 하는 마음이 학생들 속에 도사리고 있다면 불행한 것이죠. 그리고 교실에서도 마찬가지예요. 선생님의 수업을 아이들이 따분해하거나 어려워하고 선생님에 대한 존중이나 존경심이 우러나지 않도록 아이들을 가르치고 대한다면 아이들로서는 불행이죠. 그러다 보면 엎드려 자게 되고 교사의 수업시간이 존중받지 못하게 되겠지요. 그러면 교사는 강압적인 수단으로 아이들을 닦달하고 억누르게 되는 악순환이 이어질 수밖에 없는데요. 이젠 그 악순환의 고리를 끊어야 합니다.

지승호 이게 세대차이에 따른 문화적인 차이일 수 있는데요. 나이가 좀 든 교사 중에는 아직도 예전의 군사정권 시절의 교육을 생각하는 분들이 있을 것 같습니다. 반장이 군대식으로 차렷, 경례를 하는 것도 그중 하나일 수 있고요. 요즘의 아이들이 볼 때는 상당한 거리감을 느끼지 않겠습니까? 아이들이 어른들을 이해하는 것보다 어른들이 아이들을 이해하는 게 훨씬 쉬울 텐데요. 선생님들이 아이들을 이해하고 어울리게 만드는 것도 문화적인 혁신일 텐데요.

김상곤 아까 의식의 혁신을 말씀드렸는데요. 실은 저나 저희 또래는 학교에서 뭘 잘못했을 때 선생님이 때리는 것은 당연한 거로 여기고, 집에 가서 말도 못 꺼냈어요. 집에 가서 말해봤자 "네 녀석이 맞을 짓을 했으니까 선생님이 때리셨겠지. 에이 못난 놈…" 하는 꾸중만 돌아오던 시대였죠. 그러나 지금 아이들은 그런 게 아니잖아요. 이젠 지금 아이들에 맞는 교육을 해야죠. 초중등학생이면 스무 살 미만의 10대 전후인데 이 세대에 맞는 문화도 제공하고, 그런 교육 방식으로 전환해야지요. 이 아이들이 책임져나갈 사회라면 적어도 20~30년 후인데, 그때 한국사회가 어떻게 될 것인가, 지금처럼 꾸준히 노력해서 발전을 이뤄나간다면 지금과는 훨씬 다른 사회가 될 것입니다.

직업을 연구하는 사람들 얘기를 들어보면 적어도 15~20년 뒤면 지금의 직종 태반이 사라지고 새로운 직종이 그만큼 생길 것으로 예측하고 있습니다. 그렇다면 그러한 변화된 사회를 책임져나갈 아이들을 우리가 길러내야 하고, 그러한 아이들에 맞는 창의력이라든가 상상력을 기를 수 있는 방향으로 교육의 전반적인 문화부터 구체적인 교육과정 그리고 학교생활 환경을 바꾸어나가야 한다고 생각합니다.

교육하는 사람이라면 어느 세대든 관계없이 그건 당연한 소명이고 책임이라는 걸 인식해야 합니다. 예전에 내가 배울 때는 이랬는데, 내가 10년 전에 가르쳤던 아이들은 이렇게 하니까 되던데 하는 생각에 머물러 있어서는 안 됩니다. 물론 부분적으로 전통적인 방식이 지닌 가치도 있습니다. 그런 건 충분히 살려나갈 수 있는 부분이지만, 전체적으로 보면 구시대적인 방식들은 과감하게 탈피해야 한다고 생각합니다. 그리고 지금 선진자본주의 국가들을 비롯하여 많은 나라에서 체벌금지를 법제화하고 있을 뿐 아니라 학생인권을 전반적으로 존중하는 것이 추세입니다. 그렇잖아도 우리가 그런 면에서 뒤떨어진 상황에서 과거 지향적인 행태를 거듭한다는 것은 국가적으로도 불행이라고 봅니다.

지승호 운동장 조회를 생각하면요. 특히 여름 땡볕에 아이들이 장시간 선 채로 교장선생님 훈화를 듣는 것이 힘들었던 기억이 나는데요. 그게 해병대 교육처럼 아이들 인내심을 길러주는 거라고 생각하는지도 모르겠지만, 그런 것도 바뀌어야 할 학교문화 중 하나일 것 같은데요.

김상곤 맞습니다. 물론 그런 집체교육이 가끔 필요한 경우도 있겠죠. 하지만 이제는 그것을 관행으로 삼을 일은 아니라고 생각합니다. 이미 많은 학교에서 교실 조회로 바뀌기도 하고, 담임 교사가 대신하기도 하는 것이 보이는데요. 아직도 일상적으로 집체조회를 유지하는 학교가 적잖은데 그건 여러모로 재고되고 개선되어야 할 문제입니다. 학교현장에서 여러 가지로 논의가 되고 있는 것으로 알고 있습니다.

학생인권 존중과 관련해서 지난 8월 30일에 1청, 2청을 비롯하여 지역 교육청 생활인권 장학관들을 소집해서 얘기를 했어요. 그런 학생인권 부분에 대해서 경기도 교육청에서는 지난해 5월부터 단계적으로 접근해왔고, 공유 작업도 최선을 다해서 해왔습니다. 그리고 이번 1학기에는 실제로 학교생활 규칙에 학생인권 사안들을 반영시켜서 생활규칙을 개정하도록 권고하는 공문도 보내고, 그에 필요한 자료도 만들어서 보내고 했습니다. 그리고 1학기에 각 교육청별로 학생생활인권 지원센터를 만들어서 24시간 상담체제도 갖추었고요.

학생인권조례 통과 여부와 상관없이, 이제는 학교에서 아이들이 인권을 존중받을 수 있는 조건을 구체화해가고 있습니다. 그와 관련하여 (교육청 간부들에게) 적극적인 장학활동을 하도록 간곡히 부탁을 했고요. 그리고 상습적으로 체벌을 가하는 교사와 체벌이 일반화된 학교를 사전에 파악하여, 그러한 일이 일어나지 않도록 사전 예방조치를 취하고 보고를 달라고 했습니다. 그 사안만큼은 교육감이 직접 챙기겠다고 했어요. 학원에서도 학생인권 침해 사례가 허다한 것으로 알고 있는데요. 학원도 교육청의 지도·감독을 받게 되어 있으므로 해당부서에서 계획을 세워 보고하도록 하고, 그에 따른 대책도 강구해나가겠다고 했습니다. 학생인권과 교권을 포함한 학교문화 혁신과 관련하여 이제는 본격적인 조치를 취해나갈 생각입니다.

지승호 국가주의와 관련해서 국기에 대한 맹세 같은 것을 없애자는 주장들도 있는데요. 그것이 옳든 그르든 간에 그런 주장을 할 수 있고, 그것에 관한 논의를 할 수 있는 것이 건강한 사회의 징표일 텐데요. 그런 요식이 개인의 신념을 제약한다는 주장을 하기가 한국에서는 참 어렵지 않습니까. 알레르기 반응도 심한 것 같고요. 교육 안에서도 그런 것 같은데, 일제강점기부터 있었던 관행이라는 이름의 문화적 저항은 어떻게 설득하고 극복해야 한다고 보십니까?

김상곤 국기에 대한 경례라든가 애국가 제창 등에 대해서 개인적으로 다양한 의견을 가질 수는 있지만, 공무원으로서 지금은 국가적인 방침에 대해서 정면으로 다른 의견을 내기는 어렵다고 봅니다. 그리고 일부 의식 행위의 정체성에 대해서는 판단을 해봐야 되는데요. 그러나 만약 국수주의적인 요소가 강한 의식이나 제도에 대해서는 재고할 필요는 있다고 생각합니다. 왜냐하면 대한민국이 국수주의적인 이념이나 지향성은 배제하고 있기 때문입니다. 국체에 어긋난다면 잘못된 것이겠지요.

지승호 학교 현장에서 바꿔야 할 관행에는 어떤 것들이 있다고 생각하십니까?

김상곤 학생들과 관련해서는 학생인권조례에 들어 있는 사안들이라고 볼 수 있고요. 교장과 교사의 관계는 평가 시스템과 연계된 부분들이 있습니다. 그리고 교장의 리더십으로 눈을 돌려 보면 그동안의 교육행정 흐름이나 관행과 관련되는 부분이 있지요. 그러한 각각의 지점들에서 어떤 사안들을 검토하고 바꾸어야 할 것인가 하는 작업이 지금 진행 중인데요. 다 경기 교육 혁신하고 관련된 것이에요. 수업혁신, 교실혁신, 학교혁신, 행정혁신, 제도혁신, 이런 각각의 수준별·분야별 혁신 과제 속에서 문화적인 부분까지도 검토해야 할 사안이 있다고 봅니다.

지승호 　혁신학교 부분은 초기에 교직원들의 희생과 열정에 기대는 부분이 있지 않았습니까. 아이들에게 새로운 교육 프로그램을 만들어주기 위해서 늦게까지 회의하고 연구하는 선생님들이 있었다고 들었는데요. 우리 영화계를 봐도 초기에 스태프의 희생이나 열정으로 발전해온 부분이 있는데요. 보상이라는 표현은 좀 그렇지만, 그런 것이 주어져야 지속적으로 갈 수 있는 시스템이 마련될 텐데요. 어떤 지원들을 생각하고 계신지요? 2011년부터 혁신학교 아카데미를 통해 체계적인 연수와 교사 요원을 양성한다고 들었습니다.

김상곤 　지금 말씀하신 대로 지금의 혁신학교 또는 교육혁신에서는 교사의 교육자로서 책임의식과 자발적인 헌신이 기본이자 핵심 요소입니다. 거기에 제도적인 부분이 곁들여지는데요. 교사들에 대한 전반적인 미래지향적인 연수가 매개 역할을 할 수 있으리라고 보고요. 그 연수는 일시에 다 할 수 없기 때문에 가능한 대로 폭을 넓혀서 지속적으로 해나가려고 합니다. 그래서 상시 아카데미를 설립하려는 거고요. 그 아카데미에서 배출된 교사들, 거기에서 공감대를 형성한 교사들이 학교현장에서 학교혁신을 위해 자발성과 헌신성을 발휘할 수 있는 조건을 만들어내야죠.

그게 행정혁신에 이어서 제도혁신 즉 시스템 혁신의 하나입니다. 말씀하신 대로 초기에는 열정과 헌신성만으로도 할 수 있겠지만 지속가능성을 확보할 수 있도록 제도화해야겠죠. 어느 부분의 혁신이나 개혁도 마찬가지라고 생각합니다. 그런 게 제도화되어서 열심히 하는 사람과 그렇지 못한 사람이 자연히 구분되고 그에 따라 공정한 대우를 받을 수 있도록 해야 지속가능한 시스템으로 진화하고 발전할 수 있으리라 봅니다. 그런데 제 바람은 모든 교원들이 경기 교육을 바꾸기 위한 그런 취지와 방향에 공감하고 적극적이고 긍정적으로 교육자로서의 자긍심을 가지고 함께해줬으면 좋겠다는 겁니다. 그렇게 된다면 굳이 구분이 필요 없겠다는 생각을 하는 거죠.

지승호   혁신학교 인근의 부동산 값이 오르는 문제에 대해서는 어떻게 생각하십니까?

김상곤   우리 사회가 안고 있는 교육문제가 워낙 심각하고, 그 심각성 때문에 학부모나 국민이 고통을 많이 겪고 있죠. 지금의 교육현실은 계층을 떠나서 모든 부분에서 어려움을 겪고 있다고 생각합니다. 그런데 자기 아이에게 더 나은 교육을 받게 할 가능성이 보인다는 이유로 학부모가 이사를 하고, 열정을 가지고 접근하는 상황 때문에 일어나는 요소들은 학교가 제어하거나 교육이 통제할 수 없는 부분이죠. 바람직하지는 않지만, 통제할 수 없는 부분은 제가 언급할 수 있는 범위 밖이라고 봅니다.

　이러한 현상은 우리나라뿐 아니라 외국에서도 일어나는 것이고, 그동안 쭉 있었습니다. 그건 혁신학교 때문이 아니라 전반적인 사회구조의 문제지요. 맹모삼천孟母三遷이라는 말이 있듯이 그런 현상은 동서고금을 관통하는 문제라고 봅니다. 정도의 차이는 있겠지만요. 만약 전국 모든 학교가 학교혁신을 이루고 나라 전체적으로 사회구조혁신과 더불어 교육혁신을 이룬다면 그 문제는 상당부분 해소되겠지요. 한마디로 그 문제는 우리 사회 거의 모든 문제가 총체적으로 집약된 것이라고 봅니다.

지승호 혁신학교에 관해서 개선해야 할 문제점 같은 것이 파악된 바는 없나요? 중간점검을 해보신다면?

김상곤 이제 일 년 됐기 때문에 공식적인 평가는 아직 하지 않았는데, 앞으로 할 겁니다. 지금까지의 상황을 보건대, 실은 초기에 나올 수 있는 모호한 현상이 일부 혁신학교에서 나오고 있습니다. 우리 교육 이렇게 바꿔야 한다는 취지에서 혁신학교를 제시했고, 우리 교육의 10년, 20년 미래의 모습을 우리가 만들어야 한다는 방향에서 혁신학교를 지정해왔는데, 단순히 또 하나의 학교 유형으로 생각하는 경향이 일부에서 나온 것이죠.
그리고 이게 마치 단기적인, 특정 교육감의 사업으로 이해되는 부분도 일부 있습니다. 그러나 그렇게 해서는 공교육 자체를 바꿔내기도 어려울 뿐더러 학부모와 국민의 관심과 기대 그리고 지지와 협력을 받기가 어렵다고 봅니다. 점검하고 평가하면서 부족한 부분을 어떻게 채워나갈 것인가를 궁리하고 있고, 혁신학교 지정 2년 후에는 혁신학교 지정 유지 여부를 판단할 것이라는 기준이 제시되어 있습니다.

반드시 '보편적' 교육복지가
필요한 이유

지승호 최근에 보면 보수언론들이 "부자 아이 밥 주려고 없는 집 지원 줄여"라는 선정적인 기사로 다시 공세를 펴고 있습니다. 《동아일보》는 "농어촌 교육여건 개선 예산을 206억에서 62억 삭감, 다문화 가정 학력 격차해소 예산 삭감" 등을 한나라당 의원의 주장이라며 보도했고요. 《조선일보》는 "공짜 급식의 모순"이라는 사설을 실었더라고요. 예전에 정리된 사안이라고 생각했는데, 다시 공세를 시작한 배경은 뭐라고 보십니까?

김상곤 안타깝게 생각하고 있습니다. 그러한 언론보도에 대해서 대응할까도 생각했는데요. 단편적인 보도에 일일이 대응하는 것보다는 결정적으로 필요한 경우에 좀더 체계적으로 대응하는 게 낫겠다고 판단했습니다. "무상급식을 하려고 교육예산을 삭감했다"는 표현을 보면, 무상급식을 교육외적인 요소로 보는 모순이랄까 한계가 있어요. 실제로 작년에 예산을 수립할 때 주민 참여 예산제를 도입하고, 제로베이스 예산 제도를 적용시켜 1300억 원 안팎의 예산을 절감하면서 그 가운데 일부를 무상급식에 충당했다는 사실을 수 차례 얘기했음에도 불구하고 그런 기사가 나오는 걸 보면 아쉽습니다.

또 예산 항목들이 엄청 많습니다. 경기도의 예산규모가 9조 원 수준이어서 사업이나 특정 예산 항목이 1000개 이상의 단위인데, 그중에서 부분적으로 축소된 것을 연계해서 이렇게 얘기하는 것은 사실상 여론을 호도하는 것입니다. 이것은 이미 작년에 2010년 경기도 교육청 본예산을 심의할 때 경기도 의회에서 수없이 거론했던 사안입니다. 그중 일부를 이번에 국감을 앞두고 모 의원이 분석해서 다시 인용하면서 제시한 것인데, 일부 언론에서 사실 확인절차도 없이 "우려하는" 게 아닌가 싶어요.

그리고 기본적으로 무상급식이 갖는 보편적 교육복지라는 취지는 작년부터 금년 6.2 공동지방선거까지의 과정에서 국민적 공감대가 형성되었다고 봅니다. 일부 언론에서 아쉬움을 표명한 것은 일부 이해는 하지만, 그건 과거지향적이고 시대착오적인 논리라고 봅니다.

안순억 일부 언론에서 그런 문제제기를 했지만 별 영향력을 갖진 못하더라고요.

김상곤 그래서 제가 아까 일시적인 거라고 말씀드렸죠.

지승호 "현실의 인기에 급급하고, 도민을 현혹시키는 인기 위주의 포퓰리즘" 혹은 "좌파급식, 북한식 사회주의 논리, 부자급식, 여타 교육 인프라 구축을 막는 요인"으로 무상급식을 폄훼하는 논리들이 있었지 않습니까? 그것이 지방선거를 기점으로 안 먹힌다는 말씀인가요?

김상곤 가령 특정 예산 항목이 줄었다고 하면 그것에 대해서 이해관계가 있는 분은 그것에 관심을 갖겠죠. 그러나 실은 본예산만이 있는 것이 아니고, 추가경정예산을 편성하죠. 1차, 2차 두 차례에 걸쳐 추가경정예산을 편성하는데, 그런 과정에서 보완되는 부분까지는 미처 감안하지 않고 얘기하는 부분도 있고요. 여러 가지 편향적이고 일방적인 비판이나 비난성 기사도 있는

'밥퍼주는 교육감' 김상곤

것 같습니다. 그러나 이미 대한민국 사회에서는 보편적 교육복지로서의 무상급식, 의무교육 기간 동안의 무상교육은 국민의 요구이자 바람으로 되어 있다, 이렇게 말씀드릴 수 있죠.

지승호 독일 같은 데서 복지정책을 펼 때 돈을 지급하면서 이 사람이 지급 대상인지 아닌지 확인하는 행정비용을 들이는 것보다 특정한 계층에 대해서 일괄적으로 지급하는 경우가 있는데요. 무상급식도 그런 요소가 있지 않습니까?

김상곤 세 가지 면이 있습니다. 아이들의 심리적인 상처 즉 낙인효과를 해소시켜야 하는 면이 있고요. 다음으로는 유무형의 행정비용을 절감하는 효과가 있어요. 거기에 그 행정을 담당하는 사람들의 심리적인 비용까지 감안한다면 실제로 무상급식으로 얻는 효과는 훨씬 크다고 봅니다. 끝으로는 무상급식을 할 때의 효과를 경제적으로 산출해낸 사례가 있는데요. 선별적이고 잔여주의적인 저소득층 급식 지원 방식에 비해 무상급식 방식이 경제적인 효과가 훨씬 더 크다는 연구결과도 나오고 있거든요. 그런 것을 종합적으로 판단하지 않고, 예산의 항목 항목을 추려내서 판단하는 것은 불합리하고 비교육적이라고 생각합니다.

지승호 무상급식이 먹을거리 문화, 지역경제 활성화까지도 가능하게 만들 것 같습니다. 친환경 무상급식에 관해서는 어떻게 접근하실 계획인지요? 소득재분배 및 경제성장 효과, 농업생산

증대 효과 등이 있다고 하셨는데, 무상급식을 통해 구체적으로 어떤 효과들이 나타나는 건가요?

김상곤 무상급식이 더욱더 발전되어 나가야 할 부분이 친환경 쪽이죠. 당장 친환경 유기농 식자재로 전체를 다 조달할 수 없다는 것은 다 아실 테고요. 굳이 신토불이를 얘기하지 않더라도 국내산 또는 그 지역에서 농민들이 생산하는 식자재로 아이들의 식사를 제공하는 것이 건강에도 좋고, 농민들의 안정적인 소득 확보에도 좋고, 도농 간의 복합적인 발전에도 도움이 되는 것이고, 전반적인 경제적인 승수효과를 따져볼 때도 훨씬 낫지요. 이러한 복합적인 이점을 애써 도외시하는 것은 부당하다고 생각합니다. 그래서 지금 우리 경기도 교육청에서는 무상급식을 추진하면서 동시에 산지와의 직거래 시스템, 그리고 친환경 식자재로의 단계적인 개선과 같은 문제들을 이미 고민하고 그 시스템을 시범적으로 만들어가고 있습니다.

지승호 4대강 개발 같은 경우 많은 사람이 반대하지만, 거기에 참여하는 사람들은 찬성하지 않습니까. 나라 전체가 농업을 죽이고 있는 상황에서 친환경 무상급식으로 가기에는 교육의 문제를 넘어서 한국 전체의 문제가 될 것 같은데요.

김상곤 농업이라는 것을 어떻게 봐야 할지는 입장에 따라서 조금 차이가 있을 겁니다. 어쨌든 우리나라는 대외지향적인 개방경제를 추구하면서 무역의존도를 높여왔던 경제발전 방식이죠.

그러다 보니 상대적으로 농업이 위축되고, 농업에까지도 국제적인 비교우위 논리를 내세우는 기조가 우리의 경제정책에 깔려 있죠. 그러다 보니까 농업은 상대적으로 비용 논리에 따라 경쟁력이 뒤처질 수밖에 없는데요.

실은 특히 20세기 후반기에 들어오면서부터는 농산물의 무기화가 진행되고 있지 않습니까. 농업의 안보산업화가 국제적으로 진행되어 왔거든요. 그럼에도 불구하고 우리 농업은 지속적으로 쇠락하는 과정을 거쳤습니다. 그러나 우리 국민들로서는 그와 반대로 아이들이 우리 농산물을 먹고 건강하게 자라는 것이 가장 좋다는 생각을 일반화해왔다고 보거든요. 그 지점에서 정부의 농업정책과 국민 정서 사이에 큰 괴리가 생긴 상황이라고 봅니다.

적어도 우리 학생들이 성장하는 과정에서 좋은 음식을 먹고, 건강한 시민으로 성장하는 것이 필요하다고 볼 때 그것을 뒷받침해주는 것은 바로 교육당국이 할 일이죠. 그런 취지에서 무상급식이 친환경 무상급식으로 점차 개선되어나가길 바라고, 그런 속에서 농업도 안정적인 생산을 해나갈 수 있는 조건을 갖췄으면 좋겠다는 바람이고, 교육이 거기에 이바지할 수 있으면 좋겠다는 생각입니다.

지승호　예산은 어떻게 확충하실 계획인가요? 이번에 192억 원을 포함한 2338억 원 규모의 추경예산을 책정하셨는데요.

김상곤　초등학교 5, 6학년 대상의 동지역, 도시의 동지역 학생들의 무상급식비를 책정했습니다. 50퍼센트는 기초지자체가 분담하는 것으로 추진해서 경기도 교육청에서 192억 원을 책정했는데요. 그 자체는 큰 부담이 되는 액수는 아닙니다. 전체 예산을 따지지 않더라도 실은 전시성·중복성 사업들을 조정하면서 충분히 확보할 수 있는 금액이라고 생각합니다. 그런데 요새 고민은, 실제로 다른 시도에서 훨씬 빠른 속도로 무상급식을 추진하고 있는데 우린 생각보다 지체되고 있다는 겁니다. 무상급식은 이미 국민적인 과제가 되어 있기 때문에 우리 경기도민들과 학부모들의 생각과 요구에 맞게 무상급식을 추진해나가는 것을 검토하고 있습니다.

지승호 경기도청의 지원 외면 같은 부분 때문에 다른 지역보다 늦어지고 있는 건가요?

김상곤 그게 가장 어려운 지점입니다. 다른 많은 시·도에서는 광역과 기초 그리고 교육청 이렇게 3자가 역할분담을 하는 경향이 늘어나고 있습니다. 그런데 경기도청에서는 무상급식을 협력 대상으로 여기지 않고 외면하고 있어서 기초지자체와 경기도 교육청 양자가 분담해나가야 하기 때문에 쉽지가 않아요. 이제 경기도청도 도민의 바람이라는 면에서 이 사안을 적극적으로 수용했으면 좋겠다는 생각입니다.

지승호 2013년도에 초등 전체와 중3까지 하고, 2014년에 초중 전체로 확대하는 일정인데요.

김상곤 2012년에 초등학교 전체고, 2014년에 중학교까지 다 하는데요. 그 일정을 조금 줄여나가야 되지 않겠느냐는 요구들이 점차 높아지고 있습니다.

지승호 무상급식이라는 의제를 설정하는 과정에서 내부 논의들이 꽤 있었을 것 같은데요. 진통도 좀 있었을 것 같고요. 어떤 사업을 먼저 시행하느냐 하는 우선순위 문제도 있었을 거고요.

김상곤 무상급식과 관련한 진통이 많았죠. 그런데 그 진통의 대부분은 심의·의결기관과의 진통이었어요. 내부 진통은 거의 없었을 정도로 내부에서는 이해의 폭을 순조롭게 넓혀갔다고 봅니다. 일차적으로 어떤 기준과 원칙으로 교육예산의 우선순위를 정하고 배정할 것인가 하는 문제를 토론하고 공유하는 과정이 있었고요. 대외 심의·의결기관에서 제기하는 문제 즉 적극적인 반대에 대응하는 우리(교육청)의 방식에 관해서도 논의하고 공유하는 과정이 필요했죠. 다행히 경기도 교육청의 담당부서뿐 아니라 전 직원들이 교육복지의 보편적 방식 그리고 무상급식이 지닌 우리 사회에서의 의미를 공유하게 되면서 내부적으로는 별 어려움이 없이 무상급식을 추진해왔습니다.

지승호 친환경 무상급식 시민평가단 얘기가 있는데, 어떻게 구성하실 건가요?

김상곤 시민평가단이 따로 있는 것은 아니고요. 경기도 급식위원회가 공식으로 설치되어 있어요. 경기도 학교무상급식 추진 기획단, 추진단이 꾸려져서 구체적인 작업을 해왔죠. 그리고 심의·의결기관에는 우리의 공식 라인에서 대응해왔습니다.

지승호 지난번 임기 때 교육청이 무상급식 예산안을 올리면 교육위와 도의회에서는 이를 삭감하고 대신 저소득층 지원액을 늘리는 방식으로 진행됐습니다. "무상급식 문제를 보자. 지난 2009년 6~7월 당시, 도교육위원회가 무상급식 예산 50퍼센트를 깎았고, 나머지 50퍼센트도 도의회가 깎았다. 그러면서 차상위계층을 지원하는 예산 101억 원을 증액했다. 그때는 이걸 받아들였다. 하지만 그 방법이 바람직하다고 생각할 수는 없었다. 2010년 본예산에서는 '보편적 복지' 차원에서 무상급식 예산 650억 원을 책정했다. 그런데 이게 도의회를 거치면서 가난한 아이들을 지원하는 '선별적 복지'로 바뀌었다. 이번에는 이걸 수용할 수 없었다. 개인의 판단이 아니라, 교육청 관련 부서 간부들과 논의해서 판단한 것"이라고 말씀하신 적도 있는데요.

김상곤 작년 6월로 돌아가 보면, 그해 무상급식 예산, 농산어촌 학생들에 대한 무상급식 예산으로 191억 원을 책정했어요. 그걸 도교육위원회에서 50퍼센트 깎았죠. 이어 7월에는 도의회에서 나머지 50퍼센트를 마저 깎았습니다. 그 당시 추가경정예산이 3500억 원 규모였어요. 그 가운데 191억 원을 넣은 건데, 그걸 아예 지워버린 거죠. 저 자신도 당혹스러웠어요. 새로 교육감이 들어서서 새로운 사업을 단계적으로 접근하기 위해서 최소한의(물론 절대 액수가 적은 건 아니지만, 경기도 예산 규모로 봐서는 적은 비중의) 예산을 수립한 것인데 그건 아니라고 아예 전액 삭감해버리니까 당혹스러웠습니다.

　예산 규모를 떠나서 이건 상식적으로 문제가 있고, 사회경제적인 환경과 교육조건으로 봐서도 그런 일방적인 논리로 전액 삭감한 것은 적절하지 않다고 봅니다. 그와 관련하여 계속 논리적으로 얘기를 하고, 교육청 구성원들과 생각을 공유하려고 노력했습니다. 쉽게 말하면 이해와 설득 작업을 한 거죠. 그러면서 이해와 공감의 폭이 넓어졌고요. 다른 한편으로 이 사안을 시민사회에 전달하면서 무상급식을 의제화하기 시작한 겁니다. 작년 9월부터 시민사회 중심으로 여론이 형성되어 확산되는 한편, 우리 교육청에서 논리적이고 교육적인 방식으로 계속 대응하면서 이 사안이 적어도 의무교육 기간에 있는 초등학교에 대해서는 교육 쪽에서 시행해야 할 사업이라는 포괄적인 인식이 이루어지기 시작했다고 봅니다.

지승호　지난 재임시절 수립하였던 무상급식 5개년 계획의 성과로 "무상급식 학교가 늘어나면, 의무교육은 무상이라는 헌법 가치가 실현되고, 눈칫밥 먹는 학생이 없어지고, 학부모의 경제적 부담이 경감되고, 가난을 증명하는 불필요한 서류 작업이 없어지는 등 여러 가지 효과가 있다. 무엇보다 학생들이 차별받지 않고 친구들과 행복하게 점심을 먹게 되어 교육적 효과도 크다"고 덧붙이셨는데요. 아이들이 어릴 때 사회로부터 뭔가 받는 경험을 해야 연대책임도 느끼고, 사회에 대한 연대의식을 느낄 수 있지 않겠습니까. 무상급식에 대한 사회적 인식이 바뀌어가는 과정에서 어떤 생각이 들었습니까? 굉장히 짧다면 짧은 기간이었는데요.

김상곤 무상급식은 사실 이미 다른 곳에서 조금씩 실시되고 있던 것인데, 유독 경기도에서 문제가 되고 논란이 일어나는 가운데 시민사회의 여론화 작업이 진행된 과정에서 느낀 게 몇 가지 있는데요. 첫째는, 그동안에 우리 학부모를 포함한 국민은 학교에 아이들을 보내면서 학교에서 요구하는 것에 대해서는 책임을 져야 한다는 그런 책임의식을 갖고 계셨어요. 그래서 학교에서 돈을 내라고 할 때 못 내게 되면 죄인이 된 심정으로 학교에 미안해했고요.

그리고 아이들이 학교에서 내준 과제를 못해 가면 그걸 부끄럽게 여기고 미안하게 생각했죠. 물론 사정에 따라 그래야 할 상황도 있겠습니다만, 그건 학부모에게 과잉 환원된 짐이라고 봅니다. 의무교육 기간에 당연히 학교가 책임져야 할 부분을 학부모에게 떠넘기고서는 그 책임을 못하면 학부모 자격이 없다는 식으로 해온 겁니다. 한마디로 책임전가죠. 그러다 보니까 그동안 학부모는 학교에 대해 무슨 죄인처럼 위축되어온 겁니다. 그랬던 것인데 이번 무상급식 논란을 계기로 '아, 의무교육은 무상이지. 그렇다면 당연히 국가나 사회, 학교가 해줘야 하는 것 아니냐'는 자각을 하게 된 과정이었다고 생각합니다.

그래서 처음에는 소극적으로 생각하던 분들도 나중에는 점차 적극적으로 변화되는 모습을 봤습니다. 국민의 4대 의무 속에 교육의 의무가 있는데, 아이를 교육기관에 보내는 것은 의무지만, 국가에 그 아이를 무상으로 교육시켜달라고 하는 건 권리 아니겠어요. 무상급식만 해도 학부모로서 국가에 대해 권리를 주장할 사안이라는 걸 깨닫는 모습을 봤지요. 한마디로 인식의 전환이죠. 그런데 무상급식이 과연 의무교육에 속하는 사안이냐는 논란이 있었지요? 그동안에는 의무교육을 학비와 아이들 학습준비물 비용 지원 정도로 좁게 봐온 거예요. 적어도 학교생활에서 필요한 모든 것을 국가가 지원해야 한다고 봐요. 그렇다면 점심도 당연히 의무교육에서 책임져야 한다고 생각합니다.

이걸 두고 선진국 또는 외국 사례 들먹이며 "외국은 아닌데" 하고 얘기하는 것은 부당하다고 봅니다. 그분들이 말하는 선진국들은 다 아동기금 조성하여 아동수당 지급합니다. 태어나서부터 법적으로 미성년인 기간에는 다 지급하는 거죠. 일본도 지급하기 시작했어요. 그런데 이런 사안은 쏙 빼고 급식만 따로 떼서 "선진국은 이런데" 하는 건 왜곡이고 호도입니다. 더구나 급식을 국가와 교육기관이 책임지는 선진국도 많은데, 일부러 그렇지 않은 나라만 찾아내서 그러는 건 일반화의 오류예요. 아직도 무상급식은 의무교육 범주에서 벗어난 것이라고 말하는 건 이만큼 발전한 경제상황에서 어른들의 사회적인 책임을 회피하는 것입니다. 교육적으로도 옳지 않고요.

지승호 복지에 대한 인식 문제와 관련되어 있을 텐데요. 복지함정을 지적하는 사람들도 있고요. 수조에 천적 물고기를 집어넣으면 살기 위해 발버둥을 치는 과정에서 살아남은 고기들이 더 튼튼해진다는 살벌한 논리를 펴는 사람들도 있지 않습니까. 사람 사는 사회를 정글이나 동물의 왕국 정도로 보는 시각인데요. (웃음)

김상곤 우리 사회는 아직 그런 복지 함정, 신자유주의적인 복지 완화 같은 걸 얘기할 수준 자체가 안 되는 상황입니다. 적어도 복지 수준을 얘기하려면 먼저 기본적인 사회안전망부터 설치되어 있어야 한다고 봅니다. 물론 우리 사회의 의료보험제도는 다른 나라들이 부러워하는 시스템입니다. 그러나 그것도 흔들리고 있는 상황인데요. 사실 그것 말고는 우리가 엄청나게 열악한 조건입니다. 복지는 마치 가정복지로 이해될 수밖에 없을 정도의 수준이거든요. 가정복지란 각자 알아서 하라는 거잖아요. (웃음)

여러 가지 복지기금이나 국민 복지제도들이 마련되고 있고, 그 예로 국민연금제도나 실업보험제도가 점차 정착되고 있다고 하는데요. 실은 아직도 OECD 국가 중에서 최하위 수준이죠. OECD가 아닌 국가 중에서도 복지를 중요한 과제로 삼고 있는 국가들에 비해서는 우리 복지 수준은 한참 뒤떨어져 있다고 봅니다.

그런 속에서 복지 함정이니 복지의 비경제적인 효과니 하면서 복지가 국민의식이나 국민성을 퇴행시킨다고 하는 것은 우매하거나 오만한 인식이라고 봅니다. 관련 통계나 사회경제지표의 상호비교 자료만 봐도 금세 알 수 있는 사실인데요. 그런 사실에 눈감고 반대를 위한 억지논리를 펴는 것은 부당하지요.

특히 교육에서는 비교육적인 처사라고 봅니다. 저는 우리 학생들이 인권이나 복지에서 적정한 수준의 존중을 받고 성장하게 하면서 경기도 교육이 학생들에게 제시한 존중과 배려, 나눔의 정신을 갖게 하는 것이 시민사회의 발전이나 국가사회의 체질 강화에 도움이 된다고 생각합니다.

지승호　방학이나 휴일 중 결식아동 지원은 어떻게 하실 생각인가요?

김상곤　쉽게 말해서 1년의 반, 그러니까 학교 교육일 180일은 교육청에서 책임지는 거고요. 나머지 180일은 지자체와 보건복지부에서 책임지고 있습니다. 그쪽의 예산이 축소되고 해서 필요한 인원이 다 지원받을 수 있을지 걱정되는 현실인데요. 그 부분까지 교육청에서 떠맡을 사안은 아닌데다 사실 떠맡을 여유도 없는 형편입니다. 안타까운 상황이긴 하지만, 우리가 책임지는 학교 교육일 180일이라도 학생들이 최대한 존중받을 수 있도록 하는 것이 우리가 해야 할 과제라고 봅니다.

지승호　학교가 좋아지면 어려운 계층의 아이들은 "방학을 없애달라. 일 년 내내 다니고 싶다"고 할지도 모르겠네요. (웃음)

안순억　출석일수를 좀 늘릴까요? 그럼 고등학생들은 다 뒤집어질 텐데요. (웃음)

김상곤 실은 교육학 쪽에서 논의되는 것 가운데 이런 것이 있습니다. 아이들의 학력 격차가 왜 생기느냐 하는 연구로, 학기 중일 때와 학기 중이 아닐 때(특히 방학)를 비교한 건데요. 학교에서 함께 공부를 하는 동안에는 원래 있었던 학력 격차에 별 변화가 없는데, 놀랍게도 방학을 보낸 후에는 차이가 눈에 띄게 벌어지는 등 변화가 크다는 겁니다.

그렇다면 방학 때 무슨 일이 벌어지기에 그런 결과가 빚어지느냐? 사실 외국의 경우 방학 중에 사교육을 그렇게 많이 시키는 건 아니잖습니까. 물론 극히 일부 상류층에서는 개인교습 비슷하게 치밀한 교육을 시키는 경우가 있습니다만, 대체로 방학 중에 사교육에 매달리는 아이들은 없죠. 좀 여유 있는 층에서는 우리 식으로 얘기하면 현장체험을 하는 과정들이 있습니다. 가족과 함께 사적지나 박물관 또는 명승지 같은 곳들을 다니면서 생생한 체험을 하고, 그런 현장에서 학습을 하는데 그 과정을 학교에서 배운 것들과 연계하여 학습하고 사고하는데요. 반면에 그럴 형편이 안 되는 아이들은 그런 현장학습은 고사하고 대개 공부하고는 거리가 먼 열악한 환경에 놓인다는 겁니다. 학기 중에는 어쨌든 다들 학교라는 동일한 환경에 놓이지만 학교를 벗어나면 각자 사뭇 다른 환경에 놓이게 되는데, 이게 바로 학력에 크게 영향을 미친다는 겁니다.

그래서 실은 학교 교육일 외에 비교육일이나 공휴일, 특히 방학 중에도 아이들을 위한 세심한 프로그램이 필요하다는 겁니다. 그건 꼭 방학 중에 나와서 정규학습을 보충하는 수준이 아니라 그보다 더 생생한 교육 프로그램을 말하는 거죠. 학교나 교육기관이 아이들을 위해 무엇을 할 것인가 잘 보여주는 연구 결과라고 생각합니다.

지승호 　학교급식지원센터 설치의 필요성을 얘기하는 분들도 계신데요.

김상곤 　학교급식지원센터를 지자체별로 고민하고 구상하는 데가 있습니다. 아까 말씀드린 급식추진단에서도 그런 문제까지를 포괄해서 2차 기획을 하고 있습니다. 무상급식은 이미 실천과제가 되어 있고, 다음에는 2단계로 지역 농산물과의 연계 시스템을 어떻게 만드느냐 하는 것이 2단계 과제인데요. 이미 시범사례를 만들기 시작했고, 다른 한편으로는 급식지원센터 설치와 운영의 효과적인 방식을 구상하고 있습니다. 자칫 잘못하면 급식지원센터의 중복과잉현상이 생길 수도 있는데요. 그런 오류가 생기지 않도록 각 부분을 전체적으로 조정하고 조율할 수 있는 시스템 구상이 필요하다고 봅니다.

학생인권조례는 성숙한 시민을 기르기 위한 밑돌

지승호 학생인권조례를 제정하려고 하시는데요. 아동인권조례라고 할 수도 있고, 청소년인권조례라고도 할 수 있는데, 학생인권조례라고 하신 이유가 있는가요? 교육청이라는 입장의 한계 같은 것이 있었던 건가요?

김상곤 아니죠. 우리 사회가 청소년 문화나 청소년 인권에 대해서는 상당 부분 규정되어 있습니다. 이미 사회적인 통제기관들, 검찰, 경찰, 안보기관들 같은 데서 구타나 체벌은 제지되고 있어요. 그런데 그 청소년 중에 유독 학생을 키우는 학교만 그게 안 되고 있었던 겁니다. 학교 밖에서는 인권침해를 막기 위한 여러 조치들이 갈수록 강화되고 있는데 반해 유독 학교만 인권의 사각지대로 남아 있었던 거죠. 이건 사회 일반적인 수준에서도 사실은 말이 안 되는 겁니다. 적어도 청소년 인권에 준하는 규정이 학교에서도 적용되어야 하고, 거기에다 교육적인 관점에서 학생들의 창의성이나 상상력을 기르는 데 필요한 학생인권을 규정하여 존중할 필요가 있다는 취지에서 학생인권조례라고 한 겁니다.

지승호　학생인권조례를 만들어야겠다고 결심하신 계기는 뭔가요?

김상곤　앞에서도 말씀드렸는데요. 1987년 민주화 항쟁 이후로 우리 사회 각 부분에서 민주화가 추진되기 시작하면서 교육에서도 학교민주화, 교육민주화가 추진되기 시작했죠. 하지만 그런 가운데서도 유독 학생인권 부분만은 사각지대에 놓인 채 실제로 변화된 게 없었습니다.

　가령 교권을 봅시다. 1989년부터 본격적으로 노조를 표방하고 나섰습니다. 그러면서 교권에 대한 자기 인식뿐 아니라 사회적으로 환기시키기까지 했습니다. 교육개혁과 더불어 교권도 주장되고, 그에 대한 인식의 확산이 이루어졌죠. 물론 그 속에 학생인권에 대한 주장도 있었고 개선 노력도 있었습니다만, 극히 일부의 산발적인 안간힘에 그친 채 결국 조직화·제도화되지 못했어요. 그 점을 늘 안타깝다고 생각했고, 그래서는 안 된다고 생각했습니다.

　더구나 우리 사회가 인권을 본격적으로 고민하고 제도화한 것이 이미 10여 년입니다. 국가인권위원회가 만들어지면서 국가 차원에서 인권의 존중을 챙기기 시작했죠. 그럼에도 불구하고 학교에서 학생인권은 여전히 사각지대에 놓여 있었어요. 이건 굉장히 비교육적인 상태일뿐더러 시민사회의 인권신장 과정에도 크게 뒤떨어진 겁니다. 이걸 어떻게든 바꿔내야 한다는 생각을 그동안 교육운동이나 교수운동 하면서 늘 얘기했던 거예요. 그러던 차에 교육감 후보가 되면서 이걸 본격적으로 해보자 결심하고 핵심 공약으로 삼은 것입니다. 그렇게 해서 오늘까지 온 거죠.

지승호 "학생이 무슨 인권이냐?" 하는 시각도 팽배하지 않습니까. 미래를 위해서 현재의 행복은 포기해야 한다고 생각하는 분들도 많고요. 이번 정권 들어서 민주주의가 전반적으로 후퇴하

고 있다는 시각들이 있습니다. 이런 상황에서 안 그래도 열악했던 학생인권에 대한 문제제기가 쉽지 않았을 텐데요.

김상곤　저는 현대자본주의가 반드시 동반해야 할 부분은 민주주의 발전이라고 봅니다. 그런데 민주주의 발전에 앞서서 종종 우리 국민의 애국심을 다른 나라(특히 선진국) 국민의 애국심과 비교하면서 열을 올리는 경우가 있습니다. "전쟁이 나면 어떻게 할 거냐?", 하지만 애국심은 강조하거나 강요한다고 생기는 게 아니잖아요. 민주주의가 발달하고 국민 개개인의 인권이 충분히 존중받는 나라의 국민은 자연히 자신이 속한 나라, 사회, 집단을 소중하게 여기고 존중하게 됩니다. 그러지 않겠어요, 살기 좋은 나라인데.

　교육도 마찬가지라고 봅니다. 우리 학생들을 일방적으로 통제하고 억누르는 그런 구시대적인 방식으로는 무너진 학교를 다시 세울 수도 없을뿐더러 민주적이고 미래지향적인 인재를 키울 수도 없다고 봅니다. 지금도 그렇고 앞으로도 더욱 민주적인 리더십이 필요한 국제사회가 더 크게 열릴 텐데 거기에 맞는, 그런 경쟁력을 갖춘 민주시민, 세계시민을 키워내는 것이 필요한데요. 그러자면 이제 거기에 맞는 교육으로 하루 빨리 전환하고 변화해야 합니다. 미래의 핵심 국제경쟁력은 인권 존중 교육에서 나오고 민주시민을 기르는 교육에서 나온다고 생각합니다.

지승호　피해의식이라는 표현이 계속 나오는 게 적절한지는 모르겠는데요. "학생인권조례가 만들어지면 교권이 약화될 것이다. 교사들을 문제집단으로 보는 것 아니냐? 선생님들의 사기가 떨어지지 않겠느냐?" 하는 얘기들이 일부 교사들 사이에서 나오는데요. '아동학대 방지에 관한 법률' 같은 것이 지금은 제정되어 있고, 당연한 권리로 받아들여지고 있지 않습니까.

선생님들이 얘기하는 "일부 교사의 문제를 가지고 전체 교사가 그러는 양 얘기하지 마라"는 논리를 거기에 빗대면 "아이를 사랑하는 부모들이 훨씬 더 많은데 일부 자식을 때리고 강간하는 부모 사례를 가지고 모든 부모를 범죄자 취급하지 마라"는 항변하고 같다는 생각이 들거든요. 그 법이 모든 부모님을 범죄자 취급하는 법도 아닌데요. 사회가 저건 남의 집 일이라고 할 것이 아니라 사회가 공동책임을 지고, 아이를 그 부모로부터 어떻게 보호할 건지, 때로는 부모와 일시적으로 격리시켜야 할 필요가 있는지 판단하는 건데요. 학생인권조례도 그런 의미가 있는 것 같습니다. 그것에 대해서도 더 정교하게 설득하고 교사들을 안심시켜야 할 측면도 있을 텐데요. 어차피 혁신을 해나가려면 그분들과 함께하지 않으면 실패할 테니까요.

김상곤 학생인권조례 그리고 교사와 관련하여 두 가지를 생각할 수 있습니다. 하나는 교사들의 부담을 덜어주는 방법을 찾아나가는 건데요. 구타를 포함한 체벌을 가하거나 강압적으로 통제하는 교사의 마음도 그리 편치는 않을 것이라고 봅니다. 이건 할 짓이 아니라는 생각도 들겠지요. 그런 부담 없이도 학생들을 지도할 수 있는 구체적인 방식이나 프로그램을 제공하는 겁니다. 그보다 중요한 것으로, 학생을 존중함으로써 교사도 존중받게 만들자고 하는 것이 핵심사항입니다.

일부에 해당하겠지만, 학생들이 사교육 받고 온 것을 기정사실화하면서 자기 책임을 회피하는 교사도 일부 있는 것 같습니다. 그것도 크게 잘못된 것이지만 대부분의 교사들은 엄청 노력합니다. 심히 안타까워하고 가슴 아파도 합니다. 교육자로서 최선을 다하려고 하는데, 학생과 학부모와 사회가 그걸 존중하지 않는 데 대해서 참 아파하죠. 그런데 존중과 존경은 상호 존중 속에서 이루어질 수 있다고 봅니다.

더구나 대명천지의 민주사회에서는 그게 핵심이라고 봅니다. 학생을 존중하고 배려하면 따라서 학생도 교사를 존경하고 존중하는 조건이 만들어진다고 생각합니다. 물론 학생의 인권을 존중하는 데 따른 학생의 책임감을 길러주기 위한 조치를 해나갈 것입니다. 또 학부모도 학교나 교사를 존중하는 조건을 만들어가고자 합니다. 그래야만 교사도 교육자로서 자존감을 갖고 자기 역할을 신나게 수행할 수 있지 않겠어요.

지승호 학생인권조례를 만들기 위한 연구용역 결과를 보니까 아이들이 가장 바라는 것은 두발자유화, 교복자유화던데요. 상대적으로 교사나 교직원의 대답에서는 그 순위가 낮았습니다. 5위쯤 되던데요. 아이들이 개성을 표현하고자 하는 부분도 있지만, 아무래도 아이들을 통제하려면 두발이나 복장을 규제할 필요가 있다고 생각해서 그런 것 같은데요.

김상곤 교사를 포함한 기성세대는 아이들을 모든 면에서 미성숙하다고 일반화하는 경향이 있습니다. 물론 말 그대로 미성년자이니 미성숙한 부분도 있겠지요. 그러나 그 미성숙은 성숙으로 가는 과정일 뿐이고, 그래서 교육이 필요한 거 아니겠어요. 성숙한 시민으로 가는 길을 닦아주고 안내하는 것, 그리고 그런 자신감을 심어주는 것이 학교와 교사의 역할이라고 생각합니다.

흔히들 학생인권조례를 두고 "미성숙한 아이들에게 그렇게 자유를 주면 방종으로 흐르고 통제가 안 되어서 교실은 더욱 혼란스러워질 것 아니냐"는 우려를 하는데요. 그러나 교사가 진정으로 학생을 존중하고 배려하고 따뜻한 사랑으로 교육하는데도 그럴까요? 물론 교사가 전에 없던 마음까지 써야 하고 인내심을 발휘해야 하는 등 처음에는 개인의 능력을 넘어서는 경우도 있을 겁니다.

하지만 하루아침에 바뀌거나 이루어지는 일은 없습니다. 더구나 사람을 대하는 일이니, 일정한 시간이 필요하게 마련이겠지요. 그런 점을 생각하면서 겸허한 마음으로 접근한다면 충분히 가능하다고 봅니다. 핵심은 믿음이죠. 감화感化는 믿음을 바탕으로 일어납니다. 그러기까지는 일정한 시간이 필요조건입니다. 교사는 물론이고 학부모도 마찬가지예요. 아이에게 "너는 어떤 경우에도 스스로 잘 판단해서 잘해낼 것"이라는 믿음을 주는 것이 기본입니다. 심리학자들이 여러모로 실험해서 내놓은 얘기예요. 아이들을 가만히 보면 한편으로는 한심할 정도로 철부지 행동을 보이기도 하는데, 다른 한편으로는 참 가상한 행동을 하는 경우도 많습니다.

우리 학교를 바꾸고 교육을 바꾸는 일은 이제 더 이상 머뭇거리고 좌고우면할 시간이 없는 상황입니다. 우리 교육이 그만큼 심각한 지경에 와 있다는 얘기입니다. 교육이라는 이름으로 학교에서 때리고, 학원에서 때리는 상황을 더 이상 방치할 수는 없는 노릇 아닌가 싶습니다.

안순억 교육감님이 말씀하신 것처럼, 우리 사회가 아이들한테 자유를 주면 방종할 것이라고 하는데, 언제 자유를 줘봤나요. 아이들에게 개인과 공동체의 행복을 찾아나가는 방법을 가르쳐 주는 것이 굉장히 중요한 요소인데요. 자유를 주면 굉장히 혼란스러워질 것이라고 예단하는 것은 무슨 논리라기보다는 익숙한 것에 안주하고 싶은 타성이나 새로운 변화에 대한 두려움으로 인한 정서적 거부라고 볼 수 있습니다.

지승호 아이들의 특수한 일탈을 보여주면서 "아이들이 이렇게 방종하고 있다"고 하는 논리는 통제를 강화하는 방식의 하나로 볼 수도 있는데요. 사실 어른들이 저지르는 실수가 훨씬 더 많고, 사회에 더 큰 해악을 끼치지 않습니까. 예전에 빨간 마후라와 관련해서 언론들이 저지르는 호들갑을 보면서 이건 범죄에 가깝다, 우리 사회가 애들한테 하는 것이라고는 매질과 매도밖에 없다는 생각이 들었거든요. 굉장한 인권침해라는 생각도 들었고요. 부모님들한테는 "요즘 아이들이 이러니 통제를 강화하자"는 메시지를 준 것 같기도 하고요. 청소년보호법도 그런 측면이 있는 것 같습니다. 모든 사람이 보호받아야 하고, 청소년도 보호받아야 하지만, 그 법의 취지 속에는 청소년은 불안정하고 미숙한 존재라는 시각이 깔려 있는 것 같거든요. 어떻게 보면 때로는 헌법 위에 있는 경우도 있지 않습니까? (웃음)

김상곤 학생들이 가끔씩 일탈행위를 하죠. 일탈행위 자체는 사회문제로 비화될 수밖에 없고, 일어나지 않았으면 좋았을 행위들이기 때문에 소정의 조치를 취할 수밖에 없는데요. 그러나 과연 그 일탈행위의 배경과 연유가 무엇이냐 하는 것은 우리가 성찰해야 할 문제라고 봅니다.

아이들이 졸업을 두고 "감옥에서의 탈출"이라고 표현하는 것을 일부 낙오생의 말장난으로만 여길 일은 아니라고 봅니다. 어떻게든 학교를 벗어나고 싶어 하는 사춘기의 반항심이라고만 볼 일도 아니고요. 학교가 행복한 배움터, 즐거운 놀이터로서의 역할을 못한 데 대한 신랄한 야유이자 학교생활이 정말 감옥생활 같았다는 호소로 들어야죠. 아이는 부모의 거울이라는 말대로 학생은 선생의 거울이라고 생각합니다. 일탈행위를 한 학생이 있을 경우 그건 그 학생의 문제이기 전에 선생의 문제라는 인식이 있다면 그 학생을 어떻게 대할 것인가는 이미 답이 나와 있다고 봅니다. 바로 그것이 교육이고 선생의 역할 아니겠어요.

지승호 일기장 검사도 좀 문제가 있지 않습니까?

김상곤 학생인권조례에는 그런 사적인 부분도 제한하도록 되어 있습니다.

지승호 일기장 검사를 하는 이유로 글쓰기 교육 얘기를 하는데요. 글쓰기 교육이라면 굳이 그게 아니라도 독후감도 있고 방법은 많잖아요. 일기 쓰는 습관을 기르는 거야 좋지만 그걸 검사한다는 건 좋은 방법이 아닌 것 같거든요. 자기가 쓴 것을 누가 읽는다고 생각하면 솔직하게 쓰기도 힘들 것 같고요. 게다가 '일기' 하면 강제적인 느낌이 들어서 오히려 일기 쓰기를 싫어하게 될 것 같은데요. 일기는 솔직한 자기 성찰도 담고 혼자만의 비밀스런 얘기도 담는 것인데 그걸 검사한다는 발상은 인권 침해를 넘어 일기에 대한 모독 아닌가요? (웃음)

김상곤 맞습니다. 그건 매우 비교육적이에요. 자라는 과정에 있는 아이들의 언행을 잘 살펴서 도움을 주는 것은 필요하지만, 독립된 인격체로서 아이들의 프라이버시도 존중해줘야지요.

안순억 초등학교 과정에서는 일기장 검사를 바라보는 시각들이 다양합니다. 프라이버시를 침해하지 않고서 할 수 있는 방법이 있다면, 교육상의 효과를 무시할 순 없겠지요. 하지만 일기 쓰기를 강제하는 것은 바람직하지 않다고 봅니다.

교육혁신은 즐거운 학교,
행복한 교육을 위한 기초공사

지승호 학생인권조례가 경기도 의회를 통과해서 10월 5일에 '학생인권의 날'을 선포하시게 되었는데요. 내년 3월부터 본격적으로 실행하게 되었고요. 그동안의 교육혁신 노력이 이제 본격적으로 가시화되고, 성과가 나타난 것이라고 볼 수 있는데요. 감개가 무량하실 것 같은데, 다만 무상급식이라는 의제보다는 공감대를 얻어내기 훨씬 어려운 주제 아닙니까. 어떻게 접근해 나가실 셈인가요? 교육계에서 "대안이 뭐냐?"라고 할 때 아직 미진해 보이는 부분도 분명히 있는데요.

김상곤 지금 말씀하신 것이 중요한 부분인데요. 제가 작년부터 추진하고자 한 것이 학교문화 혁신입니다. 문화를 바꾸려면 핵심 주체인 교사와 학생의 역할과 책임감이 중요합니다. 따라서 두 주체의 권리와 책임을 명확히 하는 것이 필요하다고 생각하고요. 교사의 경우 책임은 많이 떠맡으면서 교권은 제대로 존중받지 못하는 부분이 있었는데, 그 부분을 보강하는 작업을 해왔습니다.

교권 문제와 관련하여 전문가들의 의견을 받아 내부 절차를 거쳐서 4월에 '교권보호헌장'을 발표하고 그에 따른 후속 작업을 해왔습니다. 학생인권조례가 발효되면서 나타날 수 있는 여러 현상 가운데 특히 우려되는 부분이 교권이 침해받지 않을까 하는 것인데, 그에 대비한 사전 조치를 마련하고 있는 상황입니다.

그리고 학생인권조례가 발효되는데, 학생인권에 대응하는 학생들의 책무 부분도 조례에 들어 있거든요. 4조 3항에 "학생은 자신의 인권을 보호하도록 노력하면서 교사 또는 타인의 인권을 존중하여야 한다"고 되어 있습니다. 지금 많이들 우려하시는 현상이 일시적으로 약간씩은 생길 수도 있지만, 전체적인 시스템 속에서 학생인권과 대응하여 교권도 함께 존중될 수 있는 절차와 내용을 만들어가고 있습니다.

지승호 특히 훈육 담당 선생님들 같은 경우 아이들을 통제할 방법이 없지 않느냐고 호소하고 있는데요. 서울시에서는 체벌 외에 그린 마일리지 제도 같은 것을 실시하고 있지 않습니까?

김상곤 경기도에서도 학교별로 그런 제도를 실시하고 있는데요. 그린 마일리지, 상벌점제, 학생 자치법정 같은 것들을 시범적으로 실시하는 곳이 있거든요. 체벌이라든가 강압적인 통제

방식 대신 학생들의 자율성을 고취시키면서 지도하는 방안들을 이미 실시하는 학교가 상당수 있고, 특히 혁신학교 모형에서는 그러한 지도방식을 학생들의 생활인권을 존중하는 방향으로 전환하여 실시하고 있습니다. 실질적인 성과도 이미 보고되기 시작했고요.

예를 들어 시흥 모 중학교에서 생활인권을 존중하는 방향으로 학교 시스템도 변화시키고 교실 분위기도 바꿨는데요. 타율적인 통제 대신 학생들이 자율적으로 책임 있는 언행을 할 수 있도록 이끌어낸 결과 분위기가 일신하여 수업시간에 조는 학생도 거의 없고, 즐거운 학교가 되어가고 있다는 겁니다. 아시다시피 요즘 중앙 일간지들까지도 경기도 혁신학교에 관심을 가지고 리포트 기사들을 내는데, 거기에도 그런 취지와 변화의 내용이 담겨 있더군요.

지승호 《신동아》에서도 심층 취재를 해서 보도했던데요.

김상곤 《중앙일보》《한겨레》《경향신문》《한국일보》《조선일보》 등 대부분의 매체에서 관심을 보였지요.

지승호 혁신학교에 대한 관심이 늘어나면서 오히려 교육의 질이 일시적으로 떨어지지 않겠느냐는 우려도 있는데요. 예를 들어, 남한산초등학교의 경우 관심이 높아져 학생 수가 늘어나니까 교실이 좁아져서 사물함을 없앨 수밖에 없었다는 기사도 나왔거든요. 계획하신 대로 혁신학교를 보편적 모델로 만들어서

전국소년체전선수단 환영식에서

해결할 수밖에 없는 일이지만, 지금 당장 해결해야 할 문제도 적잖이 있을 것 같습니다.

김상곤 그렇습니다. 혁신학교의 바람직한 규모를 제시한 바 있는데요. 학급당 학생 수 25명 이내에 적절한 학급 수를 상정하고 혁신학교를 시작했는데, 학급당 학생 수가 적정선을 일시적으로 초과하는 현상이 벌어졌는데요. 학부모와 지역 주민들의 관심이 워낙 삽시간에 증폭되어서 그런 것인데, 만약 그런 현상이 지속될 수밖에 없다고 판단되면 그에 따라 시설을 보완해야겠죠.

지승호 부모님들도 초등학교 때는 놀아야 한다고 생각하면서 혁신학교의 역할을 인정하지만, 중고등학교가 되면 입시 위주의 사고로 갈 수밖에 없지 않습니까?

김상곤 단계적으로 접근하면서 실험하고 확산해가야 할 가장 중요한 대목이라고 봅니다. 아까 변화의 예로 든 학교는 중학교이고, 일부 언론에는 고등학교의 사례도 났죠. 그런 학교들처럼 학생들이 자율적이고 자발적으로 참여하는 가운데 수업이 진행되는 방식, 또 다양한 토론이나 체험학습을 통해서 창의성을 기르는 교육이 점차 확대되어가고 있는데요. 그런 교육을 통해 기본적인 학력에 플러스 응용 학력이 어느 수준까지 확장될 것이냐는 앞으로 살펴볼 일입니다.

선진국의 사례를 보면, 학생들의 참여 학습, 자기주도적인 학습과 교사의 상시 평가가 종합되어서 이루어지는 학력 기반이 평균을 훨씬 상회하는 것으로 나옵니다. 그동안 전문가들의 의견을 듣고 나름대로 종합해보면 지금 혁신학교 방식이 아이들의 응용 능력을 훨씬 더 높일 수 있다고 생각합니다. 지금과 같은 시험방식에도 큰 효과를 낼 수 있다고 보고요. 물론 지금과 같은 시험방식은 전체적으로 바뀌어야 한다고 봅니다.

안순억 대학입시와 대학교육의 근본적인 변화가 없는 한 초중등교육은 거기에 예속될 수밖에 없을 겁니다. 입학사정관제 도입 등으로 대학입시가 다변화되고 있지만, 아직도 기본적으로는 사지선다형을 통해 서열을 정하는 거잖아요. 대학 스스로 개혁을 해내지 못하고 새로운 의제를 만들어내지 못한다면 초중등교육이 중심이 되어서 새로운 개념의 인재를 길러내고, 그런 인재가 훨씬 더 경쟁력이 있다는 믿음이 형성되면 초중등교육에서 한국 교육의 지형이나 판도를 변화시킬 힘이 나올 수 있다고 보거든요.

실례로 몇몇 대학에서는 대안학교 학생들을 위한 특별전형을 실시하고 있고요. 교과 학습 능력에 따른 몇 개의 수치화된 지표보다는 그것 외에 좀더 특별한 능력을 보고자 하는 다양한 전형 방법들이 나오고 있는 것을 보면 학력 개념에 대한 변화, 대학교육에 예속되지 않고 나름의 특성을 찾아내고 추구하려는 일정한 흐름이 있다고 생각합니다.

김상곤 대학에서 대안학교를 상대로 특별전형을 했던 것은 사실 정부의 요청이 작용한 것 같고요. 말씀드렸다시피 초중등교육이 대학입시에 예속되어 있다는 것은 저도 공감하는데요. 그걸 대학입시만 가지고 풀 일이 아니라 초중등교육이 자기 정체성을 확보한 가운데 변화와 혁신을 일으켜 거꾸로 대학에 영향을 미치도록 하자는 것이 경기 교육혁신의 취지입니다. 제가 오늘도 2청사에 가서 조회를 하고 왔는데요. 거기서 교육의 5대 혁신 과제 그리고 복지와 인권을 얘기했는데, 복지와 관련해서는 무상급식을 많이 얘기했죠.

그런데 인권에 대해서는 아직도 우려하시는 분들이 있어요. 그래서 인권은 민주시민 교육 차원에서 봐달라는 얘기를 자주 하고 있습니다.

안순억 경기도에서는 최근 의미 있는 움직임들이 있는데요. 혁신학교 연수에 교사들이 굉장히 자발적으로 모이는 것이 있고요. 교육감님, '양평 교육희망네트워크'에 대해서도 얘기하면 좋을 것 같은데요.

김상곤 얘기하죠, 뭐. (웃음) 경기 교육이 변화되려면 물론 교사가 주체로서 앞장서서 자기 변화를 꾀해야 하고, 관리자나 학생도 변화해야겠습니다만, 또 하나 중요한 주체인 학부모를 비롯한 시민사회도 바뀌어야 한다고 보거든요. 교육을 보는 시각 또는 교육의 발전 방향과 방안에서 최근 들어 의미 있는 변화의 징후들이 보이고 있습니다.
　교사는 혁신학교의 취지라든가 내포하고 있는 의미에 대해서 상당히 관심을 갖기 시작했고요. 경기도뿐 아니라 다른 시·도의 교사들도 상당한 관심을 갖기 시작하면서 우리 교육청 쪽에 혁신교육 강의를 요청해오기도 합니다. 그런 데 가서 보면 전에 없던 교사들의 자발적인 열정과 노력이 보인다고 해요. 또 학부모 말고도 지자체가 크게 관심을 갖기 시작한 것입니다.
　그리고 지난 금요일에 출범한 양평 교육희망네트워크 얘긴데요. 군 지자체, 학부모 조직, 시민사회단체들이 결합하여 만든 네트워크입니다. 그날 출범식에 오신 분들의 주요 관심사도 우리 경기도 교육청에서 추진하는 혁신교육지구 지정으로 모아졌는데요. 혁신학교가 개별 학교 단위 수준의 교육혁신이라면 혁신교육지구는 그걸 지역 단위로 확장해서 네트워크로 묶어내는 작업입니다. 예를 들어, 불국사가 개별 관광 단위라면 경주는 경주 전역을 포괄하는 관광지구가 되는 것과 같은 개념이죠. 처음에는 혁신교육특구라는 표현도 썼지만, 특구는 지식경제부 허가사항이라고 하더군요. 우린 그런 게 아니므로 결국 혁신교육지구로 명명했습니다.

이는 선거 때부터 계속해서 얘기한 것이고, 6월에 지자체 시장·군수 당선자 초청 교육 간담회를 할 때 앞으로 혁신교육지구를 선정해서 같이 발전시키자고 제안했어요. 7월 1일에 제 임기가 시작되면서 다시 구체적인 계획을 세워서 9월 20일 전후로 해서 지자체 초청 설명회를 가졌습니다. 그래서 31개 시·군 중 23개 시·군에서 설명회에 참여했고요. 25개 지역 교육지원청(지역 교육청의 명칭이 교육지원청으로 바뀌었어요)이 함께했습니다. 교육지원청과 함께하는 작업이라서 교육지원청도 관심이 많습니다. 내용의 초점은 31개 시·군을 4개 권역으로 나누어서 4개 내외의 혁신교육지구를 지정하겠다는 겁니다. 선정 기준은 여러 가지인데 공동체적으로 발전해나갈 가능성이 어느 정도인가가 핵심 기준으로 제시되었지요.

지금 일정으로는 10월 15일까지 신청하고 12월을 전후한 시기에 지정을 결정해서 발표하는 것으로 되어 있습니다. 내용을 보면, 지역의 규모는 인구 20만 이하인 시·군은 전체를 대상으로 할 수도 있고요. 그 규모를 훨씬 넘어가는 대도시라면 도시 중의 한 지역, 가능하면 상대적으로 낙후되어서 어려움을 겪고 있는 곳을 신청하라고 권장하고 있습니다. 교육혁신지구 지정을 계기로 낙후된 지역사회도 같이 발전시키자는 취지인 거죠.

그런데 6.2 지방선거를 거치면서 예전하고 달라진 분위기가 있어요. 지자체가 예전에도 교육에 대해서 관심을 가져서 그에 대응한 지원사업을 했지만 대체로 소극적이었는데요. 6.2 지방선거를 거치면서부터는 지자체가 교육을 중요한 과제로 생각하기 시작했습니다. 그래서 교육 관련 지원협력 조직이나 자원을 대폭 증편하거나 강화한 데가 상당히 많고요. 단체장과 의회의 장이 직접 관심을 표명할 정도입니다. 예를 들어, 혁신교육지구 지정과 관련하여 교육청을 방문, 적극적으로 의견을 개진한 분들이 꽤 많았습니다. 그 관심이나 열의 그리고 구체적인 행보가 예전하고는 확연하게 달라졌다는 걸 느꼈습니다.

안순억 교육감님이 이런 부분을 일화로 말씀하셨으면 좋겠는데요. (웃음) 양평이 작은 도시잖아요. 교육희망네트워크가 출범한다고 해서 교육감님이 가셨거든요. 교육희망네트워크는 280여 개의 시민사회단체가 중심이 되어 2009년 1월에 교육선언을 하면서 풀뿌리 교육운동을 펼치겠다는 취지로 모인 시민사회연대인데요. 그날 교육희망네트워크 출범식을 하는 풍경이 새로웠습니다.

왜냐하면 교육을 의제로 우리 사회가 모이면 늘 편이 몇 개로 갈리게 마련이었잖아요. 시민사회단체는 시민사회단체대로, 관청은 관청대로 따로국밥이었지 그 둘이 만나서 무엇을 같이 의논하는 풍경을 보기가 어려웠거든요. 시민사회단체가 관하고 가까우면 어용의 냄새가 난다고 하고, 관이 시민사회단체와 가까우면 시민사회를 이용해서 뭔가 노리고 있다고 하는 고정관념이랄까, 곱지 않은 시선으로 봐왔잖아요. 하지만 그날 풍경은 사뭇 다른 거 있죠. 조그만 지역에서 모인 것인데 양평여성회관이 꽉 찼어요. 지역 사회단체, 군청, 시군의회, 교육청, 학교 가릴 것 없이 다 나오신 거예요. 제가 그쪽 선생님들 다 아는데, 교장선생님들, 교육운동을 펼쳐냈던 전교조 선생님들까지 모두 다 나와서 지역의 교육문제를 공동으로 해결하겠다고 모였더라고요.

그 자리에서 도의원이 나와서 무슨 얘기를 하는가 하면 전교조 출신의 교사가 나와서 얘기도 하고… 이편저편 갈리는 게 하나도 없더라고요. 각자 다른 주체들이 교육이라는 의제를 중심으로 하나가 되어서 어우러진 그 풍경이 굉장히 낯설기도 하고 신선하기도 했습니다. 하나의 문화적 혁명의 단초라고 느낄 만큼 정말 신선했습니다.

5

'사다리'를 걷어차는 페스탈로치

모든 사람은 지위고하를 막론하고 그 본질로 본다면 어떠한 차이도 있을 수 없다. 마음의 모양이 곧 자기 자신이다. 마음의 모양이야말로 교육의 대상이다. 그리고 향상의 계기가 되는 것이다. 행복을 가꾸는 힘은 밖에서 우연한 기회에 얻을 수 있는 게 아니다. 오직 그 마음에 새겨둔 힘에서 꺼낼 수 있다.

_페스탈로치

개혁의 주체는 교사가 되어야죠. … 간디도 "사회를 변화시키고자 하면 우선 자신부터 변화해야 한다"고 말하지 않았습니까. 저는 교사가 개혁의 대상이 아니라 주체가 되어야 한다고 생각합니다. 행정당국이 아니라요. 그동안은 교사가 개혁의 주체가 될 수 있는 여건을 만들지 못했는데, 이제는 그 여건을 만들어나갈 겁니다. 그렇다면 교사들 스스로 자기 변화를 꾀해나가야 하고, 그에 따른 자기 성찰을 할 필요가 있다고 생각합니다.

_본문 중에서

교육적 성찰이 절실한 때

지승호 어느 시대에나 교육은 우리 사회에서 굉장히 중요한 위치를 차지해왔는데, 예전에는 '입시제도가 어떻게 바뀌는 거냐? 그럼 우리 애는 어떻게 해야 하느냐?'는 고민이 많았다면 지금은 '우리 아이들을 어떻게 키울 것이냐?' 하는 공동체적 고민을 갖고 접근하는 학부모들이 크게 늘어난 것 같습니다. 그런데 그런 부분에서 실망하면 '역시 어쩔 수 없어' 하면서 급좌절하게 될 것 같은데요.

안순억 그렇게 무서운 얘기는 하지 마세요. (웃음) 이렇게 된 배경이 있어요. 시민사회가 늘 얘기했던 것은 교육의 공공성과 가치잖아요. 관이나 기득권 세력의 입장을 보면 여전히 경쟁의 논리가 강하고요. 하지만 오늘날 개혁에 대한 거대담론을 그들이 주도하지도 못할뿐더러 시민사회 또한 절대 관 주도의 어떤 의제에 동의하고 가지는 않잖아요.

　지금은 시민사회가 제기하는 의제를 관이나 보수단체가 수용하는 추세로 가고 있거든요. 시민사회 중심이 대세여서 그런 건지, 우리의 교육 환경이나 조건이 보수·진보를 아우른 공감의 영역이 확장되어서 그런 것인지는 검토가 필요한 부분이라고 생각합니다.

지승호　밖에서 보기에도 김상곤 교육감님이 나와서 구체화된 부분이 많은 것 같은데요.

안순억　그런 면도 있지만, 김상곤 교육감을 만들어낸 것이 그런 힘들이기 때문입니다. 시민사회가 책임의식을 가지고 어떤 동력을 만들어내는 측면도 있는 것 같고요. 어느 선생님이 저한데 이런 메일을 보냈어요. "김상곤만 앞에 내밀어놓고, 가만히 보고 있지만은 않겠습니다. 김상곤이 있는 곳에 언제나 같이 있겠습니다." 바로 이런 마음들이 모여 의미 있는 변화를 만들어내는 것은 분명한 것 같습니다.

지승호　이래서는 안 되겠다는 시대적 흐름에 김상곤 교육감님이 결합을 한 것 같습니다. 그런 힘으로 계속 밀어붙여야 할 텐데요. (웃음)

안순억　밀어붙인다고 하면 좀 그런데요. (웃음) 어떤 의제를 공론화하고 수렴하는 데 있어 한 사람 한 사람을 상대로 대화하고 설득하는 과정도 필요하지만, 지난 무상급식 논의 과정에서 보듯이 하나의 거대한 사회적 공감대를 형성하면 그 자체의 동력으로 움직이는 측면이 있더라고요. 무상급식이라는 보편적 교육복지가 거대한 물결을 이뤘듯이 학교문화의 혁신운동도 학교의 정체성, 교육의 본질, 진정한 경쟁력의 의미에 대한 근본적인 질문에서 출발하여 거스를 수 없는 시대의 대세가 되었으면 좋겠습니다.

저는 그 부분에서 우리 사회가 적어도 교육문제에 있어서만큼은 지성적 성찰이 필요하다고 생각합니다. 성찰의 힘이 있으면 사회적 대화가 열리는 것이거든요. 그리고 그런 사회적 대화가 변혁의 길목에서 하나의 물결을 만들어낸다면 다들 자기 신명을 가지고 제 역할을 하지 않겠어요. 지금은 성찰에서 비롯한 그런 흐름이 우리 교육에서 감지되거든요. 불과 서너 해 전만 해도 아득히 멀게 느껴졌던 일이잖아요.

지승호 지난번에도 말씀하셨지만, 현장에서 개혁을 하고자 하는 많은 선생님의 열망을 교육감님께서 이루어준 측면이 있다고 하셨잖아요. 그런 점에서 같이 일하시면서 어떤 점이 가장 행복했습니까?

안순억 고맙고 행복한 것이 많죠. 우선 교육감님은 인격적으로 굉장히 훌륭한 분이에요. 그럴듯한 구호 대신 끊임없이 현장으로 파고들어 사람들과 낮은 자세로 대화하는 미덕을 지니셨어요. 그것이 사람들의 마음을 움직이고 여는 힘인 듯싶어요. 무엇보다 고마운 분들은 일선의 선생님들이에요. 그동안의 지리멸렬과 냉소주의 그리고 무기력증에서 벗어나 이제 교육혁신의 열렬한 주체로 나서고 있으니까요. 어떤 면에서 저는 과격하게 감사해요. (웃음)

사실 선생님들은 관료나 정치권력에 대해서 사회적 약자잖아요. 이분들이 자발적인 열정을 뿜어낼 수 있는 기제랄까, 환경이 너무 열악했을뿐더러 한 번도 주체로 서지 못하고 늘 대상화되어서 개혁이나 비판의 만만한 대상이 되어온 거잖아요. 그런 과정에서 억울한 면이 많았죠. 우리 사회는 걸핏하면 "선생이 되어 갖고 그게 뭐냐"는 식으로 요구 수준은 아주 높으면서도 정작 실제로는 선생 대접 제대로 해준 적이 없잖아요. 그러다 보니까 그 밑에서 배우는 애들까지 선생을 우습게 여기게 된 거 아녜요. 이런 분들이 무기력증에서 벗어나 뭔가 해보겠다며 사리거나 가리지 않고 적극적인 움직임을 보여주신 것 자체가 저는 참 고맙습니다. 저 또한 지금 교사하고 똑같으니까 그런 움직임에 기꺼이 동참하고 싶고, 그런 것들이 행복하죠.

이것들이 한때의 바람으로 끝나지 않았으면 좋겠어요. 다행히도 희망적인 것은요. 1990년대 열린교육운동이 거세게 일어났을 때를 지금의 혁신교육운동의 흐름과 연계하여 우려하는 분들이 많은데요. 저는 다르다고 생각해서 그리 우려하진 않아요. 두 운동 모두 철학적 지향이나 교육방식에서는 비슷한 점이 굉장히 많습니다. 학생 중심, 수요자 중심, 자기주도 학습, 체험 중심, 토론과 독서 중심 같은 구체적인 의제에서도 굉장히 비슷하거든요. 하지만 결정적인 차이가 있는데, 열린교육운동은 관

주도 차원에 머물렀다는 거예요. 자발적 동력을 얻지 못한 거죠. 그래서 지속되지 못하고 한바탕 바람으로 끝나고 만 겁니다. 그런 면에서 자발적인 동력을 바탕으로 한 혁신교육운동은 크게 다르다고 봅니다.

지승호 혁신교육지구와 관련해서 지자체들의 유치 열기가 뜨거운 것 같습니다. 열기가 뜨거운 만큼 좌절됐을 때 실망도 클 것 같은데요. 지역간 교육 불균형 얘기도 나올 것 같은데요.

김상곤 혁신교육지구가 지정된다고 해서 거기에 재정을 크게 투입할 계획은 없습니다. 기본 시설이나 환경에 문제가 있다면 당연히 평균적인 수준에서 보완할 테지만, 과도한 특별재정을 투입한다든가 하는 건 아닙니다. 다만, 해당지역의 교육을 활성화하고 정상화하는 데 필요한 프로그램을 비롯한 여러 가지 소프트웨어를 투입하는 것은 교육청의 역할이고, 해당지역의 교육여건을 시민사회와 함께 개선해나가고 새로운 방향을 모색하는 것은 지자체의 역할이라고 봅니다. 따라서 투자의 불균형 또는 과잉투자 문제는 없을 것으로 생각합니다.

지승호 투자의 문제가 아니더라도 혁신학교는 좋은 성과를 내고, 아이들이 행복해하는 모습을 보이기 때문에 그 선정에서 배제되었을 때 상대적 박탈감이 들 수 있을 것 같은데요. 유치 열기가 뜨겁다는 것은 교육이 긍정적으로 변화할 것이라는 기대 때문일 텐데, 그것이 좌절된다는 의미 아닌가요?

김상곤 사실 혁신학교 지정에 따른 재정 지원은 그리 큰 액수가 아니에요. 대신 혁신학교의 내부 교육과정이나 운영방식 또는 학교문화를 바꾸는 데 필요한 여러 가지 소프트웨어를 제공하고, 그러한 소프트웨어를 자체 개발할 수 있도록 도와주는 역할에 치중하는 겁니다. 동시에 혁신학교의 주변 학교들도 그것을 공유하면서 개별 학교 각자가 자기혁신을 하도록 권장하고 있습니다.

그와 마찬가지로, 혁신교육지구로 지정된 지역이 아니라도 지정된 지역에서 하는 것을 참고해서 뭔가 하려고 한다면 필요한 소프트웨어를 지원한다든지 하는 가능한 모든 도움을 줄 생각입니다. 그에 따른 준비도 지금 논의하고 있습니다. 다시 말해, 혁신교육지구 지정은 어느 특정 지역만을 배타적으로 지원해서 잘해보겠다는 것이 아니라 혁신교육을 널리 확산하는 기점이랄까, 시작으로 삼겠다는 취지입니다. 일종의 전진기지 또는 베이스캠프라고 보면 됩니다. 종국에는 전국의 모든 학교, 모든 지역이 혁신학교가 되고 혁신지구가 되는 게 저희 바람이죠.

지승호 체벌의 대체수단으로 어떤 것이 있느냐는 얘기들이 나오는데요. 상담 전문가와의 상담과 치료, 사회단체에서의 봉사활동, 노동이나 독서 또는 글쓰기를 통한 지도가 가능하다는 얘기들을 하는 것 같은데요.

김상곤 상당히 많은 논의와 자료가 있습니다. 교사의 역할, 학생의 역할 등을 구분하여 정리한 자료지요. 학생인권조례라고 하면 대개 체벌만을 얘기하는데요. 일본만 해도 학생인권을 폭넓게 체계적으로 제시하고 있거든요. 그러한 것들이 복합적으로 이루어지는 가운데, 실제로 학교문화가 바뀔 수 있다고 봅니다. 한 예로, 지난 28일 KCRP(한국종교인평화회의)에 가서도 종교의 자유와 학생인권에 대해 얘기했습니다만, 실제 학교에서 종교의 자유, 종교 인권을 어떻게 이룰 것인가 하는 문제는 종립 학교별 특성에 따라 더 구체적으로 세밀하게 검토되어야 한다고 봅니다.

그러니까 보통 종교의 자유를 얘기할 때 그것을 누구 입장에서 보느냐에 따라서 달라지는 것 같아요. 종립학교 설립자로서는 선교의 목적이 있거든요. 그러므로 설립자가 볼 때 학교 내에서 종교의 자유는 설립 목적과 배치되는 겁니다. 학생 입장에서는 본인의 의사와는 상관없이 그 학교에 다녀야 하는 경우도 있고, 또 개인의 신앙이란 언제든 바뀔 수도 있는 거 아닙니까. 순전히 종교인을 양성할 목적으로 설립한 전문학교가 아니라면 학교는 설립자가 누구든 종교기관이 아니라 교육기관이라고 봐야죠. 게다가 신앙의 자유가 선교의 자유에 앞서 가장 기본적인 자유라는 데에는 변함이 없습니다. 그런 면에서 종립학교에서의 종교 문제는 신앙의 자유라는 기본권 그리고 학생의 입장에서 고려되어야 한다고 생각합니다.

지승호 몇 해 전, 대광고등학교 강의석 학생이 학내 종교의 자유를 주장하며 단식을 하고 해서 사회문제가 되었는데요. 그 이후에 많이 개선되었습니까?

김상곤 종교의 자유가 초중등교육법 시행령이라든가 교과부 지침에도 구체적으로 언급되어 있습니다. 예를 들면 종교 관련 행사를 강요하지 않아야 한다거나 종교 과목을 개설할 때는 그 과목을 수강하고 싶어 하지 않은 학생들을 위한 대체과목을 병행 설치해야 한다는 조항이 있어요. 그런데 그게 현장에서는 제대로 안 지켜지고 있다는 지적이 있습니다.

지승호 얼마 전 강연하실 때 "우리 교육이 실은 20퍼센트를 위한 교육이 아니냐? 80퍼센트는 배제하고, 60퍼센트는 아예 포기하고 있는 현실이 아닌가?" 하는 우려를 표명하셨는데요. 언젠가 핀란드 교육 관계자가 "우리가 한 아이, 한 아이를 소중하게 생각하는 것은 그만큼 우리의 상황이 절박하기 때문이다. 자원이 부족한 상황에서 가진 것은 인적인 가능성뿐인데, 어떻게든 한 아이, 한 아이의 개성을 모두 살릴 수 있는 교육을 생각할 수밖에 없다"고 한 적이 있습니다. 한국도 같은 상황 아닙니까? 늘 인적자원의 중요성을 강조하는데요. 그러나 교육방식은 그와 반대인 것 같습니다.

교육감님께서도 뒤처진 아이들을 포기하는 것은 교육적으로도 옳지 않을 뿐 아니라 국가경쟁력 측면에서도 바람직하지 않다는 말씀을 하신 건데요. 우리나라는 기존의 공교육 시스템에서 문제를 잘 푸는 아이들하고, 아예 기존의 교육과는 전혀 다른 방식으로 경쟁력을 갖춘 아이들 일부 이외에는 버리고 가는 상황인 것 같습니다. 교육감님은 포기한 60퍼센트를 위한 교육을 재고하자는 말씀이신데, 그게 사회에서 쉽게 받아들여지지 않는 것 같은데요.

김상곤 저도 우리나라가 인적 요소 외에는 이렇다 할 자원이 없다고 생각합니다. 그렇다면 국민 개개인이 지닌 소질을 최대한 끌어올려서 발전의 원동력으로 삼아야 한다는 취지에는 누구나 동의하리라고 봅니다. 그런데 아직도 우리 사회에는 1퍼센트가 나머지 99퍼센트를 먹여 살리는 것이 가능하다는 식의 생각이 팽배해 있는 것 같습니다. 물론 사회학이라든가 문화사회학에서 19세기 전후 한때는 그런 얘기들을 많이 했죠. 하지만 현대에 와서 그런 얘기는 독선으로 여겨지고 있습니다.

이제는 개개인이 지닌 소질과 소양, 잠재력을 어떻게 발현시키고 극대화시킬 것인가, 또 그것을 통해서 각 개인의 행복을 추구하는 사회 메커니즘을 어떻게 만들어낼 것인가 하는 것이 가장 중요한 현안이 되고 있는데요. 우리는 그런 면에서 상당히 역행하고 있다고 봅니다. 경쟁지상주의의 위험한 논리에 매몰되어 있는 건데요. 이건 신자유주의적인 교육방식이라고 하기에도 참으로 어줍지 않은 논리라고 생각합니다.

왜냐하면 영국이나 미국에서 신자유주의적인 산업정책, 그에 따른 인력정책이 도입되어 오기는 했습니다만, 이런 식으로 아주 짧은 기간 동안에 무한경쟁적인 교육방식이 극대화된 예는 없기 때문입니다. 신자유주의는 많은 한계와 문제점을 안고 있지만, 이런 식의 무지막지한 정글의 법칙까지 의미하는 건 아니라고 봅니다. 아무튼 그런 속에서 우리 학생들은 소극적·타율적이 되고 수단화되어온 상황입니다. 그러다 보니까 무기력해지고 로봇이 되어가는 게 아닌가 생각합니다.

부모와 학교가 때로는 지나치게 개입하고, 때로는 지나치게 방치하는 것을 그대로 답습하는 형태의 학생들이 양산되고 있고, 이것은 아주 우려할 만한 상황이라고 봅니다. 그래서 저번에 우리 학생들은 안타깝지만 80퍼센트는 좌절하고, 그중 60퍼센트는 포기한 상태라는 얘기를 한 거죠.

지승호 경쟁까지 수용한다고 쳐도 어릴 때 경쟁에서 한번 졌다고 평생 지는 것은 아니지 않습니까. 요즘 자주 얘기되는 스티브 잡스만 하더라도 젊을 때 인도 요가 수행을 떠나기도 했고요. 자신이 창업한 애플에서 쫓겨나 10년 정도 사업 실패를 경험한 기간이 있었지 않습니까. 요즘 들어서는, 그런 좌절이 없었다면 지금의 성공이 없었을 것이라는 분석도 나오는데요. 지금 우리처럼 어렸을 때부터 일찌감치 낙오자로 만들어버리는 시스템은 사회경쟁력을 오히려 떨어뜨릴 것 같은데요. '묻지 마 범죄' 같은 잠재적인 범죄 가능성도 높이게 되는 것 아니겠습니까.

경쟁력이라는 차원에서도, 특히 벤처 비즈니스 같은 경우는 실패도 많이 해보고 모험심을 가져야 할 수 있는 것 아니겠습니까. 모범생이 갖지 못한 모험심을 그렇지 못한 아이들이 가지고 있을 수도 있고요. 예전에는 공부 잘하는 아이들을 인정하기도 했지만, 반대로 '공부 못하는 아이들 중에서 진짜 성공하는 사람이 나온다'는 분위기도 있었는데요. 지금은 그런 것도 거의 없어진 것 같습니다. 중고등학교 때부터 이미 실패자가 어느 정도 결정되어버린다는 느낌도 드는데요.

김상곤 그렇습니다. 예전에 제가 학교 다닐 때는 고등학교 와서야 마음먹고 공부해서 그동안에 뒤처졌던 부분을 따라잡은 경우가 꽤 있었거든요. 점차 그게 아래로 내려온 것 같아요. 특히 최근에는 어렸을 때 뒤처지면 영영 그걸 회복하기 어렵다는 말이 나올 정도의 경쟁사회가 되었다고 봅니다. 흔히들 실패는 성공의 어머니라는 말을 하는데요. 학자들도 어떤 개인의 성공 시점에서 봤을 때 그 성공이 그동안에 실패했던 것들, 그 실패들의 산물이라고 표현하거든요.

사람은 성장하는 과정에서 숱한 변화를 거치는데, 어떤 성취나 자아완성에 있어 저마다 일찍 되기도 하고 늦게 되기도 하잖아요. 누구나 저마다 다른 종류의 무궁무진한 잠재력을 가졌다고 보는데, 어른이 되기 전에는 그 전모를 알 수 없는 거잖아요. 그런데 어느 일면만을 보고 조기에 성급하게 판단하고 재단하는 것은 극히 위험한 발상이고, 사회적으로도 큰 손실 아니겠어요.

지승호 지난번에 일기장 검사 얘기도 나왔지만, 학생의 동의가 없는 소지품 검사는 인권침해라는 것이 조례에 담겼는데요. 미국의 경우 총기 휴대를 하는 경우가 있으니까 그것에 대비해서 검색대를 설치하는 학교도 있다고 들었습니다. 아이들이 칼이나 흉기 등을 휴대해서 학교에서 사용하는 경우 학교 또는 교사가 학생에 대한 보호감독 책임을 져야 하고, 그것을 강하게 요구하는 경우도 있지 않습니까. 그래서 학생의 인권과 현장의 보호감독 책임 부분이 충돌하는 경우가 생길 텐데요. 운영의 묘를 어떻게 살리실 생각입니까?

김상곤 그런 세세한 사항은 앞으로 더 고민할 부분인데요. 그건 평시와 비상시로 나누어 생각해볼 문제인데요. 가령 평시의 일이라고 할 수 있는 소지품이나 일기장 검사 같은 것은 학생들의 동의를 받아서 하는 게 필요하겠고요. 한편 비상시의 일에는 그 상황에 적절한 판단과 조치가 필요하다고 생각합니다.

학생인권조례의 조문 하나 하나의 뜻을 형식적으로 보면 사실 여러 한계나 문제가 있을 수 있겠지만 사안별로 해당 조문을 어떻게 해석하고 적용할 것인가는 처한 상황의 성격에 따라 탄력적으로 조율하고 조정하면서 대처할 수 있다고 생각합니다. 그리고 앞으로는 대안 방안이나 프로그램 속에 실제로 경찰에 관계된 일과 같은 비상시의 문제에 어떻게 대처할 것인가 하는 것도 반영할 필요가 있다고 생각합니다.

지승호 때에 따라서 비상 상황을 구분해야 한다고 말씀하셨는데요. 테러와 고문과의 관계도 연상되는데요. 원칙적으로 고문은 있어서는 안 된다는 입장과 테러범을 고문해서 수많은 사람들을 살릴 수 있다면 불가피한 것 아니냐는 주장도 있지 않습니까? 물론 그 사이에 수많은 입장 차이들이 있을 테지만요.

김상곤 기본적인 취지는 민주적인 학교문화를 위해서 학생들의 의견을 수렴하고 반영해서 학교의 모든 규정을 만들기를 바라는 겁니다. 그렇다면 학생들과 이런 세세한 것들을 얘기할 수 있죠. 저는 그게 기본이라고 봅니다. 소지품이나 일기장 검사 같은 것도 학생인권을 존중한다면 무작위로 아무 때나 검사해서는 안 될 일이지요. 어느 때 어떻게 할 것인가를 학생들의 의견을 들어서 필요한 경우에 적절하게 조치한다면 무리 없이 해나갈 수 있으리라고 봅니다. 학교에서 일어나는 일은 무엇보다도 우선 문제의식을 학생들과 공유하고 공감대를 넓혀나가는 작업이 필요하다고 봅니다. 어쨌든 학생은 학교사회의 핵심 주체잖아요.

그런데 학생인권조례가 통과되고 나서 학교에 혼란이 생긴다는 표현이 나오지 않습니까. 물론 그렇게 느껴질 수 있는 부분이 있습니다만, 기존의 강압적인 통제방식 대신 교육방식을 변화시키는 과정에서 나오는 현상이라고 봐야죠. 뭐 기존질서로 보면 일부 혼란이라고 표현할 수 있겠습니다만, 새로운 질서를 만들어가기 위한 과정이라고 봐야 하지 않을까 싶습니다.

교육자는 먼저 학생들 앞에 떳떳한지 돌아봐야 할 때

지승호 집회·결사의 자유와 사상의 자유는 헌법에 국민의 기본권으로 명시되어 있지 않습니까. 그런데 학생들에게는 상당히 제약되어왔던 정도가 아니라 논의조차 되기 힘들었던 것 같습니다. 학교나 교사 입장에서는 아이들이 모여서 뭘 의논하고 의견을 나눈다는 자체를 불편하게 생각하던 것 같고요.

김상곤 집회·결사의 자유나 사상의 자유라는 표현이 학생인권조례에는 빠졌습니다. 지난해 12월 17일자로 자문위원회가 여론 수렴을 위한 초안을 발표했을 때는 들어가 있었는데요. 워낙이 보수언론에서 집중적으로 그에 대한 문제제기를 했습니다. 그런 문제제기가 지나친 면도 있지만, 일리가 있는 부분도 있어서 자문위원회에서 원안과 수정안 두 가지를 제출했습니다. 우리는 수정안을 채택해서 자체 내에서 조정해서 추진한 것인데,

집회·결사의 자유는 표현의 자유로 통칭되었어요. 사상의 자유는 양심의 자유로 통칭되었고요.

지승호 표현은 달라졌지만, 아이들이 자신의 의사를 자유롭게 표출할 수 있어야 한다는 취지일 텐데요.

김상곤 표현의 자유를 구체적으로 어떻게 규정하고 구현하게 할 것인가는 학교별로 논의를 통해서 얘기할 사항이죠. 표현의 자유에는 물론 집회·결사의 자유도 들어가겠습니다만, 학교의 공식적인 회의체에 학생들이 의견을 제출할 수 있어야 한다든가, 학교 당국에 의견을 제출한다든가 하는 여러 방식을 다양하게 활용할 수 있는 근거가 될 수 있습니다.

지승호 학생의 교복, 두발 자유는 어느 정도까지 허용될 수 있다고 생각하십니까? 혁신학교에서는 지나치지만 않으면 어느 정도 자율성을 부여해나가는 것 같은데요. 그러면 선생님의 개성도 존중해야 할 것 같은데요. 지금의 학교문화에서는 선생님이 개성을 표출하는(?) 의상을 입을 경우 튄다는 눈총을 받을 것 같은데요. (웃음)

김상곤 선생님들의 경우에는 학교문화 속에서 스스로 자기 규율을 가지고서 할 부분이고요. 선생님들이 염색을 하거나 머리를 기른다고 해서 문제 될 건 없잖아요. 학생의 경우와 비교할 바는 아니지요. 다만, 교사들도 복장이 품위에 크게 벗어난다면 주위의 눈총을 받거나 교장선생님의 지적을 받을 수는 있겠죠.

학생들의 경우에는 머리 길이를 제한하지 않는다고만 되어 있는데, 나머지는 학교별로 학생들의 의견을 들어 적절하게 운영해나가리라 봅니다. 학교에 따라서는 염색이나 파마까지도 자유롭게 허용하는 경우가 있고, 학생들의 의견을 수렴하여 자율적으로 이 정도는 괜찮겠다고 하는 기준을 정하기도 하고요. 어떤 경우에는 학생들 스스로 결정해서 '염색은 곤란하지 않느냐' 하는 경우도 있습니다. 실제로 두발과 관련해서 모든 것을 자유롭게 하는 학교에서도 나오는 얘기가 처음에는 염색도 하고 남학생이 파마도 해보기도 한다는데요. 조금 지나면 대부분 자연스러운 자기 머리 스타일로 돌아오는 것 같다고들 합니다. 이처럼 자율에 맡기면 적절한 선에서 자연스럽게 정리되리라 믿습니다.

지승호 학교 밖 권리구제기구는 어떤 형태로 만들어져야 하고, 어떤 지원이 있어야 한다고 보십니까? 학생인권옹호관의 지위나 독립성을 보장하기 위한 조치들이 있어야 할 텐데요.

김상곤 지난 1학기 초부터 자체적으로 여러 조치들을 취해왔고요. 경기교육청에서는 학생인권조례와 관련하여 상당한 정도의 준비작업을 단계적으로 해왔습니다. 그 과정에서 각 지역 교육청에 학생생활인권 지원센터를 만들었는데 그게 다 작동하고 있고, 24시간 상담체제도 곁들이고 있습니다. 그러면서 인권조례에 있는 학생인권옹호관을 앞으로 배치해갈 겁니다. 학생인권옹호관은 교육청 내부가 아니라 외부에서 채용하고 자주적인 권한을 부여할 겁니다. 학생인권옹호관이 해야 할 역할은 조례에도 있습니다만, 구체적으로 규칙에 담을 예정입니다.

지승호 "학생인권조례는 학생인권의 기준을 제시하는 일도 하겠지만, 인권에 대한 감수성과 의식을 키울 수 있는 인권교육을 강화하는 방안도 찾을 것이다"라고 말씀하셨는데요. 인권교육은 어떻게 해나가실 건가요?

김상곤 작년 연말부터 학부모 연수나 학부모·학생 공동 연수 등을 실시하고 있습니다. 그런 경우에 생활인권과 관련된 사항

성남 분당 계원예고에서 학생들과 함께

들도 함께 연수 내용에 포함시켜왔고요. 그리고 앞으로 학생인권 교육과 민주시민 교육 같은 사안들을 복합적인 주제로 해서 학교에서 실시할 수 있도록 할 겁니다. 이미 그전부터 생활인권 교육을 실시하도록 학교에 권장해왔습니다. 지난 1학기부터요.

지승호 거기에 맞춰서 '교권보호헌장'을 제정하신 건데요. 학생인권조례만큼 많이 얘기되진 않는 것 같습니다. 그래서 교사들 입장에서는 생색내기나 구색 맞추기가 아니냐는 생각도 할 수 있을 것 같습니다. 그에 대한 얘기도 많이 해야 할 텐데요.

김상곤 그에 따른 후속 조치도 계속 강구하고 있는데요. 금년 1월 초에 우리 홈페이지에 '선생님 지킴이'라는 프로그램을 연결시켰습니다. 우리 교사들이 학부모나 학생으로부터 교권을 침해받는 경우에 어떻게 조치할 것인가 하는 것이 그 속에 사례별로 들어 있는데요. 그런 일차적인 조치가 시작됐고요. 교권보호헌장이 발표되고서 선생님들이 교권침해를 받았을 경우에 변호사의 조력을 어떻게 받을 것인가(우리 자체 내에 고문 변호사 제도가 있거든요) 하는 것도 체계적으로 정리해서 홍보를 하고 있습니다.

지금 추진 중인 교권보호 지원센터 설치를 구체적으로 해나가려고 합니다. 그 밖에도 열 가지 정도 사안이 있는데, 그런 구체적인 보완작업을 해오고 있습니다. 예를 들어 최근에 경기도에서 교장이 교사들에게 성적인 언어폭력을 가한 사안이 있는데요. 제가 그 학교에도 가서 들었는데, 교사들이 이것을 드러낼 것인가 말 것인가를 엄청나게 고민했다고 합니다. 예전 같으면 엄두도 못 냈을 것이라고들 해요. 그나마 진보 교육감이 와서 교육의 변화를 이끌고 있기 때문에 용기를 낼 수 있었다는 거예요. 그렇게 용기를 내서 고발을 해놓고서도 신분상의 불이익을 당하지는 않을까 상당히 걱정들을 했다고 합니다.

제가 가서 얘기했어요. "선생님들께서 어려운 결정을 해주셔서 고맙습니다. 그리고 교단에서 있어서는 안 될 일이 벌어진 것에 대해서 경기 교육의 책임자로서 유감으로 생각합니다. 그리고 고발로 인한 불이익을 걱정하고 계신다는데 결코 그런 일은 없을 것입니다. 오히려 앞으로 더욱더 경기 교육계 또는 교단에서 부정비리나 불의한 일들이 벌어지는 것을 감시해주시고, 우리 경기 교육이 투명성과 청렴성을 더욱더 높일 수 있고, 모든 면에서 공평성과 평등성이 나아질 수 있도록 노력해주십시오."

경기뿐 아니라 전체 교육계에서 벌어지는 여러 부정적인 사안들이 사실 많은 부분 감춰져왔습니다. 그러나 최근의 상황은 최소한 경기도에서는 많은 부분 드러나고 있다고 생각하고요. 사회 전반적인 분위기 변화도 있겠습니다만, 경기 교육 자체의 변화와 혁신의 큰 흐름에 함께하는 교사들이나 교육자들이 점점 많아지고 있다는 것을 느끼고 있습니다.

지승호 교장선생님이 학생들 보는 앞에서 교사를 체벌한 경우도 있었는데요.

김상곤 매질한 경우가 있었죠.

지승호 지난번 수학여행과 관련해서 비리를 저지른 교장의 징계가 서울시 교육청에 비해 약했다는 지적도 있습니다. 전교조에서도 이례적으로 "교육 비리에 대한 김상곤 교육감의 일벌백계 의지가 약해졌다"고 비판했고, 일각에서는 "개혁 이미지가 강한 김상곤 교육감이 전면 무상급식 등 산적한 교육 현안을 추진하기 위해 일선 교원들의 눈치를 보고 있다"는 지적도 나오고 있는데요.

김상곤 눈치를 보거나 그런 것은 전혀 없고요. (웃음) 제가 작년에 들어와 얼마 안 되어서 그런 비리사건이 일어났거든요. 제가 5월 초에 일을 시작했는데, 7월 전후해서 두 건의 사건이 일어났습니다. 도저히 있을 수 없는 일이고, 있어서는 안 될 일이기에 그것을 계기로 해서 반부패 종합대책을 만들어서 징계 수위도 강화하고, 감찰반을 조직한다든가 하면서 부정부패 예방활동을 훨씬 더 강화했습니다. 그런 면에서 상당한 정도로 공감대가 형성되고, 경기도 교육청 전 기관 청렴 관리 시스템도 마련되었는데요. 아직도 예전의 일과 관련해서 비리사건이 터지는 경우가 있습니다.

그런데 그런 사건이 터졌을 때 그 경중에 상관없이 우선 사실관계를 정확히 파악하는 것이 가장 중요하다고 생각합니다. 그 사실관계에 근거해서 상응한 조치를 취해야겠지요. 저번에 수학여행 관련 비리사건은 사실은 서울 쪽에서 주로 거론됐던 사안으로, 경기도의 몇몇 교장을 비롯한 관리자들이 거기에 포함되어 있었습니다. 현재 재판에 회부된 중한 사건 외에 나머지 경미한 사안과 관련된 징계조치를 일단 먼저 하다 보니까 "서울과 비교해서 상대적으로 가벼운 조치가 아니냐?"는 평가를 하신 것 같은데요. 실은 지금 재판에 회부된 주요 사건에 대해서는 1심 재판 결과를 보고서 그에 합당한 조치를 취하려 합니다.

'경기도 교육청의 부정비리에 대한 대응 의지가 예전보다 약해지지 않았느냐'는 생각을 가진 분들이 있는데, 그런 건 아니고요. 인사위원회라든가 징계위원회에 참여하는 시민사회 구성원이 과반이 되도록 이미 개편했거든요. 앞으로 시민사회의 눈으로 교육계의 부정비리까지도 판단하고 평가할 수 있는 체제를 갖추어나가려 하고 있습니다.

지승호 시국선언 서명 교사 징계에 대응하는 방식과 같다는 거죠. "법원 판결을 보고 결정하시겠다"는 것은요.

김상곤 일반적으로 징계 사안일 경우에는 재판에 회부되어 있다면 1심 결과를 보고서 판단합니다. 본인이 사실관계를 명확하게 하지 않는 경우라든가 판사의 판단을 보고서 참고해야 하는 것이 필요하다고 할 경우에는 그렇습니다. 이미 징계위원회에 회부되어 있는데, 징계위원회 자체의 결정에 따라 뒤로 미루는 경우도 있습니다. 가령 중징계 사안은 1심 판결 이후로 미루어져 있습니다.

교사는 개혁의 대상이 아니라
개혁의 주체

지승호 "전 교육감에 비해 업무 추진비를 25퍼센트 이상 더 사용했다"는 국회 교과위 김춘진 의원의 지적이 있었고, 그것을 보수언론이 중점 사안으로 쓰고 있던데요.

김상곤 그런 얘기까지 여기서 해야 합니까? (웃음) 그때 발표된 게 우리가 1억 9000만 원이고, 제주도가 1억 3000만 원이거든요. 그 기준을 어디에 두고 보느냐에 따라서 많이 다릅니다. 절대액수가 많다고 해서 일률적으로 얘기할 부분이 아닙니다. 제주도는 우리보다 인구가 훨씬 적은데도 절대액수에는 큰 차이가 없거든요. 오히려 서울보다 많아요. 계산방식의 차이도 크고요. 그런 억지 춘향 식 비판에는 큰 의미를 두지 않고 있습니다. 되돌아보기는 해야 하겠지만요. 물론 많은 일을 진행하면서 다양한 논의를 거치다 보니 잦은 회의와 식사를 하는 과정에서 비용이 다소 늘어난 부분은 있습니다.

지승호 《경인일보》 민정주 기자가 "경기교육청 인사는 코드 인사, 지역 배척 인사"라고 비판한 칼럼을 쓴 적이 있는데요.

김상곤 그동안에 인사 관행으로 보면 비교적 여러 가지 제도가 정비되어 있습니다만, 실제 상황에서는 편중 현상이 나타나 있습니다. 제가 생각하는 인사 원칙은 능력과 실적을 중심으로 하면서 균형성과 공정성을 기반으로 하는 것인데, 그런 면에서 그 균형 속에는 지역별·학교별 균형도 포함된다고 볼 수 있습니다. 예전에 편중되어 있었다면 지금은 그 편중을 풀어내는 과정에 있습니다. 일부 언론에서 코드 인사니 일방적인 인사니 하고 비판하는데 그렇지 않습니다. 내부 절차와 규정을 충실히 따른 것은 물론이고, 그동안 편중됐던 부분에서 균형으로 가기 위한 과정에 있다고 볼 수 있습니다.

 여기서 그런 부분들까지 구체적으로 얘기하기는 쉽지 않을 것 같은데요. 그런 비판들은 솔직하게 얘기하면 비난이거든요. 물론 지방언론 중에서 사실에 근거를 둔 건강한 비판도 있지만, 아닌 경우도 많은 것 같습니다. 예를 들면 이런 식이에요. 제가 이번 임기 이전에, 지난번 임기 때 같이 와서 일하자고 해서 세 분을 모시고 들어왔는데요. 그걸 두고 "김상곤 교육감이 데리고 온 사람들은 호남 코드"라는 식으로 비난했었고, 의회에서도 그랬습니다. 그걸 언론에서 받아서 썼고요. 인사 때마다 그런 식으로 '호남 코드'를 들먹입니다.

하지만 그건 사실관계에서도 오보예요. 데리고 온 분들 중 두 분은 영남, 한 분은 서울 출신입니다. 호남 출신은 한 분도 없어요. 일부러 피하려고 한 게 아니라 하다 보니 그렇게 됐어요. (웃음) 그리고 내부 인사도 그 전에 왜곡되어 있던 부분을 능력과 실적 그리고 균형성을 고려하여 전체적으로 조금씩 보완해 가고 있는 것인데 어느 특정 부분을 가지고 어느 지역 사람을 쓴다고 해서 호남 코드니 무슨 코드니 하는 것은 저로서는 부당하다고 생각합니다. 또 그런 것을 의도적으로 자꾸 얘기하는 것은 바람직하지도 않습니다. 그래서 드리는 말씀인데요. 언론에서 비방하느라 그런 것을 꼭 이 자리에서 변명하듯이 얘기할 필요가 있나 싶습니다.

지승호 한 번쯤 짚어주는 것도 나쁘지 않을 것 같아서요. (웃음) 국가청소년위 2006년 조사에서 학생들이 인권침해라고 생각하는 것 중 1위가 "탈의실 없이 화장실에서 옷을 갈아입어야 한다"는 것이었습니다. 아이들은 인권에 대해서 막연하게 생각하는 것보다 구체적인 불편함을 얘기했던 것 같은데요. 이걸 보면서도 '참 학교가 안 변하는구나' 하는 생각을 했습니다. 다음 시간이 체육시간이면 10분 내에 옷을 갈아입고 운동장으로 나가야 하고, 땀을 흘린 다음 샤워도 못한 채 10분 내에 화장실에서 옷을 갈아입고 수업을 해야 한다는 건데요.

아이들을 사랑한다고 얘기하면서도 아이들의 그런 현실에는 눈을 감는 것이 우리 교육의 단면을 보여주는 게 아닌가 싶습니다. 그렇다고 해서 교육에 돈을 안 쓰는 것도 아니지 않습니까.

엄청난 사교육비를 쓰고 있고요. 대학에서 학생들을 선별하기 위한 과정에서도 엄청난 비용을 쓰고 있잖아요. 그런 면에서 조금만 신경을 쓰면 아이들이 원하는 것을 해줄 수 있을 것 같은데요. 그렇게 교육열이 높으면서도 아이들의 현실적인 불편 하나도 해결해주지 못하는 것 같습니다.

김상곤 구체적인 사안들과 관련된 아이들의 불만이 있는데요. 제가 볼 때는 전체적으로 우리 학교 시설은 많이 개선되었습니다. 평균적으로 선진자본주의 국가들이나 가까운 일본과 비교해도 그에 못지않은 수준으로 왔는데요. 그럼에도 불구하고 말씀하신 탈의실이라든가 사물함, 여자 화장실 같은 경우 불비한 점들이 있죠. 차근차근 개선해나가야 하는데, 워낙에 학교를 지을 때 그런 것까지는 생각을 안 하고 지었기 때문에 설치공간에 한계가 있습니다. 어느 정도 크기의 사물함을 만들 것인지도 생각하기 나름이고요. 가능한 대로 학생들이 불편하지 않도록 조치하는 것이 기본 원칙이라고 봅니다.

그 점에서는 그동안에도 시설이나 환경 개선사업 속에서 보완되고 있지만, 그 정도로는 아직 부족한 점이 있다고 봅니다. 그나마 다행히 최근에 지은 학교는 그런 것까지를 염두에 두면서 공간배치를 하고 있는데, 좀 오래된 학교는 그런 것이 제대로 감안되지 못해서 보완작업이 필요합니다.

지승호 학생인권 얘기가 나올 때마다 교사들이 기분 나빠하는 것이 자신들을 가해자로 보거나 개혁 대상으로 본다는 것일 텐데요. 헨리 반 다이크의 〈무명 교사 예찬사〉라는 글도 있지만, 그분들이 주체적으로 나서지 않고서는 학교현장이 개선되기 어렵지 않습니까? 그런 면에서 자부심을 심어줄 필요도 있고, 설득해내는 과정도 필요할 것 같습니다.

교권보호헌장 제3장 교권교육을 보면 "교육행정당국은 교사들이 교권을 자각하고 보호받을 수 있도록 적절한 교육을 제공하여야 한다" "교육행정 당국은 학습자와 학부모를 상대로 교육권의 조화로운 실현을 도모하기 위한 적절한 교육을 제공하여야 한다" "교육행정당국은 학교 행정가를 대상으로 교권을 보호하고, 교육 리더십을 발휘할 수 있도록 적절한 교육을 제공하여야 한다"는 조항들이 있는데요. 각 당사자에게 어떤 교육들이 있어야 한다고 보십니까? 여러 부분의 교육 주체들이 교사를 존중해야 실질적인 변화가 있을 텐데요. 교사들의 고충을 잘 모르고, 막연하게 생각하고 있는 것이 현실인 것 같습니다.

김상곤 개혁의 주체는 교사가 되어야죠. 그런 면에서 볼 때 교사가 가장 중요한 주체인데요. 간디도 "사회를 변화시키고자 하면 우선 자신부터 변화해야 한다"는 말을 했지 않습니까. 저는 교사가 개혁의 대상이 아니라 주체가 되어야 한다고 생각합니다. 행정당국이 아니라요. 그동안은 교사가 개혁 주체가 될 수 있는 여건을 만들지 못했는데, 이제는 그 여건을 만들어나갈 겁니다. 그렇다면 교사들 스스로 자기 변화를 꾀해나가야 하고, 그에 따른 자기 성찰을 할 필요가 있다고 생각합니다. 그것을 도와주기 위해서 교육행정 쪽에서 여러 가지 것들을 제안하고 지원하는 역할을 하고 있는 상황입니다.

실은 학부모도 변화해야 됩니다. 학부모도 자기 자녀를 바라보는 시각이나 교육과 관련하여 부모로서 여러 가지를 성찰해야 할 부분이 있어요. 자녀가 다니는 학교와 관련해서도 성찰을 통한 변화가 필요한 부분이 있습니다. 그런 면도 학부모 연수 등을 통해서 계속 말씀드리고 같이 생각해볼 수 있는 계기를 마련하고 있습니다. 특히 학생인권조례와 관련해서는 교사뿐 아니라 학부모도 우려하는 지점들이 있습니다. 그러한 지점에 대해서 어떻게 할 것인가 하는 의견도 수렴하고, 우리의 방안도 말씀드리면서 학교문화를 바꾸는 데 자기 역할을 할 수 있도록 도와드리는 것이 우리가 해야 할 일이라고 생각합니다.

지승호 "김상곤의 수난사는 한국 교육의 합리성이 만들어지는 과정에서 생기는 진통"이라고 표현하시는 분도 있는데요. "30년 개혁 교사들의 한을 김상곤이 풀어줬다"는 얘기도 있고요. 시민운동도 마찬가지지만, 한 리더에게 기대와 역할이 너무 크게 부여될 경우 과부하가 걸릴 수도 있잖습니까. 개인이 상처를 받았을 때 운동 역시 상처받는 경우도 있는 것 같고요. 교육감님은 교육개혁, 교육혁신의 상징처럼 되셨는데, 그에 따른 부담도 적잖을 것 같은데요.

김상곤 교육개혁은 학교현장에 있는 교사나 교장선생님들이 그동안에 하고자 했던 열망과 단편적인 실천들 속에 녹아 있었죠. 그런데 이제는 교육행정 당국자가 그러한 개혁을 하자고 제안하고 구체적인 정책과 계획을 제시하고 있는 형국인데요. 이런 형국에서 여러 가지 오해와 편견으로부터 오는 비판이나 비난은 감수할 수밖에 없다고 봅니다. 그런데 이 개혁의 방향, 혁신의 방향이 실은 시민사회뿐 아니라 국민 일반이 공감하는 사안이라면 일시적인 비난이나 공격이 따르더라도 자기 확신을 가지고 해나가야 하지 않겠느냐는 생각입니다.

저는 그런 면에서는 자기 확신을 할 수 있는 국민 일반이나 시민사회의 반응이 상당히 빠른 속도로 전해져온 과정이었다고 봅니다. 그 과정에서 힘들고 어려운 순간도 숱하게 겪었지만 그런 큰 흐름을 만들어가는 가운데 교사들의 자발적인 참여와 학부모들의 성원을 보면서 힘들다는 걸 느낄 겨를이 없었습니다. 그리고 교육 외적인 부분에서 여러 가지 문제를 찾아내려고 하는 그룹도 일부 있을 수 있는데요. 그것은 그것대로 제가 올바른 방향에서 올바른 입장을 가지고서 행동하고 추진한다면 별로 문제될 것이 없지 않나 싶습니다.

그리고 더군다나 이것은 공무원 조직이고, 좀더 크게 얘기하면 공적 조직이기 때문에 모든 게 시스템으로 움직이고, 행정체계로 움직이는 것인데 꼭 그런 사적인 비난을 일삼을 것까지는 없다고 생각합니다. 그런 면에서 안타까운 거죠.

지승호 사교육비 경감을 위한 전담팀을 전국 최초로 신설하셨는데요. 2009년 '사교육 없는 학교' 90개교의 사교육비가 13.7퍼센트 경감되었다고 들었습니다. 저소득층 자녀를 위한 36개교 지역 공부방을 개설하기도 하셨고요.

김상곤　사교육 없는 학교 90개교는 교과부 정책사업입니다. 제 개인적인 사업이라고 볼 수는 없고요. 사교육비 경감을 위한 특별대책으로는 사교육 없는 학교뿐 아니라 우리 자체 내에 그런 대책들을 세워서 추진해온 게 있었어요. 그 자체만의 성과를 얘기하는 것은 쉽지 않다고 봅니다. 역시 혁신학교 운영이나 공교육 혁신과 연계해서 사교육비 경감을 추진해나가는 것이 필요하다고 봅니다.

지승호　경기도청의 교육국 문제가 아직 해결되지 않은 것 같은데요. 언론을 보니까 굉장한 성과를 거두고 있는 것으로 나오던데요. 교육자치와 행정자치의 갈등이라고 말씀하셨는데, 그 부분이 여전히 해소되지 않았다는 것 아닙니까?

김상곤　교육자치와 행정자치와의 상충 문제일뿐더러 지금의 교육 관련 법제에 따르면 행정자치기구 내의 교육 부서는 교육청을 지원하고 협력하는 수준 이상으로 독자적으로 초중등교육과 관련해서는 할 수 있는 것이 없습니다. 경기도청이 국 단위의 교육 부서를 유지하는 것은 사실은 욕심이고, 또 과잉반응이라고 생각합니다.

학생 저마다의 소질을 배려한
'역동적 평준화'

지승호 2012년부터 광명·안산·의정부시에서 고교평준화 제도를 도입한다고 들었습니다. 반대의견을 가지신 학부모들도 계실 것 같은데요.

김상곤 7, 8년 전부터 지역사회에서 의견을 모으기 시작했던 사안이고요. 시민사회 자체적으로 여론조사도 하고 여론수렴도 했죠. 그리고 저희가 지난해에 그 의견을 받아서 타당성 조사를 서울대 산학협력단에 의뢰했는데요. 거기서도 평준화의 타당성이 있다고 나왔어요. 그것을 다시 한 번 자체 내에서 보고서를 받고 여론조사를 해본 결과 평균 75퍼센트 정도가 찬성했습니다. 그럼에도 불구하고 반대하는 시민들이 있는데요. 그 시민들 중에서는 의미 있는 제시를 하는 경우도 있습니다. 그것을 전체적으로 수렴해서 추진해가려고 합니다.

예를 들어, 지역마다 학생들이 기피하는 학교가 있습니다. 상향평준화가 되도록 기피 대상 학교들의 시설이라든가 여러 가지 시스템을 보완해나갈 겁니다. 한편으로는 그 지역의 이른바 명문 학교를 좀 아까워하는 분들이 있는데요. 평준화된 지역들을 보면 학교 안팎의 구성원(학생, 교사, 학부모, 동문회 등)들이 어떻게, 얼마나 노력하느냐에 따라 학교가 가진 전통을 살리는 경우도 많거든요. 그런 면에서 이해를 구하는 노력을 해야겠지요.

일단은 제반 절차를 거의 다 마쳐가고 있습니다. 10월 15일경에 교과부에 평준화 신청을 할 거고요. 그 후에 교과부 절차를 거치면서 해나갈 텐데, 평준화를 잘못 이해하고 계신 분들이 평준화 하면 하향평준화가 된다고 흔히들 얘기하시는데, 교육개발원 발표를 비롯하여 여러 학자들이나 교육 관련자들이 그 동안에 연구하거나 통계를 낸 것을 보면 하향평준화의 증거는 없습니다. 오히려 학력이 상향되었다는 결과가 발표된 것은 꽤 있습니다.

그리고 평준화 속에서도 아이들의 선택권을 제한적으로 확보하고, 아이들이 저마다 하고 싶은 것을 할 수 있게 하는 여러 방법들이 이미 실시되고 있고, 앞으로도 그러한 방법들을 모색해 나갈 겁니다. 그렇게 된다면 훨씬 더 좋은 조건에서 우리 학생들이 고등학교 시절을 보낼 수 있고, 본인의 소질과 소양에 따라서 학력을 기를 수 있지 않겠느냐 기대하고 있습니다.

지승호　서울시에서 실시하고 있는 학교 선택제도는 어떻게 생각하십니까?

김상곤 서울시의 경우 3단계 선택제가 있지 않습니까. 수원 같은 경우는 2단계 선택제이고요. 지역에 따라서 필요하다면 부분적이고 제한적인 선택방식을 도입할 수 있다고 생각합니다. 가령 한 학군이 워낙 넓은 지역이면 그것과 관련해서 어떻게 할 것인가는 여러 가지로 판단할 수 있겠죠.

지승호 "경기교육 역시 철저히 이명박 식 교육을 추종한 결과 학력이 하향화되고 중산층과 서민, 소외계층이 초중등교육으로부터 차별받고 있다. 소수의 특목고에 예산을 과다하게 집중하는 바람에 일반고에 대한 지원이 제대로 안 돼 교육현장이 '특권화된 특목고'와 '슬럼화된 일반고'로 양극화되고 있다"고 말씀하신 적도 있는데요. 그런 점은 개선해나가고 계신가요?

김상곤 현재의 정부 역시 공교롭게도 제가 일을 시작한 다음에 나온 정책들을 보면 공교육 내실화와 사교육비 경감 정책들을 상당히 중요한 비중으로 수립하여 제시하고 있습니다. 그러한 면에서 보면 사교육에 대한 의존도를 줄이고자 하는 정부의 의지가 보이고 있습니다만, 아직도 학교 다양화 정책 속에 들어 있는 경쟁 중심의 학교 정책 원리가 유지되고 있기 때문에 나오는 한계들이 있습니다. 특목고의 경우에 어느 기간 동안 상당히 편중된 재정 배분들이 논란이 되었고, 통계적으로 드러난 부분인데요. 그러한 것들을 하향조정하고, 적어도 경기도에서는 특목고가 원래의 설치 목적대로 운영되도록 최대한 노력하고 있습니다.

지승호 평준화 하면 학력의 하향평준화라는 오해가 많은데, "기계적 평준화가 아닌 상위 학생들의 수월성을 동시에 담아내는 역동적 평준화 방안을 모색하고 있다"는 말씀을 하셨는데요. 역동적 평준화란 어떤 내용입니까?

김상곤 평준화를 학교 배정 문제와 관련해서 보면, 가령 거리만을 기준으로 해서 가장 가까운 학교에 배정하는 것도 하나의 방법일 수 있는데요. 그런 기계적인 방법뿐 아니라 학생들의 선택권을 존중한다는 의미에서 단계적인 배정 방식을 취하고, 특히 학생들이나 학부모들이 꺼리는 학교를 집중 지원하고, 또 거기에 훌륭한 관리자와 교사들을 배치하여 교육환경을 개선하고 교육의 질을 높이는 방식으로 뒤처진 학교를 끌어올리려고 합니다. 동시에 전체 학생들이 질 높은 교육을 보장받을 수 있는 방식을 취하는 것은 물론, 우수한 학생들이 자기 수준에 맞는 교육을 받을 수 있도록 시스템을 보완해가고 있습니다.

　역동적인 평준화란 어느 한두 가지 기준으로만 배정하는 것이 아니라 아이들의 소질과 소양 그리고 학습 능력과 지적 수준 등을 복합적으로 감안하여 배정하는 평준화를 말합니다.

지승호 한동안 관심을 끌었던 대안학교에 대해서는 어떻게 생각하십니까? 지금 추진하고 있는 공교육혁신과 겹치는 부분도 있을 텐데, 관계를 어떻게 설정하실 건가요?

김상곤 제도권 안의 대안학교가 있고, 제도권 밖의 대안학교가 있는데요. 일반적으로는 제도권 밖의 대안학교를 얘기합니다. 그래서 재정적인 지원 같은 것을 할 수는 없고요. 제도권 밖의 대안학교가 추구하는 교육 목표와 그동안 추진해온 소중한 경험들이 유실되지 않도록 노력하고자 합니다. 그리고 대안학교에서 축적해온 소중한 경험들을 공교육 내에서 적극적으로 받아들이는 것이 필요하다고 생각합니다. 최근에는 못 만났습니다만, 이전에 대안학교 관계자들과 가끔씩 만나면서 대안학교가 지닌 장점들을 어떻게 공교육 속에서 녹여낼 것인가 하는 고민들을 해왔고, 실제로 혁신학교가 추구하는 교육 목표나 비전은 대안학교의 그것과 많은 부분에서 공유되고 있다고 생각합니다.

지승호 "학업 중단 위기에 놓인 학생, 학교를 떠난 학생들이 다시 원기를 회복하여 학교에 복귀할 수 있도록 공립대안학교 Wee 스쿨을 확대하겠다"는 말씀도 하셨는데, 공립대안학교는 어떤 건가요?

김상곤 공립대안학교는 현재도 대명고등학교 같은 경우가 있고요. 그 다음에 제가 들어와서 위탁 프로그램들을 많이 확대했습니다. 위기 학생들의 위탁 프로그램이 그동안에는 단기 프로그램밖에 없었는데, 장기 프로그램 5개 과정을 학교와 교육복지 시설을 선정해서 설치했어요. 그야말로 위기 학생으로서 밖에 나가 있는 학생들 가운데 돌아오고 싶어 하는 학생들, 나갈 수밖에 없다고 끝내 좌절하고 포기한 학생들을 위해서 Wee 스쿨

설치를 추진하고 있습니다. 경기도에서만 3년 동안 2만 명 이상이 학교를 벗어나 있는 상황이고, 매년 6000명 이상이 벗어나고 있는 상황인데, 이 학생들 중에서는 (물론 다른 이유도 있지만) 부적응한 학생들의 비율이 높아지고 있습니다. 50~60퍼센트가 부적응 때문에 학교를 벗어나는 것으로 나타나고 있습니다.

지승호 얼마 전에 서울시 교육청에서 위탁조사해서 나온 결과를 보면 "저소득층에 인터넷 사용 지원을 했더니 성적이 떨어지더라"는 것이었는데요. 그렇다고 지원하지 않을 수도 없는 부분이지 않습니까? 그와 관련해서 "급증하는 인터넷 중독, 우울증, ADHD(주의력결핍, 과잉행동장애)를 조기에 발견하고 치료할 수 있도록 학생 정신건강 진단을 지원하겠다"는 말씀도 하셨는데요. 쉽지 않은 문제라고 생각합니다.

김상곤 실제로 이번에 실시했는데요. 초등학생 입학생들을 대상으로 정신건강 진단을 해서 거기에서 문제되는 학생들을 치료와 연결시키는 작업까지 했습니다.

안순억 갈수록 어린이와 청소년의 정신건강이 심각한 위기를 맞고 있다는 지표가 여러 가지로 나오고 있는데요. 교육환경이라든지 사회적 요인이 대단히 큰데, 그런 부분은 학교교육에서 해법을 찾는 것이 급선무라고 생각합니다.

김상곤 예전에는 개개인의 성격과 기질 탓으로 돌렸는데, 사실

병증이잖아요. 조기에 발견해서 치료와 연결시키면 조기에 치료될 수 있다는 판단에서 교육계 또는 학교에서 책임의 일단을 분담한다는 취지죠.

지승호 공립유치원 170개 신설을 목표로 하고 있고, 2014년까지 전체 유치원생의 70퍼센트에 교육비를 지원하겠다는 정책도 있는데요.

김상곤 정부에서도 이미 하고 있는 부분이고요. 우리 경기도 자체 내에서도 유치원의 공교육화(이미 공교육 범주에 들어 있지만), 공교육에 상응한 지원이 필요하다고 판단하고 있습니다. 그래서 지난해부터 유치원에 대한 지원을 시작했고, 점차 늘려나갈 겁니다.

　그리고 유치원 신설과 관련해서인데요. 사실 아직도 사립 유치원 다니는 학생 비율이 전체의 60퍼센트가 넘는 상황이고, 유치원 수는 공립하고 사립이 비슷합니다. 그래서 도민들의 요구는 공립 유치원을 확대하는 것입니다. 아시다시피 비용만 봐도 대체로 사립이 공립의 3배 이상 되니까요. 따라서 초등학교 병설 유치원을 세우면서 단설 유치원을 확대해가는 방향으로 지원정책을 추진하고 있습니다. 예전에 비해서는 단설 유치원 설립 속도가 빨라지고 있고요.

지승호 장애 학생들을 위한 교육과 관련해서도 논란들이 있지 않습니까? 일반 학교에서 아이들과 어울리면서 교육을 받게 하는 게 맞느냐, 그 아이들만을 위한 시설을 학교 내에 따로 갖추는 데는 한계가 있으니까 특수한 장애가 있는 학생들을 모아 제대로 된 시설을 갖춰서 가르치는 것이 나은가 등등의 논란이 있지 않습니까?

김상곤 장애 학생들에 대한 방안으로는 세 가지를 들 수 있습니다. 특수학교를 별도로 세우는 방법이 있고, 기존 학교에 특수 학급을 설치하는 방법이 있고요. 또 말씀하신 대로 기존의 일반 학급에서 장애 학생들이 같이 공부할 수 있게 하는 통합 학급 형식이 있습니다.

예전에 우리 사회에서 장애인들을 보는 시각이 조금은 냉랭했다면 지금은 점차 달라지고 있습니다. 예전보다는 통합 학급을 설치해서 운영하는 경우들이 조금씩 늘어나고 있습니다만, 아직도 장애 학생을 보는 눈이 따뜻하지는 못한 것 같아요.

중요한 것은 장애가 있다고 해서 교육에서 차별을 받게 해서는 안 된다는 것이고요. 그런 면에서 장애 학생들이 보다 편리하게 교육받을 수 있도록 하는 정책들을 추진하고 있습니다. 그래서 장애 학교도 문제지만, 장애 학급을 대폭 늘리고 있습니다. 그리고 장애 학생들을 담당하는 특수 교사도 가능한 대로 많이 충원하려고 합니다. 아직도 장애 학생들이 차별 없이 편리하게 교육받을 수 있는 여건이 덜 되어 있다고 봅니다. 그런 면에서는 학부모들이 많이 아쉬워해요. 중점적으로 확대하고 보완해나가는 과정에 있으니까 점차 바뀔 것입니다.

교원평가제 개선과 재교육
그리고 반부패 방안

지승호 교원평가제는 어떻게 운영해야 된다고 생각하십니까?

김상곤 교원평가제는 필요하지만 일방적이고 왜곡된 방식의 평가는 안 하니만 못하다고 생각합니다. 그래서 지난해 선거에 나오면서 합리적인 교원평가가 되도록 하겠다고 약속했지요. 교과부가 작년까지는 시범 실시를 했는데, 문제점들을 보완해서 교원평가를 추진하겠다고 했는데요. 초중등교육법을 개정해서 평가를 실시해야 하는 사안인데 아직 국회에서 개정이 안 됐죠. 교과부가 작년 연말에 2010년도에는 전체적으로 실시하겠다고 하고서 평가서 시안을 제시했고, 그와 관련해서 우리 교육청에서는 부분적으로 보완해서 추진하되 교사 신분과 관련될 수 있는 사안이므로 법제화되어야 한다는 것을 원칙으로 생각했습니다. 전체를 대상으로 실시하는 것이지만, 실은 이것은 시범적인 전수조사라고 봐야 한다고 얘기했고요. 이것을 교사의 신분과 관련되는 인사제도에 반영되지 않도록 하는 것이 필요하다는 것을 명확히 하고 있습니다.

  실시하면서 나온 여러 가지 문제들, 학부모의 참여방식이라든가, 교사 상호간의 평가방식이라든가 하는 것은 아직 다 정리되지 않았습니다만, 학생이나 학부모의 평가방식과 관련해서 구체적인 문제들을 어떻게 개선할 것인가 하는 것은 일차적으로 우리 교육청 내에서는 개선안을 가지고 있습니다. 평가가 끝나면 모든 것을 종합해서 개선안을 마련해서 정부에 제안할 부분은 제안하고, 우리 자체가 개선할 수 있는 것은 개선할 겁니다. 무엇보다 가장 중요한 원칙은 법제화를 통해 실시하는 것이고요. 다음으로는 기존에 실시해온 근무평점, 성과급 평가와 관련해서 교원능력개발평가가 종합적으로 검토되어야 한다는 것으로, 앞으로 우리 평가정책에 반영하고자 준비하고 있습니다.

지승호 일본의 경우에는 2009년부터 교원면허증을 10년마다 갱신하도록 하고 있는데요. 그런 제도는 어떻게 생각하십니까?

김상곤 그것이 가지고 있는 장점이 일부 있을 수 있겠습니다만, 기본적으로 고용안정이 전제조건이라고 봅니다. 물론 그런 계약 성격의 제도에 따른 장점도 있겠지만, 고용의 불안정에 따른 단점도 많다고 봅니다. 특히 교원은 자긍심과 자존감에 대한 존중이 필요한 직무인데요. 그런 면에서 고용안정을 기반으로 하고 자발적인 열정을 이끌어내는 정책을 수립하고 추진하는 것이 훨씬 더 바람직하다고 생각합니다.

지승호 학생인권의 날을 10월 5일로 정한 이유는 있는가요?

김상곤 조례가 통과되고 통보를 받은 날로부터 20일 이내에 공포하기로 되어 있거든요. 그래서 20일의 시한이 10월 7일인가 그렇습니다. 그동안 추석 연휴도 있었고 해서 가장 적절한 날을 선택했는데, 그게 10월 5일이에요. 인권조례를 공포하는 날을 학생인권의 날로 하자는 시민사회의 제안이 있어서 절차를 거쳐서 정했습니다.

지승호 교직원들의 재교육 시스템에는 어떤 프로그램이 있는가요? 우수 교사에 대한 인센티브에 대해서 "연구 년을 주겠습니다. 교원에게 최고의 인센티브는 제자이고, 두 번째 인센티브는 재충전의 기회입니다"라고 하셨는데요.

김상곤 유급 연구 년을 주면서 동시에 최소 필요 경비를 지원하는 방식으로 추진하고 있는데요. 그것 자체가 인센티브가 될 것으로 보고, 그것 말고도 열심히 하는 교사들이 정당하게 평가받을 수 있는 평가 시스템을 만들고자 하는 것입니다.

지승호 아까 학생들의 정신적인 문제에 대한 상담 및 지원을 말씀하셨는데, 교사도 정신적인 스트레스를 많이 받는 직업이니만큼 그런 것이 필요하지 않겠습니까? 위험지역에서 활동하는 NGO의 경우 현장에서 돌아오면 정신과 치료를 받는 것이 원칙이라고 하던데요. 대부분의 교사들이 좋은 분이라고 하더라도 어느 한 교사가 정서적으로 문제가 있을 경우 피해를 당한 아이들은 상처를 평생 가지고 가는 경우도 있지 않습니까? 그래서 예전에는 "대부분의 선생이 정신병자 같았다"고 하기도 하고, 저희와 같은 시절에 학교를 나온 사람에게는 상당히 공감도 가는 얘기였는데요. 그런 인식들이 교사들에게 상처가 될 수도 있지 않습니까?

김상곤 대부분 과잉된 표현인데요. 그런 표현이 나오는 것은 그 동안에 워낙 학교가 강압적이고 권위주의적인 문화에 젖어 있었기 때문일 것입니다. 그렇게 느끼는 학생들은 학교나 선생님들을 비정상적으로 생각할 수도 있었다고 봅니다. 학교문화를 바꾸면 그런 요소는 거의 해소될 거라고 보고요. 그럼에도 불구하고 정신적으로 어려움을 겪고 있는 교사에게는 치료의 기회 또는 휴식을 줄 필요가 있다고 봅니다. 그 방법을 강구하는 데 있어서 의료보험 시스템에 의한 플러스 부분을 어떻게 보완해야 할 것인가는 앞으로 학교문화 변화와 관련하여 고민하고 모색해야 할 사안이라고 봅니다.

지승호 문제교사 퇴출 문제도 교육혁신에서는 중요한 항목일 것 같습니다. "교원능력개발평가는 '능력개발'이라는 명칭 및 목적에 걸맞게 운영할 생각입니다. 평가결과를 개별 교사에게 제공, 수업 및 생활지도를 반추할 기회가 제공되고, 부족하다고 판단되는 영역은 교사들 연구회 및 맞춤형 연수로 보강하여 교원의 '능력개발'을 꾀하겠습니다. 부적격교사 문제는 교원능력개발평가와 다른 범주에서 추진하겠습니다. 금품수수나 폭력 등을 저지른 교원은 일벌백계하겠습니다. 특히, 부정부패 연루교원은 바로 퇴출하는 '원 스트라이크 아웃'을 시행하겠습니다"라고 하셨는데요.

김상곤 원 스트라이크 아웃 제도는 이미 시행하고 있습니다. 그것은 아까 말씀드린 대로 반부패 종합대책을 통해서 경기 교육의 청렴성과 투명성을 강화해서 신뢰도를 높이겠다는 취지인데, 교육자에게 바라는 국민의 청렴성 기대수준은 상당히 높죠.

그것을 충족시키는 과정에서 신뢰도도 높일 수 있다고 봅니다.

지승호 교장 공모제는 어떻게 운영해나가야 한다고 보십니까?

김상곤 현재 교과부 지침에 따라 실시되는 신규 수요의 50퍼센트보다 확대할 계획은 지금 당장은 없지만, 교장 공모제의 내용을 조금 변화할 필요는 있다고 생각합니다. 가령, 열정적으로 잘 가르치는 오래된 경력의 교사들도 교장을 할 수 있는 길을 조금 더 확대할 필요가 있다고 보는 거죠.

지승호 기존의 기득권이라고 표현하기는 어렵지만, 그런 분들 입장에서는 평교사가 교장이 되는 것에 대해서 정서적인 반발이 있을 것 같은데요.

김상곤 제가 교육감을 하기 전에 이미 높은 경력의 평교사가 교장이 되는 길은 열렸는데요. 기존의 교장 자격을 갖고 있는 분들이 본인들의 자리에 영향을 미칠 것으로 생각하고 우려를 하시는데, 사실은 제한적이고 점진적으로 그러한 방식을 도입한다면 큰 무리 없이 교육계 내부의 활성화가 이루어질 수 있다고 봅니다.

지승호 교직원들의 재교육 시스템에는 어떤 것이 필요하다고 보십니까?

김상곤　교원들의 재교육은 꾸준히 이루어져야 한다고 봅니다. 연수시설이라든가 연수 프로그램이 아직도 미흡하고 부족해서 제대로 시행하지 못하고 있습니다. 경기도에서는 교원연수원을 하나 더 짓고 있는 상황이고요. 앞으로 교육혁신을 위한 교사들의 능력을 보완하기 위해서 본격적인 교원 연수 프로그램들을 운용할 예정입니다. 그래서 혁신교육아카데미를 설치하고 그 아카데미에서 혁신교육에 대한 중장기적인 비전과 프로그램도 마련하면서 그것을 수행할 교원들에 대한 연수도 광범위하게 실시해나갈 것입니다.

지승호　청탁근절 특별대책을 마련해 운용하기로 하셨다고 들었는데요. 어떤 내용인가요?

김상곤　아까 말씀드린 반부패 종합대책, 그리고 원 스트라이크 아웃 제도도 그것의 하나이고요. 감찰 팀을 처음으로 경기도 교육청에서 도입해서 운용한다든지, 부정비리에 대한 고발, 비밀이 보장될 수 있는 방안을 채택한다든지 하는 여러 방안이 상당 부분 도입되어 있습니다.

창의적 학력 신장을 위한 방안

지승호 우선순위 기준을 '창의적 학력의 신장'이라고 하셨습니다. 교육감님께서 생각하는 창의적 학력이란 무엇인가요?

김상곤 특히 재선을 위한 선거과정에서 '창의적 학력'을 제시했고, 재선 취임하면서 6개의 핵심 과제 중에서 가장 첫째로 내세웠던 것이 창의적인 학력 혁신 관련 사항입니다. 창의적인 학력이란 각자가 지닌 소질과 소양을 최대한 발휘해서 인문학적인 상상력과 자기 전문성을 결합하여 본인의 학력으로 승화시키는 것을 의미합니다. 창의적인 학력은 기존의 암기식, 주입식 교육에 의해서 제고되어온 학력과 상당 정도로 귀결되면서도 다양한 수월성을 추구할 수 있는 그러한 수준에서의 학력이라고 보는 거죠.

지승호 그런 학력을 평가하려면 기존의 평가방식으로는 곤란할 것 같은데요. 말씀하신 대로 상시 평가, 과정 중심의 평가 등으로 평가방식을 개선하고, 토론·탐구·주제학습의 과정을 평가해야 할 테지만 그런 식의 평가를 거의 안 해봤기 때문에 익숙하지 않을 텐데요.

김상곤 실제로 평가방식을 지금의 선다형에서 서술형으로 바꾸는 과정을 진행시키다 보니까 학생들도 서툴고, 교사들도 접근방식에서 어려움을 겪고 해서 그런 면을 채우기 위한 작업을 하고 있습니다. 예를 들면 서술형 평가를 위한 문제 출제유형이나 채점방식에 관한 사항을 교원연수에 포함한 것도 그 하나고요. 우리 교육청에서는 2011학년도에 주요 과목을 100퍼센트 서술형으로 평가할 수 있는 기반을 마련하려고 합니다. 그것은 물론 학과 성적에는 들어가지 않을 테지만, 전체적으로 한번 실시함으로써 교사들이나 학생들이 그런 평가방식에 익숙해지도록 하는 데 필요하다고 보고 추진하고 있습니다.

그런데 문제는 서술형 답안을 채점하는 기준과 방식에 있습니다. 그 채점이 아주 폭넓게 학생들의 상상력과 창의성을 상당 정도 수용할 수 있는 방식으로 가야겠죠. 쉽진 않겠지만 여러 번의 시행 과정을 통해 답안을 작성하는 학생들이나 채점하는 교사들이나 점차 익숙해지면서 서술형 평가가 의도하는 방향으로 자리를 잡아가리라고 봅니다. 교사들이 학생들의 창의성과 상상력의 범위를 점차 크게 수용하면서 북돋울 수 있는 방향으로의 교사 주도적인 평가가 이루어지도록 하는 것이 필요하죠.

그걸 위해 교사들에 대한 폭넓은 연수가 필요합니다.

지승호 　교육혁신의 목표 중 하나는 학벌사회를 극복하는 것일 텐데요. 이번에 타블로씨 건이 큰 논란이 되고 있는데, 그것이 그만큼 한국이 학벌사회라는 증거가 되는 것 같습니다. 학벌사회를 극복하는 데 가장 큰 걸림돌은 무엇일까요?

김상곤 　가장 큰 걸림돌은 왜곡된 고용 관행이라고 볼 수 있죠. 그것을 조장해온 정부의 고용정책은 물론이고요. 그 걸림돌을 해소하는 데는 무엇보다 전향적인 정부 정책이 필요한데요. 동시에 초중등교육에서도 그 해소를 위한 접근이 필요하다고 봅니다. 가령 지금 박제화해 있다시피 한 규격화된 교육제도와 교

경기 과학축전에서 학생들과 함께

육방식 그리고 교육내용을 하나하나 회생시키는 작업을 해야겠지요. 그것을 제대로 해나간다면 우리 아이들을 창의력 있는 시민으로 키워낼 수 있다고 생각합니다. 그렇다면 상당 부분 초중등교육만으로도 해소할 수 있다고 봅니다.

지승호   홈스쿨링 같은 경우 미국 대부분의 주가 정규교육으로 인정하고 있는데요. 기존의 정규교육에서 수용할 수 없는 천재이거나 정규교육이 적합하지 않은 아이들을 부모들이 판단해서 홈스쿨링을 할 경우 우리는 학력 인정을 못 받잖아요. 까다롭게 따진다면 의무교육 위배이기도 하고요.

김상곤   물론 의무교육에 있어 부모가 미성년 자녀를 의무교육기관에 보내지 않으면 처벌을 받을 수도 있는 것이 우리 법 정신인데, 그럼에도 불구하고 실제로 그런 처벌의 예는 없다고 봅니다. 그것은 뭘 의미하느냐 하면 부모가 자녀에 대해 홈스쿨링을 하든 대안교육을 하든 자녀 교육에 크게 도움이 된다고 판단하면 그럴 수 있다는 현실적인 인정입니다. 그것을 공식으로 인정하든 안 하든 제도권 내의 자격이 필요하면 학력검정시험을 이용할 수 있다는 내용이죠. 지금 우리 상황에서 그렇게 할 수 있는데, 앞으로 홈스쿨링을 어떤 수준에서 어느 범위로 인정할 것이냐 하는 것은 또 다른 검토사항이라고 생각합니다.

지승호   교육감님 임기가 끝났을 때 교육현장이 어떻게 바뀌어져 있을 것 같다는 그림은 그려지는가요? (웃음)

김상곤 아까 말씀드렸듯이 학교현장에서 복지와 인권이 살아 숨 쉬면서 상호침투적인 상승작용을 하는 가운데 교육과정이 다양화되고 우리 아이들이 창의적인 학력을 기를 수 있는 방향으로 수정·조율된다면 학생·교사·학부모가 다 행복한 학교 모습을 갖추어 나갈 수 있지 않겠느냐 생각하고 있습니다.

지승호 2009년 12월 31일 《오마이뉴스》와의 인터뷰에서 "걱정 마십시오. 정부, 지방의회, 지방정부의 압박을 모두 이겨낼 수 있습니다. 저는 절대 무릎 꿇지 않을 겁니다"라고 비장하게 말씀하셨는데요. (웃음) 평소 교육감님의 언어 스타일과는 조금 달랐던 것 같습니다.

김상곤 언론이다 보니까 약간 선정적으로 그런 표현을 끌어낸 것 같은데요. (웃음) 실은 교육의 본질을 생각하면서 우리 학생들과 학부모가 즐겁고 믿을 만한 교육을 시켜야 될 일이라면 최선을 다해서 노력하는 것이 제 역할이 아니겠느냐는 생각을 하고 있습니다.

안순억 결국은 저번에 말씀하셨는데, 진보 교육감이 등장한 데 대한 사회적 요구가 분명하잖아요. 그것은 교육감님 개인의 선택의 영역도 있겠지만, 시민사회의 요구 또는 교육의 새로운 패러다임에 대한 사회적·시대적 요구 속에서 함께 규정될 수밖에 없지 않겠나 하는 생각입니다. 그 인터뷰 하실 때 제가 옆에서 들었는데요. "절대 무릎 꿇지 않겠습니다" 하는 투는 아니었고

"저에 대해 기대하시는 분들도 많이 계신데, 제가 무릎 꿇어서는 안 되지 않겠습니까?" 하는 투의 말씀을 하신 거죠. (웃음)

지승호 학생의 학습권과 학교의 교육권이 때로 충돌할 수도 있겠지만, 근본적으로 대립되는 개념이 아니지 않습니까? 우리 사회가 인권과 교육이라는 것을 한 생각 속에 담아두지 못하는 것 같은데요. 이런 인식도 깨나가야 할 텐데요.

김상곤 그러니까 지금 말씀하신 대로 교육을 위해서 일정부분의 통제가 필요하다는 것은 이해하고 수용할 수 있습니다. 그러나 인간으로서의 권리를 침해할 정도의 강압적인 통제라면 부당하다는 취지에서 학생인권의 내용을 바라봐야 합니다. 그리고 물론 교사의 권리와 학생의 권리를 물론 1대1로 대립해서 보기 시작하면 상충될 가능성이 있다고도 보는데요. 실은 이해관계가 합치되는 부분이 훨씬 더 많습니다. 교사가 신이 나서 잘 가르치면 학생이 그것을 듣고서 훨씬 더 행복할 수 있고, 교사가 학생을 존중하고 사랑하면 이미 여러 사례에서 보고되었듯이 학생도 교사를 존중하고 존경하는 그런 상호조화의 상승작용을 일으키는 그런 관계거든요.

그러한 관계를 대립각으로 상정해놓고 보는 것 자체가 잘못된 전제라고 생각합니다. 교사와 학생이 상호 존중할 수 있는 분위기를 만들어내는 것이 필요하고, 실제 선진국의 선진이라는 의미에는 그 점이 들어 있습니다. 선진국에서는 다들 그렇게 해오고 있는데, 우리만 유독 학생과 교사를 대립각으로만 얘기하고자 하는 사람들이 있습니다. 기존의 잘못된 관행이나 과잉 우려로 인해 양자를 대립각에 놓고 생각하는 것은 미래지향적인 한국사회를 생각한다면 불행한 일이라고 봅니다. 이러다간 더 심한 말이 나올 것 같으니까 그만하겠습니다. (웃음)

지승호 제가 보는 한국 교육의 문제점 중의 또 하나는 이것입니다. 대부분의 아이들이 노동자가 될 수밖에 없지 않습니까? 그런데 학생들에게 노동자로서의 권리와 의무를 교육하는 부분은 부족한 것 같습니다. 터부시하는 것 같기도 하고요. 나중에 그런 직업을 갖게 됐을 때 낙오자라는 생각이 들어서 삶의 만족도가 떨어질 수도 있을 것 같은데요. 인문계 학교도 마찬가지고요. 누군가는 노동을 해야 다른 사람들이 혜택을 입고 사회가 돌아갈 수 있기 때문에 대단히 중요한 교육이라고 생각하거든요.

김상곤 우리 사회도 자본주의적인 발전을 지속하고 있는 가운데 이미 20대80 사회라고 하고, 10대90 사회라고 하는 사람들도 있습니다. 근로자건 노동자건 대부분의 사람들은 자기가 가진 노동력을 제공하면서 그 대가를 받아가면서 살아갈 수밖에 없습니다. 그런데도 불구하고 상대적으로 노동을 제공해서 대가를 받는 임노동자들에 대한 폄훼현상들이 있고, 실제로 사회의 구성이나 현실의 상황을 도외시하도록 유도한다는 것은 우리 사회의 건강한 발전을 위해서도 적절하지 않다고 봅니다.
　선진자본주의 국가에서는 노동자, 근로자로 살아가는 사람이 가져야 할 자존심이나 누려야 할 권리를 존중하고 있는데, 그것은 우리 헌법에도 다 들어가 있는 사안입니다. 아시다시피 헌법 10조가 포괄적으로 우리 인간적인 권리, 기본적인 권리를 보장하도록 규정하고 있는데요. 그중에 가장 중요한 것은 자유권과 사회권 아닙니까. 사회권 속에 핵심적인 사안 중의 하나가 노동권이고요. 헌법이 보장하고 있고, 헌법이 지켜줘야 할 높은 가치라고 생각하는 그런 권리를 현실의 교육 속에서는 상당한 정도로 도외시해왔을 뿐 아니라 나아가 폄훼까지 하는 현상들이 있는데, 잘못된 것이고 부적절한 현상이라고 봅니다. 우리 학생들에게 민주시민으로서 권리와 책임을 가르치는 가운데 자유권과 사회권, 나아가 참정권, 이익추구권 같은 개념을 인식하도록 해주는 것이 교육 본연의 역할이라고 생각합니다.

지승호 왕따, 아이들 사이의 폭력 문제도 아이들에게 인권교육을 하면서 차츰 해결해나가야 할 텐데요. 지금 당장 해결해야 할 만큼 심각한 상황에 놓인 아이들도 있지 않습니까. 부모나 학교에도 얘기하지 못하고 끙끙 앓다가 자살하는 경우도 간혹 있는 것 같고요. 아이들의 교우관계 문제이므로 학교나 학부모, 어른들이 개입하기도 쉽지 않은 것 같습니다.

김상곤 결국 그것은 카운슬링 즉 상담제도 속에서 해소해가도록 노력해야 할 사안인데요. 실제로 학교에 상담교사가 아직은 제대로 배치되어 있지 못합니다. 상담 역할을 하는 교사들은 꽤 양성되고 배치되고 있습니다만, 많이 부족한 상황이고요. 그것은 정규 교사로서의 상담 교사 정원을 늘려주지 않는 정부 정책에도 문제가 있어요. 그런 가운데 학부모 자원봉사단이 상당한 역할을 하고 있습니다만, 지금 아이들이 가지고 있는 정신적·심리적인 상처를 치유하고 고민을 해결해주기에는 전문성이나 지속성이 상당히 떨어지기 때문에 한계가 있습니다. 물론 양적으로도 많이 부족하고요.

학교문화를 바꾸어나가는 가운데 교사와 학생, 학생 상호간에 서로 존중하는 분위기가 형성된다면 서로 고민을 털어놓고 소통할 수 있는 폭이 커지리라고 봅니다. 동시에 수업 자체도 지금과 같은 무한경쟁방식이라든가 일방적인 주입식·암기식 방식이 아니라 상호 소통하는 방식이 된다면 서로 부족한 부분을 학생들끼리도 보완해줄 수 있는 것이고, 교사와 학생 간에도 훨씬 더 속 깊은 얘기를 나눌 수 있는 길이 열릴 것으로 봅니다. 이런 것을 가능한 대로 체계적으로 채널화한 소통의 길을 마련하는 것이 필요하다고 봅니다.

안순억   왕따라든지 친구들끼리의 싸움, 말끝마다 붙어나오는 욕설, 관행화된 폭력 같은 것들은 사회현상이기도 하고, 왜곡된 교육제도가 만들어낸 부작용이기도 합니다. 이를테면 왕따나 학내 폭력이 가장 심한 곳이 미국과 일본 같은 나라거든요. 유럽 사회는 물론이고 경제적으로 가난한 나라들에서도 이런 형태로는 나타나지 않습니다.

〈프리덤 라이터스 다이어리(freedom writers diary)〉라는 캘리포니아의 한 학교를 다룬 이야기가 있는데요. 이것을 보면 미국 사회의 왕따와 폭력이 상당히 심각하다는 것을 알 수 있습니다. 이런 심각한 영미식 교육을 일본이 그대로 답습하면서 나오는 것이고, 여기는 경쟁과 점수와 미국식 교육의 그림자가 그대로 드리워지거든요.

제가 남한산초등학교에서 경험한 것인데, 아이들이 다른 학교에 있다가 남한산에서 몇 달만 지나면 욕도 안 하고 싸움을 할 줄도 모르게 됩니다. 가령 새로 전학 온 아이가 "야, 이 XX놈아!" 하면 다른 아이들이 전부 멍하니 쳐다보거든요. 그 학교에서는 거의 못 들어본 말이니까요. 그 아이는 그런 욕을 해놓고는 당황합니다. 다른 학교에서는 늘 썼던 말인데, 여기 와서는 안 받아들여지니까 그렇게 변화될 수밖에 없는 거예요. 저는 경험을 통해 그 학교의 문화가 변화하고 교육방식이 변화하면 분명히 개선될 수 있다는 확신을 가지고 있습니다.

김상곤　실제로 지금 많은 사람이 전통적이고 관행적으로 해왔던 학생 통제방식을 벗어나면 혼란이 올 것이고, 혼란이 오면 아이들 지도가 잘 안 될 것이고, 그러다 보면 학력도 떨어질 것이라는 식의 극히 악순환적인 과정을 상상하고 있는데, 그것은 지극히 잘못된 전제 위에서 잘못된 추론을 하고 있는 것이라고 생각합니다.

지승호　보수언론들은 전교조를 한국 교육의 근본적인 문제로 지목하는 경우도 많은데요. 아이들의 이념화 원흉으로 보고 있지 않습니까? 전교조 친화적인 분들도 "초심을 잃은 부분이 있는 것 아니냐, 반성해야 한다"는 시각을 보이기도 하는데요.

김상곤 보수적인 분들까지 포함해서 제가 만나본 분들은 초기 전교조가 했던 우리 교육계에서의 역할, 사회적인 역할은 존중할 가치가 크다고 생각합니다. 그러나 뒤에 전교조가 합법화 과정을 거치면서 집단이기적인 성향을 보이기 시작한 것에 대해서는 상당히 비판적인 것 같아요. 저도 전교조가 교사단체, 교육단체로서 상당한 역할을 초기부터 해왔다고 봅니다. 그러나 학부모와 국민의 바람을 전교조가 조직적으로 수용하는 데는 미흡하지 않았느냐 하는 점에서 아쉬움과 안타까움을 갖고 있다고 생각합니다. 교육현장이 이렇게 무너진 것에 대해서 다 같이 책임의식을 가지고, 무너진 학교현장, 교육현장을 정상화하고 미래지향적으로 발전시켜 나가는 데 노력을 기울인다면 올바른 재평가를 받을 수 있지 않겠느냐 생각합니다. 결국 그렇게 가야겠죠.

지승호 사람들이 교육에 대해서 근본적으로 고민하기 시작한 이유 중 하나로 소위 MB식 교육을 보면서 '이렇게는 안 해야 되지 않겠느냐?'는 위기감도 있었던 것 같습니다. 그런데 사실 MB 이전에도 아이들이 죽어가고 있었는데, 그것을 MB가 공식화·가속화한 것이라고 할 수도 있는데요. 반사이익이라고 표현하기는 좀 그렇지만, 분명히 그런 면도 있거든요. 그 전에 우리도 비슷한 행동을 하지 않았느냐는 반성을 하지 않으면 금방 예전으로 돌아갈 것 같습니다.

김상곤 그런 면이 있죠. 경기 교육과 관련해서 추진하고 있는 변화와 혁신의 작업은 이제 출발에 불과합니다. 이제 국민들의 교육에 대한 참된 바람을 정책화하고 있는 출발점이라고 보면 되고요. 이것이 정착되고 그동안의 모든 교육에서 잘못된 관행과 교육에 드리워져 있는 그림자를 걷어내려면 엄청난 노력이 필요하다고 봅니다.

그리고 그런 노력을 기울여서 우리 모두가 함께 즐겁고 행복한 교육을 만들어내기 전에 반동적이고 퇴행적인 움직임이 크게 작동한다면 우리 교육이 쉽지 않은 상황이 될 수 있다고 봅니다. 그러나 지금 저는 기대와 희망을 가지고 있는데요. 그것은 그렇게 길지 않은 기간 동안에 우리 경기 교육을 이렇게 바꿔나가자는 제안을 하고 구체적인 정책을 추진하는 것에 대해서 경기도민뿐 아니라 국민 일반이 상당한 정도로 기대와 주목을 하고 있습니다. 그리고 교사들도 점차 교육 본연의 초심과 열정들을 가지려고 노력하는 분위기가 확연히 감지되고 있습니다. 이것은 긍정적인 바람을 현실로 이룰 수 있다는 기대를 갖게 해줍니다.

척박한 시대를 건너온 인생 역정

지승호　어린 시절 얘기도 좀 해보면 좋을 것 같습니다. 1949년 광주에서 태어나셨는데, 이듬해 한국전쟁이 나고, 어려운 시절을 겪으셨을 것 같습니다.

김상곤　다들 어려운 상황이었죠. 전쟁 전후 기간이니 오죽했겠어요. 저도 어렸을 때 먹을 것 제대로 못 먹고 병치레를 자주 했다더군요. 커나가면서 건강을 찾기 시작했고요. 어떤 얘기를 어디까지 할까요? (웃음)

지승호　주로 뭘 하고 노셨나요?

김상곤　땅에 금 긋고 논다든지 작대기 잘라서 자치기 하고 논다든지 여학생들 고무줄 하는 데 끼어달라고 한다든지, 그런 아주 단순한 놀이였죠. 저희 어렸을 때는 대체로 그럴 수밖에 없었고요. 그렇게 크게 개구쟁이 짓은 하지 않았습니다. (웃음)

안순억 고무줄을 끊고 도망가지는 않았습니까?

김상곤 끊고 도망가지는 않았고, 잡아채서 도망가려고 시도한 적은 있죠. (웃음)

지승호 교육환경도 굉장히 안 좋았을 텐데요.

김상곤 그때야 학교교육이 전부였던 상황이고요. 극히 일부가 학교 선생님을 통해서 따로 사교육을 받는 정도였어요. 물론 저는 그런 건 엄두도 못 냈을뿐더러 그저 학교교육 받는 것도 감지덕지할 형편이었어요. 선생님이 내준 숙제는 열심히 했지요. 그때 제가 살던 지역도 조그만 산들이 있고 하니까 친구들하고 돌아다니면서 감자, 고구마, 무 같은 것 서리도 하고 다녔죠. 감자는 그냥 못 먹으니까 빼야겠다. (웃음)

안순억 어린 시절 고향 친구 분들 중에 지금도 만나는 분들 계세요?

김상곤 대체로 중학교, 고등학교 같이 올라온 친구들이 몇 명 있죠. 제가 광주 서석초등학교를 다녔는데, 거기가 큰 학교였어요. 과밀학급, 거대학교였죠. (웃음) 광주에서 제일 컸고, 전국적으로도 다섯 손가락 안에 든다고 했습니다, 그 크기가. 동창들이 엄청 많죠.

지승호 사람들이 알 만한 분들은 안 계신가요?

김상곤 지금 얘기할 만한 사람들은 별로 없는데요. 장차관 지낸 관료들도 있고, 대기업에 가서 CEO 된 사람들도 있고 그렇죠.

안순억 학계나 시민사회 쪽에서는 없나요?

김상곤 성직자도 있고, 사회운동하는 분들도 있습니다.

지승호 어렸을 때 뭐가 되고 싶다는 생각을 하셨나요?

김상곤 친구 하나가 내 눈을 쳐다보면서 과학자가 될 것 같다고 했었어요. 그래서 과학자만 되면 좋겠다고 생각했는데, 아쉽게도 적녹색약이었어요. (웃음) 고등학교 3학년 되어서 나누었나? 문과·이과 나누기 전까지는 과학 분야를 참 좋아했어요. 미8군에서 하는 과학 세미나인가에도 학교 대표로 나가기도 했습니다.

지승호 중학교는 어디 나오셨습니까?

김상곤 서중학교(지금의 광주일고 교정) 다녔습니다. 거기가 광주학생운동의 발상지죠. 학생운동 기념탑이 있어요. 기념탑에 "우리는 피 끓는 학생이다. 바른 길만이 우리의…" 라고 쓰여 있었는데 다는 기억이 안 나네요. 그렇게 비장한 비문이 적혀 있었습니다. 그것을 보고 다녔을뿐더러 그때 그런 정신을 강조하시는 선생님도 여러 분 계셨어요. 수업시간에도 역사나 학생의 본분 얘기를 하고 그랬어요. 그런 말씀들을 많이 들으면서 자랐죠. 자아형성이 가장 활발하게 이루어지던 나이에 그런 말씀들을 많이 듣고 자라서 그런 영향이 제 안에 상당히 남아 있었다고 봅니다.

지승호 감명 깊게 읽으신 책은 있습니까? 자아를 형성하는 데 크게 영향을 미친 책이라든가?

김상곤 글쎄요… 그때는 함석헌 선생 같은 분들의 책 정도가 우리가 접근할 수 있었던 것이고, 해방공간 시대의 책이나 서구 이데올로기적인 책은 접근할 수가 없었죠. 대학 가서 외국어를 좀 하면서 접근했는데요. 영어, 일어, 독일어를 공부해서 접근하기 시작했는데, 고등학교 때까지는 다양한 책을 보지는 못했어요. 읽기는 문학이라든가 여러 가지를 읽었는데….

안순억 대학에 가셨을 당시에도 우리나라에 번역되어 있는 책들이 별로 없었던 시절이죠?

김상곤 아주 제한적이었죠. 그래서 주로 일어 책을 봤어요. 일본말은 못해도 책을 읽을 정도는 됐으니까요. 그때는 학생운동을 하거나 뭔가를 하려고 하면 일어가 필수였어요. 한국어 번역본이 없으니까, 일본어로 된 책을 어렵게 입수해서 조심스럽게 돌려보기도 했지요. 일본에서는 출판되어서 대중이 읽는 책임에도 불구하고 여기서는 출간이 제한되고 있었으니까요.

지승호 다른 취미 활동은 없으셨나요?

김상곤 고등학교 때는 다른 특별한 취미 활동이라기보다 어학을 좋아해서 YMCA라든가 미 문화원(당시에는 공보원)에 가서 자료도 보고, 사람들 만나서 토론도 하고, 그랬습니다.

현충탑 참배

안순억 연애에는 소질이 없으셨나 봅니다. 보통 이런 장면에서는 약간의 로맨스가 있어야 그림이 나오는데…. (웃음)

김상곤 남녀공학 고등학교가 없었으니까 여학교, 남학교 같이 해서 클럽활동을 하긴 했죠.

안순억 교육감님 젊은 시절 사진을 보면 참 맑게 잘생긴 훈남이세요. 군대 있을 때 사진 보면 핸섬한 엘리트의 느낌이 물씬 나거든요. 여학생들이 가만히 두지 않았을 것 같은데요.

지승호 엘리트, 모범생, 이런 분이 사실 연애는 잘 못하시잖아요. (웃음)

김상곤 사실 그랬습니다. (웃음) 아버님이 기록을 잘하셨는데, 세필을 써서 한자로 기록을 하셨어요. 아버님이 겉으로는 매우 엄격한 분이셨어요. 그럼에도 불구하고 사춘기 때의 저항이 있어서 아버지를 난처하게 하기도 하고, 화나게 한 적도 꽤 여러 차례 있는데요. 그때는 사회 자체가 봉건적인 분위기였기 때문에 아버님이 금 그어놓으신 틀을 벗어나지는 못했던 것 같아요.

지승호 가장 부모님을 당황하게 했던 일은 어떤 것이었나요? 일탈이라든가.

김상곤 일탈까지는 아니고, 에피소드인데요. 고등학교 들어갈 때 1등을 했거든요. 그래서 신문에 나고 그러니까 여기저기서 여학생들의 팬레터가 왔어요. 우리는 집에서 편지 검열이 있었던 상황이니까 아버지가 보시고 다 없애버리고 저는 몰랐던 상황인데요.

지승호 반인권적인 상황을 겪으셨군요. (웃음)

김상곤 그렇죠. 그 뒤에 어머니가 몇 군데서 이러이러한 것이 왔다, 그런데 아버지가 공부하는 데 지장이 있을 것 같다고 없애셨다고 하세요. 제주도에서 보낸 남학생 것 하나를 줘서 그 학생하고 편지가 몇 번 오갔을 뿐이었어요.

지승호 혹시 그러다 남학생을 좋아하게 되면. (웃음)

김상곤 그때는 그런 일을 상상도 할 수 없을 때였고요. 그렇게 좋아하는 것은 좀…. (웃음)

안순억 광주일고를 수석으로 들어가셨는데요. 당시 집안이 빼어난 부자도 아니고, 과외를 받은 것도 아니고, 그런 속에서 공부가 재미있으셨어요? 왜냐하면 당시의 광주일고는 경기고처럼 수재들만 모인 명문 중의 명문으로 알려졌잖아요. 거기를 수석으로 들어갔다는 것은 뭔가 설명이 필요한 부분입니다. (웃음)

김상곤 저는 사실 공부를 아주 즐겁게 집중해서 파고드는 스타일도 아니었는데요. 꾸준히 일탈 없이 한 것은 사실이지만 집에서 공부, 공부 하면서 특별히 챙겨준다거나 했던 것도 아니고, 그때는 전기 사정도 좋지 않은 상황이었고요. 하다 보니까 그런 결과가 나왔다는 수준이에요. 특별히 뭔가가 있었던 것은 아니고.

지승호 결국 머리가 좋아서 그런 거란 얘기시네요. 별다른 노력 없이. (웃음) 박원순 변호사님은 재수해서 서울대 가는 과정에서 독서실에서 세 달간 양말도 벗지 않고 공부했다고 하시더군요. 그렇게 지독하게 한 분도 계신데. (웃음)

김상곤 가령 1등 했다고 집에서 잔치를 한 적도 없었고요. 그때는 그저 그런가 보다 한 거죠.

지승호 부모님을 가장 실망시킨 일은 무엇이었나요? 2등 한 건가요? (웃음)

김상곤 특별히 1등을 강조하시지도 않았고요. 사람이 되어야 한다, 사람이 사람다워야 한다, 그런 말씀을 많이 하셨어요. 아버지를 좀 화나게 만든 것은 물가에 가지 말라고 했는데 간 것 같은 사소한 일이에요. 고등학교 때는 클럽 같은 데 갔는데요. 나간 시간과 들어온 시간을 늘 적으셨어요. 사실 인권이 없었죠. (웃음)

지승호 그래서 지금 인권을 강조하시는 건가요? (웃음)

김상곤   하하. 아무튼 제때 들어와야 했어요. 평상시 끝나는 시간에 안 들어오면 혼났으니까요. 고등학교 때는 놀러 가고도 싶고… 옆으로 살짝 빠져서 놀기도 하잖아요. 아무튼 저를 생각하시고 지켜주시려고 했는데, 그것을 제가 못마땅하게 생각하고 대든 적이 여러 차례 있죠. (웃음)

지승호   그때는 고등학생들이 주축이 되어서 데모도 하고 그랬는데요. 사회의식이 그때부터 있으셨나요?

김상곤   특별한 활동을 한다든가 그러지는 않았는데, 4.19가 초등학교 5학년 때고, 5.16이 6학년 때인데요. 4.19때 우리 학교 옆에 공고가 있었어요. 공고 학생들이 우리 학교 담을 뛰어넘어서 우리 학교 교문으로 거리 진출을 하더라고요. 담임선생님은 이미 상황을 파악하시고, 하교 지도를 하면서 안전하게 가도록 인도해주셨는데요. 그때부터 어린 마음에도 뭔가 문제가 있는 모양이라고 느끼기 시작했던 것 같습니다. 고등학교 가서는 아까 얘기한 대로 광주학생운동의 태동지에 어울리게 여러 선생님들의 말씀을 들으면서 사회라는 것을 생각하게 되었고, 학생으로서 해야 할 역할이나 본분을 좀 많이 생각하게 되었죠.

지승호   대학 가서서 총학생회장도 하셨는데, 중고등학교 때도 리더십을 가지고 뭘 하셨나요?

김상곤   반장은 해봤는데 회장까지는 못했습니다.

지승호 그럼 대학에 가서 그런 책임을 맡으신 특별한 이유는 있으세요?

김상곤 당시에 젊은 대학생으로서 사회 정의 같은 것을 생각하면서 공부하고 주장하다 보니 어느새 전면에 나와 있는 것을 느꼈습니다. 그런 과정에서 학생회를 하면 좋겠다는 주변의 추천이 있었고요. 그게 출세의 방법이라든가 뭔가 개인적인 이득을 취하는 것이 아니기 때문에 힘들고 어렵겠지만 해보겠다는 생각을 하다 보니 총학생회장까지 하게 되었죠. 그때는 학생회장이나 총학 간부를 하면 뭔가 처벌이나 징계를 각오해야 할 때였으니까요.

지승호 감옥을 가기도 하고요.

김상곤 우리 때는 감옥 보내는 것을 다반사로 하기 전입니다.

지승호 위인으로 생각하시는 분은 있는가요?

김상곤 광주학생운동과 관련된 선배님들을 존경하게 되었어요. 독립운동과 관련하여 의사義士로 일컬어지는 분들이죠. 그런 분들이 가졌던 생각을 나눠 갖고 싶다고 생각했습니다. 흔히들 젊은 시절에 하는 의로움과 바름에 대해 생각하는 수준이었죠. 제가 모든 것을 걸고 해야겠다는 거창한 생각을 한 적은 없습니다.

지승호 경영학과를 가신 이유는 있나요?

김상곤 제가 재수를 했습니다. 고등학교 3학년 때 많이 아팠어요. 아파서 공부를 못한 부분을 마지막에 보충하려고 더 열심히 했는데, 처음에는 법학과를 지망했어요. 서울법대를 지망했다가 실패했죠. 실패하기 전에도 제 바로 위의 형님을 비롯해서 몇몇 분들이 경제학을 하는 것이 어떠냐는 얘기를 했습니다. 그런데 제가 법학을 처음에 생각했기 때문에 법학을 지망했고요. 그 뒤에 재수하면서 무엇을 할 것이냐 판단하면서 경제학이 가진 이론적인 체계도 좋지만, 현대사회에서는 그것을 포괄할 수 있는 경영학을 하는 것이 더 좋겠다고 판단하고, 형님을 비롯한 경제학을 권하는 분들에게 이런 생각에서 경영학을 하겠다고 하니까 "스스로 잘 판단해서 하라"고 하시더라고요. 그래서 경영학을 택했죠.

지승호 운동권에 몸담은 이유는 있으신가요?

김상곤 제가 69학번인데, 1학년 때가 박정희 전 대통령이 3선개헌을 할 때입니다. 그래서 정치저항의 계절이었다고 볼 수 있죠. 그 상황에서 서울대 1학년은 교양과정부라고 해서 예전 서울공대 공릉동 자리에서 공부를 했습니다. 함께 공부하면서 법대하고 상대는 섞어서 문비 일반부터 해서 그렇게 나누었습니다. 법대생들하고 같이 공부하면서 자연스럽게 3선개헌 반대 데모가 일게 되는 분위기가 되었고, 같이하게 됐습니다. 같이하면서 저는 계속 그것을 해야 할 것 같은 생각이 들어서 계속했죠. 대학의 서클에 가입하고, 서클 하나는 우리 쪽에서 몇몇 사람들이 같이 논의해서 만들고, 그렇게 해서 학생운동을 하게 됐습니다.

지승호 '후진국사회연구회'를 조직하셨는데요. 어떤 분들하고 어떤 활동을 한 단체인가요?

김상곤 그때는 서울대가 단과대의 경우 분산되어 있었죠. 그래서 대체로는 단과대학별 서클 형태였는데요. 우리는 상대, 법대, 문리대 세 개 단과대학의 공동 서클을 만들고자 했고, 그것은 1학년 교양과정부 때 함께 모여 활동했기 때문에 그런 움직임이 처음부터 가능했다고 봅니다. 그렇게 해서 법대, 문리대, 상대 세 단과대의 69학번들이 모여서 후진국사회연구회를 만들었죠. 같이 꾸려가면서 학생운동에 적극적으로 참여했고요. 69학번 동기들 중에서 제적당한 학생이 법대, 상대, 문리대의 후진국사회연구회 소속 학생만 10명 이상 될 겁니다. 1971년에 제적됐는데, 상대에서만 16명인가 그랬습니다. 그때 상대는 규모가 작았어요. 2~4학년만 있었던 본대학 200명 남짓한 중에서 16명이 제적됐습니다.

지승호 손호철 교수, 김문수 지사도 같이 하셨다고 하던데요.

김상곤 열심히 하는 후배들이었죠.

지승호　교련 반대운동을 주도하셨다고 들었습니다. 그걸로 인해서 제적당하고 강제징집을 당했다고 하던데요.

김상곤　단순한 교련 반대뿐 아니라 다른 이슈들도 있었죠. 1971년에 들어서기 전인 70년 말에 교련 강화 계획이 발표됐어요. 그래서 교련의 학점 비중도 높이고 시간도 늘리려고 했습니다. 그래서 70년 겨울방학 때부터 어떻게 대항할 것인가 하는 논의들을 학생부 내에서 하기 시작했죠. 그때 결정적인 우리의 논리는 아카데미즘과 밀리터리즘은 공존·융화될 수는 없다는 것이었어요. 밀리터리즘이 아카데미즘 가운데 들어오면 아카데미즘이 훼손될 수밖에 없다는 간단한 논리입니다.

　왜냐하면 실제로 학교에 현역 군인들이나 예비역들이 와서 교련을 시켰고, 그것을 강화한다고 하니까 학교의 병영화라고 해서 반대하기 시작한 겁니다. 그러면서 처음 학생총회들을 열었는데, 서울 상대에서 단과대학으로서는 제일 처음 열었습니다. 90퍼센트 이상의 압도적인 반대가 나오게 됐고, 그래서 정식으로 교련 반대운동을 시작했는데 그게 각 대학에 확산되면서 교련 반대가 학기 초에 하나의 주요 이슈가 됐죠.

　그러는 가운데 1971년에 대통령 선거, 국회의원 선거가 있었어요. 4.27이 대통령 선거고, 5.25가 국회의원 선거인데, 같은 해에 선거를 치렀죠. 대통령, 국회위원 모두 4년 임기니까. 대통령 선거에서 박정희 대통령의 3선이 공식화되는 상황이었어요. 3선 출마 반대 데모가 있었고, 나중에 선거 결과와 관련하여 부정선거를 이슈로 학생운동이 전개되었어요. 5.25 국회의

원 선거 때는 최초의 학생 참관인 운동도 전개했습니다. 그것으로 해서 학생들이 징계를 받고 그랬죠. 그런 과정들이 있었습니다. 저도 4월 말인가, 정확한 시점은 모르겠는데 무기정학을 당했어요. 그러고서 나중에 다시 복교가 되어서 2학기 때는 다녔는데, 무기정학이 된 속에서도 학생운동은 지속했죠. 계속 사찰 대상이었고, 경찰이 잡으러 다녔기 때문에 집에 거의 안 들어갔죠. 한 일 년 가까이 집에 못 들어갔습니다.

지승호 그때 제적을 당하신 것은 아닌가요?

김상곤 제적은 그 후 2학기 때이고요. 당시 서울대 총학생회장은 3학년이 했는데 학생회 선거는 직선이 아니라 간선이었어요. 저는 1학기 때는 상대 학생회장을 하고, 2학기 때는 총학생회장을 했습니다.

　그때 학생운동을 생각하면 교련 반대만을 생각하시는데, 사실은 선거와 관련된 3선 출마 반대운동, 부정선거 척결, 그 뒤에는 중앙정보부 해체운동까지 있었습니다. 결정적인 것은 중앙정보부 해체운동이었어요. 최고 권력기관에 대한 저항운동이니까요. 일본 사토 수상 방한 반대운동도 했고… 참 많았어요. 이슈들이 계속 발전되었는데, 10월 15일에 위수령이 발동되었죠. 교련 반대는 1971년 초기의 일이고, 그 뒤로는 사회정치적인 이슈로 변화되었는데, 교련 반대만으로 위수령이 발동되었겠습니까?

지승호 강제징집을 당하고 나서 많은 고초를 겪으셨을 것 같은데요. 군 생활은 어디서 하셨나요?

김상곤 연천에서 했습니다. 예전의 20사단.

지승호 학생운동 하다 왔다고 고참들에게 구타를 당하거나 고초를 겪지는 않으셨나요?

김상곤 최전방 부대에서 철책선 근무를 하고 그랬는데, 거기 부대원들의 학력은 대부분 초등학교 졸업이거나 중퇴였습니다. 중학교를 제대로 나온 이가 드물었어요. 그래서 처음에는 여러 가지 오해를 했던 것 같아요. 가서 제가 일은 잘 못했거든요. 실제로 일을 해본 적이 없으니까요. 일은 잘 못하지만, 고참들하고 잘 어울리고 내부 규율 같은 건 잘 따르고 하니까 별 문제가 없었어요.

원래의 물리적인 환경이나 군대의 규율에 따른 어려움은 있었지만, 특별히 소대원들로부터 핍박받거나 하는 건 없었어요. 오히려 나중에는 고생한다고 배려해주고 그랬어요. 별 얘기를 다 하네요. (웃음) 제가 땅을 파거나 나무하는 작업 또는 불 때는 일을 해본 적이 없어서 아무래도 많이 서툴렀죠. 어줍지 않고요. 그런데 흉도 보고 놀리기도 하면서도 이해해주고 많이 도와줬어요. 때로는 "서울대까지 다니던 놈이 여기까지 와서 이 고생이냐?"고 하면서 안타깝게 여겨주기도 했고요. (웃음) 쉬는 시간에는 이런 저런 얘기도 하고, 서로 위로하고 위안이 되고 그랬습니다.

지승호 교육감님의 삶 자체가 전반적으로 엘리트적인 삶이었고, 엘리트들과 함께한 삶이었지 않습니까? 그때가 유일하게 민중이라고 할 수 있는 사람들과 가까이 지냈던, 함께 생활했던 시간일 것 같은데요. 어떠셨나요? 그때 느낀 점이 있으신가요?

김상곤 소대원들이 쉬는 시간에 각자 살아온 과정들을 얘기하거든요. 집이 어떻고, 친구들이 어떻고, 애인이 어떻고 하는 얘기들을 하는데, 그런 얘기들을 들으면서 참으로 많은 것을 느꼈어요. 그때는 다들 어려웠으므로 오히려 빈부 차이를 크게 느끼지 못한 시절이었어요. 그땐 나도 어려웠으므로, 나보다 더 어려웠던 집도 있었지만 그걸 피부로 느끼지는 못했죠.

나는 도시에서 나고 자랐는데 그야말로 농촌이나 산간벽지에서 자란 동료들의 얘기를 하나하나 신기하게 듣기도 했고요. 저한테 상담을 하는 경우도 있어요. 뭐 작정하고 상담을 한 게 아니라 무슨 얘기를 하다가 "이런 경우에는 어떻게 해야 하지?"라고 물어보면 아무래도 나는 듣고 읽은 풍월이 있기 때문에 나름대로 답을 주려고 했던 것들이 통했던 것 같아요. 아주 자연스럽게 본인 얘기를 하고 그런 과정에서 소대원들하고 친숙하게 되고, 선임하사들하고도 가까워지고 그랬습니다. 그래서 아까도 말씀드렸지만, 소대원들하고 불협화음이나 충돌이라든가 하는 것으로 어려움을 겪은 적은 없습니다.

지승호 《전태일 평전》을 보면 "대학생 친구 하나 있었으면 좋겠다"는 바람이 나오잖아요. 잘 모르는 부분에 대해서 물어볼 수도 있을 거고. 지금이야 대학생이 흔하지만, 그 당시에는 그렇지 않았을 거고, 더군다나 서울대 학생이었으니까 주변에서 만나기 쉽지 않았을 텐데, 말 그대로 희귀한 인물이잖아요. (웃음) 말씀하셨듯이 초등학교 졸업하고 온 분들이니까 처음에는 굉장히 이질감을 느꼈을 것 같습니다.

김상곤 처음에 가니까, 이러이러한 군 자원이 올 거라고 하는 것은 대체로 알고 있었다고 해요. 상급부대에서 얘기도 있었을 것이고, 그러면서 "아니 공부나 하지, 하란 공부는 안 하고 데모나 하는 못된 놈이 누군가 상판대기나 보자"고 했었다고 해요. (웃음) 그러다가 막상 저를 보고 저와 얘기를 하고, 잘은 못하지만 주어진 역할을 열심히 하려는 것을 본 다음부터 마음이 점차 풀어지고 이해하게 되는 마음을 갖게 되었다는 얘기를 여러 사람들이 하더라고요.

처음에도 저한테 강압적으로 하지는 않았습니다. 물론 고참들이 취조하듯이 몇 가지 물었죠. 그런 것에 대해서는 있는 그대로 답하는 과정들이 있었고요. 그런 속에서 그 사람들하고 서로 마음으로부터 소통이 이루어졌지요. 왜냐하면 현장에서는 같은 병사로서 같은 복무환경에서 같이 고생하는 상황이었으니까요. 그 면에서는 서로 소통할 수 있는 맥이 하나로 닿아 있었죠. 제가 거기서 대학 다니다 왔다든가 대학 다닐 때 뭘 했다든가 하는 걸 얘기할 이유도 없었어요. 오히려 부대원으로서 제 역할을 제대로 하지 못하고 서툰 것을 미안해하고, 여러 가지로 배려해주는 걸 고마워하니까 금세 소통이 되더라고요.

안순억 그런 친화력이 교육감님이 가지고 있는 큰 매력 같은데요. (웃음)

김상곤 그건 잘 모르겠고요. (웃음) 비교적 적응을 잘한 편이에요. 거기서 근무한다는 것 자체가 몸은 힘들었지만요.

안순억 운동권에 계신 분들은 대개 그런 어려운 사람들을 보면 "이 사회의 모순으로부터 이들을 구원해야겠다. 불쌍한 민중들을 계몽시켜야겠다"고 열을 올리기 십상이잖아요. (웃음) 교육감님은 그러시지 않은 것도 훌륭하게 느껴지는 점입니다.

김상곤 아니에요. 아닙니다. (웃음)

민주화운동 그리고
교육혁신운동에 바친 세월

지승호 제대하고 나서 운동권에 다시 안 들어가시고 공부를 하셨는데요. 군대에서의 경험이 영향을 미친 건가요?

김상곤 그건 아니에요. 내가 부족한 공부를 더해서 제 역할을 하겠다고 그런 거예요. 우리 졸업할 때는 사회 운동으로 바로 연결될 수 있는 통로가 거의 없었습니다. 시민사회운동이라는 것이 없었으니까요. 그때는 보수적이고 관 주도적인 시민운동이 일부 있었긴 하지만, 개혁적이고 진보적인 시민사회운동이 거의 없었습니다. 물론 빈민운동이나 농촌운동 같은 것들이 있긴 했지만 대학을 나와서 바로 접근할 수 있는 그런 통로는 거의 없었습니다. 대신 정치로는 갈 수 있었죠. 정치 밑바닥부터 역할을 하는 방법도 있었는데, 그것은 제가 할 방법은 아니라고 생각을 했고요. 제가 가장 잘할 수 있는 것을 해야 하지 않겠나 싶어서 공부를 더해서 제 역할을 해야겠다고 생각한 거죠.

지승호 제대 후에 복학이 된 건가요?

김상곤 학교 제적은 시민권 제한은 아닌 거니까요. 무기정학 받고 제적당한 것이 기록에 남아 있었지만 복학은 되었어요. 복학해서는 한 학기 지나서 관악산 서울대 캠퍼스로 통합되어서 일 년을 다니고 졸업했는데요. 마지막으로 관악산으로 다닐 때도 관악경찰서 구경을 며칠간 했죠. (웃음) 며칠간 조사받고 하는 과정이 있었습니다. 복학생들의 서울대 선언의 초안을 제가 잡았다고 해서 그런 건데, 다행히 잘리지는 않고 학교는 무사히 졸업했습니다.

그래서 학교를 잠시 떠나 있어야 한다는 생각에서 기업에 취직을 했습니다. 졸업하자마자 주식회사 쌍용이라고 종합무역상사에 들어가서 무역을 배웠어요. 그때 쌍용 다니면서 수출학교도 다니고, 무역 관련 학교를 회사에서 보내줘서 다녔습니다. 외대 외국어 과정도 들어가고 그랬는데, 그런 과정을 거쳐서 3년 정도 있다 보니까 다시 공부해도 되겠다 싶어서 국제경제연구원에 들어갔습니다. 일 년쯤 있다가 석사과정을 시작했고, 다시 공부의 길로 들어선 거죠.

지승호 공부 마치고 1983년에 한신대에 들어가신 거죠. 한신대에 오래 계셨는데요. 2009년까지 계셨죠.

김상곤 특히 1987년부터는 교수운동을 본격적으로 하기 시작했죠. 민주화를 위한 전국교수협의회를 만드는 데 참여했고요. 그것을 통해서 시민사회운동과 함께 우리 사회의 민주주의와 인권 부분에 관해서 고민하기 시작하면서 동시에 교육부문을 주 영역으로 삼게 되었습니다.

지승호 1987년 6월 항쟁 때는 교수선언도 주도하셨는데요.

김상곤 6월 항쟁 교수선언 이전에 86년 교수선언 때는 김수행 교수, 돌아가신 정운영 교수와 함께 교수선언 기초를 마련했습니다. 그런 사회와 교육의 민주화를 위한 교수운동을 꾸준히 해왔습니다. 나름대로 노력해왔죠.

지승호 민교협 창립을 주도하시면서 총무 간사도 하시고, 나중에는 공동의장도 하셨는데요. 어떤 일이 기억에 남으세요?

김상곤 여러 가지를 얘기할 수 있는데요. 우리 사회의 여러 문제들을 지식인으로서 교수로서 자기 과제화해왔습니다. 먼저 교육관계법 개정 작업부터 시작해서 노동문제에 천착했습니다. 1988년 들어 현대중공업 등에서 대규모 노동운동이 벌어지고 엄청나게 폭압적인 탄압들이 일어났는데요. 그것에 대한 개입과 지식인으로서 역할도 현장에 다니면서 했고요. 그리고 나중에 교사들의 참교육운동과도 민교협이 지원관계를 갖고 올바르게 교육계가 개혁되기를 바라는 취지에서 역할을 하려고 했습니다. 사실은 농업, 농촌, 농민을 전공하는 교수들이 있고, 그분들이 중심이 되어서 농업, 농민 문제를 민교협 과제로 삼기도 했죠.

대표적으로 우루과이라운드도 그런 것의 연계선상에서 민교협이 역할을 하려고 노력했고요. 남북문제와 관련해서도 일방적으로 어느 한쪽의 편향된 시각이 아니라 민주적인 시각에서 접근하려고 노력했습니다. 우리 사회의 지식인운동의 건강한 발전을 위해서도 나름대로 고심도 했고요. 가장 핵심적인 노력은 초중등교육과 대학교육을 어떻게 연계하면서 발전시켜 나갈 것인가 하는 것이었습니다.

그리고 크게는 한국 정치가 어떠해야 될 것인가 하는 것과 관련해서 정치적인 행사가 있을 경우 그에 대한 코멘트라든가 그것을 위해 필요한 운동을 하는 것은 물론이고, 한국 정치의 건강한 발전 방향과 방안은 무엇인가 하는 것도 지속적으로 관심을 갖고 고민해왔고요. 그리고 한국사회에서 억압적인 통제기구를 어떻게 해소할 것인가, 법적·제도적인 통제기구와 방식들에 대한 것도 깊이 있게 관심을 가지고 궁리해왔습니다. 말을 하다 보니까 한이 없네요. 사립학교법 개정과 관련해서도 교수노조위원장 할 때 본격적으로 다루었지요.

지승호 이 책을 읽으실 학생, 교사, 학부모들에게 한마디 해주십시오.

김상곤 우리의 교육현실이 참으로 안타까운 상황이고, 꼬여 있고 굽혀져 있는 부분들이 많기는 합니다만 국민 일반이 바라는 우리 교육의 미래상에서는 크게 공감하는 그러한 비전과 전망이 모아지고 있다고 봅니다. 그래서 지금 경기 교육에서 우리가 꾀하고 있는 교육의 혁신 방향과 구체적인 정책에 대해서 보다 더 큰 기대와 관심을 가지고 함께해주신다면 우리 교육을 제대로 미래지향적으로 바꿔나가고, 우리 대한민국의 사회경제적인 발전을 뒷받침할 수 있는 동력으로 더욱더 승화시킬 수 있으리라고 생각하는데, 그러한 믿음을 함께 가져주시면 좋겠다는 바람을 가지고 있습니다.

지승호 교육혁신 작업을 같이해갈 교육청 직원들에게 당부하고 싶으신 말씀은 없으십니까?

김상곤 전에도 말씀드렸지만, 제가 초중등교육에 몸담은 일 없이 대학교육에 오래 종사한 사람으로서 초중등교육의 수장 자리인 교육감이 되어서 왔을 때 우리 직원들이 상당히 어색해하고 난감했을 것 같은데요. 그러나 많은 부분을 접어두고 우리 경기 교육의 변화와 혁신을 위하는 마음으로 점차 다가오고 함께해준 것에 대해서 참으로 마음으로부터 고맙다는 생각을 늘 가지고 있습니다. 그런 과정에서 우리 직원들이 함께 마음을 내준다면, 우리 직원들이 지닌 전문성과 역량을 함께 모아서 투입한다면 확실하게 경기 교육을 바꾸어내고 우리나라 교육의 변화를 이끌 뿐 아니라 세계적으로 귀한 교육개혁의 좋은 사례를 만들어낼 수 있을 것이라는 확신을 가지고 있습니다.

지승호　얼마 전 장기 기증 서약을 하셨잖아요. 그런 결심은 어떻게 하셨나요?

김상곤　아주 우연한 기회입니다. 사랑의장기기증운동본부 본부장께서 한번 방문해서 생명사랑에 관해 얘기하고 싶다고 하셔서 오시라고 했습니다. 우리 아이들이 최근에 여러 가지 정신적·심리적 어려움 때문에 자살도 많이 생각하고, 일탈행위도 하는데요. 그런 것이 안타까운 상황이기 때문에 생명존중, 인간사랑에 관한 교육을 하기 시작했다고 합니다.

　경기도 학생들도 이미 여러 군데서 그런 교육을 받았더라고요. 그것을 확산했으면 좋겠다는 생각을 했어요. 비용을 요청한 것도 아니고 하니까, 그것을 확산해서 아이들에게 정신적·심리적인 안정과 건강을 되찾게 해주면 좋겠다는 말씀을 하시더라고요. 취지가 좋지 않습니까.

　"우리가 강제로 요구할 수는 없지만, 그것이 우리 아이들의 생명존중, 인간사랑 정신을 위해서 도움이 될 것이라는 말씀들은 드릴 수 있습니다"라는 취지의 얘기를 하다가 혹시 '장기를 기증할 생각이 있냐?'고 하기에 양식에 썼어요. 그것을 발표할 생각도 안 했습니다. 발표할 생각이었으면 공보실에서 오라고 했을 거예요. 나중에 공보실 쪽에 이 얘기를 하니까 알려야 될 사안이라면서 그쪽에서 오신 분이 찍은 사진을 받아 공보를 한 것 같습니다.

안순억　사실은 그런 게 참 교육적인 장면이라고 생각했습니다.

사회 지도자들이 말로 하기는 쉽지만 장기를 기증한다든가 구체적으로 실천하는 것은 쉽게 볼 수 있는 게 아니거든요. 귀한 교육적 사례라고 생각했습니다.

김상곤　비서실에도 얘기를 못했고, 미안한 얘기지만 집에도 얘기를 못하고 했습니다. (웃음) 그 당시에는 그런 생각을 못했거든요. 다음날 신문에 난 것을 보고 "이게 무슨 일이냐?"며 집에서 전화를 했어요. 그래서 미안하다고 했어요. 미안한 일이죠.

지승호　다음번 임기 때도 출마하실 건가요? 이번에 충분히 일을 마무리할 수 있겠다 싶으신 건지, 다음에 한 번 더 해야 혁신이 제대로 이루어질 수 있겠다고 생각하시는 건지, 아니면 다른 역할을 해야겠다는 생각을 하시는지 궁금합니다.

김상곤　저로서는 교육감, 교육자로서의 최선을 다해야 한다는 것이 기본적인 생각이고요. 우선 이번 주어진 임기에 최선을 다하고 그 다음 부분을 어떻게 할 것인가는 그때 가서 판단할 문제라고 봅니다.

지승호　정리하는 차원에서 마지막으로 해주실 말씀은 없으십니까?

김상곤　엄청나게 치밀하고 체계적으로 인터뷰 하시는 분이라는 느낌을 받았습니다.

집무실에서 인터뷰 중인 김상곤 교육감

지승호 인터뷰에 대해서 얘기해달라는 건 아니었는데요. (웃음)

김상곤 충분히 얘기해서 특별히 덧붙일 말은 없는 것 같습니다.

지승호 안 선생님께서도 한 말씀 해주시죠.

안순억 교육감님은 생각은 분명히 있는 것 같은데, 잘 안 드러낼 때가 많은 것 같습니다. 많이 들으시는 편이고요. 기본적으로 모든 사람을 품는다는 그런 것이 있어요. 저로서는 교육감님과 같이 일하면서 감격스러운 장면이 여러 번 있었습니다. 교육의 변화와 관련해서 일선 교사로 수십 년을 있었던 사람으로서 감사할 때가 많았죠. 저는 그거 이외의 다른 욕심은 하나도 없거든요. 왜냐하면 저한테 교육이나 아이들은 무생물이나 계산이 아니에요. 제가 살아온 삶이 그랬고, 뭔가 교육, 아이들 이러면 감정이 그냥 물씬 섞여버리거든요. 저는 푸석푸석한 느낌이 싫거든요. (웃음)

그런데 그런 흐름에 만약 교육감님이 잘못된 방향으로 간다면 막아야겠고, 그렇게 된다면 제가 여길 떠나야죠. 하지만 교육감님과 지금까지 많이 얘기를 나눠본 결과 그런 걱정은 안 해도 될 것 같습니다. 다만 개인적으로 제가 여기 몇 년 있다가 아이들을 만나는 느낌을 잃어버릴까 봐 그게 제일 두려워요.

지승호 충분히 자기 성찰도 하고 계시지만, 밖에서 비판을 많이 하니까 걱정할 필요는 없으실 것 같은데요. (웃음) 두 분 오랜 시간 내주시고, 좋은 말씀 많이 해주셔서 감사합니다.

교육은
인간을 인간답게 하는 작용이다.
_ 임마누엘 칸트

부록

'김상곤표' 교육혁신의 가장 뜨거운 화두 3제

… 유명한 교육자는 새로운 교육학의 체계를 세우나 젊은이를 건져서 이끄는 자는 무명의 교사다. 그는 청빈 속에 살고 고난 속에 기거한다. … 게으른 이에게 생기를 불어주고 하고자 하는 이를 고무하며 방황하는 이에게 확신을 심어준다. 학문하는 즐거움을 젊은이에게 전해주며 최고의 정신적 보물을 젊은이들과 나눈다. …

_헨리 반 다이크 〈무명 교사 예찬사〉 중에서

학생인권조례는 학생을 방임하거나 무책임한 존재로 기르려는 것이 아닙니다. 통제와 방임, 의무와 무책임 사이에 나 있는 좁은 그 길, 아직까지 많은 이들이 걸어가지 않아 좁지만 무한한 가능성을 품고 있는 그 길을 확장하려는 노력입니다.

_부록 중에서

화두 1

모두가 행복한 교육을 만들어가는 '우리들'의 혁신학교

　김상곤 교육감은 입시 중심, 성적 경쟁 위주의 교육이 지닌 폐해를 극복하고 자발적·창의적인 '미래형 교육과정' 추진을 통해 자율능력, 창의력, 소통능력 등을 기르는 미래 핵심역량 인재 양성을 위한 교육의 대안으로 혁신학교를 내걸고 핵심정책으로 추진하고 있다. 이를 통해 궁극적으로 '인간'이 중심이 되어 이루어지는 사회공동체적 삶의 방식과 집단적 지성을 중시하는 역동적이고 창의적인 민주시민을 기르기 위해 교육의 힘을 모아가고 있다.

　여기 서로 다른 빛깔로 '혁신'의 아름다움을 발현하는 43개 혁신학교 중 몇 개 학교의 이야기를 담는다.

남한산초등학교

2000년 전교생 26명으로 폐교 위기에 놓였던 이 학교는 아이들이 행복한 학교, 학부모가 학생을 보내고 싶은 학교, 지역이 살아나는 학교를 만들기 위해 교사, 학생, 학부모, 지역주민의 뜻을 하나로 모아 '참 삶을 가꾸는 작고 아름다운 학교'를 꿈꾸고 실현하는 노력을 10년째 계속해오고 있다.

주변의 자연환경을 이용하여 아이들의 감성을 키우는 시설을 만들고 자연친화적인 교육 프로그램 운영과 함께 선생님들의 자발적인 노력으로 80분 블록제 수업, 토요통합수업, 계절학교, 학교문화 가꾸기 등 새로운 교육문화를 펼쳐가고 있다.

앞으로 10년을 더 나아가기 위해, 스스로 배우고, 함께 배우고, 새롭게 배워서 나눔을 실천하는 학생, 교사, 학부모가 되고자 지금도 꾸준히 실천하는 학교이기도 하다. 학교공동체의 자발성에 기초한 이 학교의 혁신교육은 '작은 학교 운동' 및 학교혁신의 중요한 사례가 되고 있다.

조현초등학교

용문산의 아름다운 자연과 문화예술이 살아 숨 쉬는 학교로, 평교사 출신의 공모 교장이 부임하면서 뜻있는 교사 그리고 지역사회가 함께 근본적인 학교문화 혁신을 일구어내고 있다. 아이들과 선생님, 학부모가 함께 땀 흘려 서로의 마음을 나누면서 논농사도 짓고 마을과 함께하는 학교축제를 통해서 행복한 교육공동체를 만들어가고 있다. 아이들은 1학년 동생부터 6학년 언니들이 형제자매같이 어울려 놀고, 모둠 대항 경기를 해도 상대방을 응원하고 격려하는 마음을 지닌 따뜻한 학교를 만들어가고 있다.

한편, 특성화된 교육과정을 운영하고 문화예술교육을 도입하여 어린이들의 상상력과 감수성, 창의성을 길러주고 있으며 서로 존중하고 배려하는 학생 중심의 학교 문화를 가꾸어가고 있다. 진정한 학력은 '자신의 삶을 행복하게 살아가는 능력'이라는 믿음으로 선생님들이 '삶을 가꾸는 수업'을 위해 토론하고 서로 협력하는 가운데 어린이들과 교사, 학부모 모두가 성장해가는 행복한 학교이기도 하다.

보평초등학교

2009년 판교 신도시에 신설된 학교로, 도시의 미래형 혁신학교 모델을 만들어가고 있다. 참 삶을 가꾸는 21세기 교육, 진정한 교육을 추구하며 전인교육과 미래역량을 향상시키는 교육을 지향하고 있다.

학습자 중심의 교육과정 운영으로 학생에게 질 높은 맞춤형 교육과정을 제공하며 교수활동 중심의 지원행정(미니스쿨), 지역과 함께하는 공동체 학교, 개방적인 학교체제를 구축하고자 노력해왔다. 아틀리에 학습, 자유 탐구 프로젝트 학습 등으로 협력적 상호작용을 통한 창의성 발달을 꾀하며, 선생님은 집단적 창의성을 바탕으로 학습의 조직화를 이루어나가고 있다.

누구나, 최고의, 다양한 교육이 실현되는 배움과 돌봄이 살아 있는 공동체 학교를 일구어가는 보평초등학교의 노력은 많은 관심과 주목의 대상이 되고 있다.

서정초등학교

"우리 학교는 행복한 학교예요."

"우리 선생님들은 아이들과 대화하고, 학부모와 소통하는 학교입니다."

미래형 공교육의 모델을 제시하고자 2010년 3월 개교와 동시 혁신학교로 지정된 이 학교는 모든 교육적 판단의 중심에 학생을 두고, 학교의 기틀을 잡기까지 밤늦도록 논의를 거듭하고, 야간과 주말을 이용한 학부모와의 만남 등을 통해 소통하여 학생과 교사의 자긍심은 물론 학부모의 만족도가 높다.

미래핵심역량 위주의 특성화된 교육과정을 편성하고, 수업 전념체제를 구축하여 교사와 학부모가 함께 배움과 나눔을 실천하여 지켜보는 이들의 가슴이 따스해지는 학교다.

장곡중학교

행정 중심 학교 체제를 학년 중심, 수업 중심 체제로 전환하고 전문적 학습 공동체를 구축하여 과정형, 맞춤형, 참여형 교육과정 운영을 실현하고 있는 학교다. 따라서 요즘 장곡중학교는 '대한민국 안의 핀란드형 학교'라고 불리기도 한다. 전국에서 찾아오는 수많은 교사와 학부모들, 교감·교장선생님들이 저마다 놀라움과 감탄을 표현한다.

"눈으로 보고 있지만 믿겨지지 않는 아이들의 모습입니다."

"어떻게 아이들이 수업시간에 저렇게 행복한 표정으로 한 명도 빠짐없이 활동에 푹 빠져 있죠?"

이렇듯 이 학교는 배움의 공동체 속에 행복이 넘쳐나는 혁신학교다. 학생들이 행복하고, 그들과 함께 생활하는 교사들 역시 하루하루가 행복한 학교를 꿈꾼다.

흥덕고등학교

2010년 3월, 경기도 용인 흥덕지구에 개교한 미래형 인문학교다. 교육의 공공성, 지적 수월성, 진로 적합성을 추구하고 있으며, "참여와 소통으로 희망과 신뢰의 배움공동체"를 만들고자 경쟁이 아닌 협력을 바탕으로 배움과 나눔을 실천하는 학교다. 따라서 학생들의 처지를 먼저 살피고 세심하게 돌보며 그들을 치유하고 배려하는 입장에서 학교를 운영하고 있다.

또 다양하고 특성화된 교육과정, 전면적 교과교실제 운영, 학생의 자치권 확대를 통하여 학생들에게 '편안함을 주는 학교' '이해받고 지지받으며 인간적인 존중감이 느껴지는 학교'로 자리잡도록 매진하고 있으며, 학부모 및 지역사회와의 거버넌스 체제를 구축하여 학교가 지역사회 문화의 중심센터 역할을 하는 데에도 노력하고 있다.

이우학교

이우학교는 '21세기 더불어 사는 삶'을 실천하는 사람들을 길러내는 것을 목표로 개교한 지 벌써 8년째 되는 특성화 학교다. 그동안 아이들이 자기 색깔을 찾고 그에 걸맞은 진로를 탐색하게끔 돕기 위해 그리고 감수성, 사회성, 공동체성을 함양하기 위해 특색 있는 교육과정을 운영해왔다. 교사, 학생, 학부모 모두 함께 배우고 서로 돌보는 학교가 되기 위해 계속 노력해왔다. 한편 학생들이 새로운 일에 도전하고 그 과정에서 시행착오를 겪으며 내적 힘을 기르도록 학생들에게 학교의 크고 작은 행사를 맡긴다. 학생 스스로 기획하고 실천하는 가운데 자신들의 고민과 갈등도 대화와 토의를 통해 해결한다. 이런 과정 속에서 학생들은 탐구능력, 자신과 세상에 대한 반성적 사유능력, 의사소통 능력과 협동성, 도전 정신 등을 내면화하면서 성장하고 있다.

화두 2

학생인권조례 10문 10답

1. 학생인권이 존중되어야 한다는 데는 동의합니다. 그렇지만 학생인권만 생각하다 보면 면학분위기가 훼손되지 않을까요?

💬 학교가 즐거운 공부의 장이 되도록 하려는 것이야말로 학생인권조례를 만드는 이유입니다. 학교생활이 즐거워야 공부도 즐겁고, 공부가 즐거워야 몰입도 가능하겠지요. 학생인권조례는 학교를 가고 싶은 공간으로, 폭력이나 차별의 위험이 없는 안전한 공간으로, 자유로운 공기를 흡입할 수 있는 공간으로 만드는 데 기여합니다. 학생들의 아우성에 귀를 기울임으로써 학생들의 신뢰를 받을 수 있는 공간으로 만드는 데 기여합니다. 그렇게 되면 학생들의 정서적 안정도 높아질 것이고 그에 따라 교사와 학교에 대한 신뢰도, 면학분위기도 한껏 높아질 수 있습니다.

💬 규제 일변도로 학생을 통제한다고 해서 공부에 대한 몰입이 따라오는 것은 아닙니다. 학생들이 공부에 대한 동기를 갖고 몰입하기를 원한다면 통제가 아니라 다른 교육적 접근이 이루어져야 합니다. 많은 분들이 두발규제를 없애면 공부는 안 하고 머리에만 신경 쓰게 될 거라고 우려하시지만, 이미 많은 대안학교들과 몇몇 일반학교의 선도적인 실험으로 이러한 우려가 현실적이지 않은 우려임이 확인된 바 있습니다. 외려 규제 일변도로만 가다 보면 학생들이 더 머리에만 신경 쓰게 되는 결과를 초래하기도 합니다. 사람들은 억눌리는 지점에서 더 자극을 받는 법이니까요.

💬 공부라고 하면 교과 공부만 떠올리는 경향이 있는데, 인권을 배우는 것도 중요한 공부입니다. 사람살이의 기본을 가르치는 것도 학교의 존재 이유니까요. 그리고 인권은 생활 속에서 경험하고 익힐 때 가장 잘 학습될 수 있습니다. 게다가 우리 교육은 민주시민 양성을 최우선 과제로 삼고 있습니다. 사회과나 도덕과 등의 교과에서 인권의 가치와 내용이 비중있게 다루어지는 것도 이 때문입니다. 민주시민이란 권리를 행사할 줄 아는 자유로운 사람이자 주변 사람들에 대해서도 책임질 줄 아는 사람입니다. 이처럼 학생인권조례는 우리 교육의 목표를 실현하는 데 기여합니다.

💬 인권에 대한 공부는 시끌시끌한 공부입니다. 조용한 시장을 상상할 수 없는 것처럼, 인권에 대한 공부도 시장처럼 시

끄러워야 제대로 면학분위기가 조성되었다고 볼 수 있습니다. 시끄럽다는 것은 학생들에게 지적·정서적 호기심을 불러일으키고 있다는 증거이고, 차이를 조정하고 갈등을 해결하는 과정을 밟아나가는 연습이 이루어지고 있다는 증거입니다. 인권교육을 열심히 시행한 학교에서 학생들이 다른 친구들을 배려하는 마음을 갖게 됨으로써 수업 방해 행동을 개선하는 효과를 거두었다는 연구보고도 있습니다.

2. 우리 학생들은 권리를 제대로 행사하기에는 아직 준비가 되어 있지 않습니다. 자기 행동에 책임지도록 의무에 대한 교육이 먼저이지 권리가 먼저 주어져서는 안 되지 않을까요?

💬 학생들이 인권을 서툴게 행사하는 과정에서 당혹스러운 일이 벌어질까 봐 염려되시나 봅니다. 학생인권조례는 학생을 방임하거나 무책임한 존재로 기르려는 것이 아닙니다. 통제와 방임, 의무와 무책임 사이에 나 있는 좁은 그 길, 아직까지 많은 이들이 걸어가지 않아 좁지만 무한한 가능성을 품고 있는 그 길을 확장하려는 노력입니다. 물론 인권을 배우고 행사하는 과정에서 의견차나 갈등이 빚어질지도 모릅니다. 학생들만큼이나 교사들에게도 인권은 아직까지 충분히 경험되지 못한 가치이기 때문에 서투름이 부르는 갈등이 일어날 수도 있습니다. 그렇지만 어린아이가 넘어지지 않고 걸음마를 배울 수 없듯이, 학생도 교사도 실수를 통해 배움을 얻고 갈등을 조정해나가는 과정을

통해서만 성숙할 수 있습니다. 그 과정을 거치지 않고서는, 학생도 교사도 인권에 대해 성숙할 수 없습니다. 폭력 가정에서 자란 사람이 자기 가정을 꾸린 이후 고스란히 폭력을 대물림하듯이, 인권을 존중받는 분위기 속에서 교육받을 때 자기와 다른 사람을 동시에 존중하는 사람이 될 수 있습니다. 이와 같은 '기다림이 없는 교육'은 질서정연해보일지 몰라도 학생들의 영혼에 대한 보살핌은 없는 교육이 아닐까요? 스스로 책임감을 기를 수 있는 기회를 빼앗는 교육이 아닐까요?

💬 학생인권조례는 학생인권의 기준을 제시하는 일도 하겠지만, 인권에 대한 감수성과 의식을 키울 수 있는 인권교육을 강화하는 방안도 찾아볼 것입니다. 인권교육은 권리 주체들의 인식과 힘을 키우고 타인의 고통에 공감하는 능력을 동시에 길러줍니다. 인권교육과 권리를 행사하는 과정이 함께 간다면, 우려되는 혼란과 갈등은 줄어들 수 있을 것입니다.

💬 무엇보다 인권은 일정한 책임과 의무를 다한 경우에만 주어지는 대가가 아닙니다. 잘못된 행위가 있을 때 그 행위에 대한 책임은 물을 수 있겠지만, 그 사람의 인권이 부인되어서는 안 됩니다. 인권은 사람이면 누구나 자기 존엄을 지키기 위해 포기할 수 없는 권리들로 구성되어 있으니까요. 또 권리가 주어질 때 책임 또한 명확히 요구할 수 있습니다. 더구나 학교 안에서 상대적 약자의 지위에 있는 학생에게는 인권이 더욱 필요합니다.

3. 학생들 사이에 장난으로 인한 사고도 많고 폭력도 갈수록 심해지고 있습니다. 학생들의 안전을 책임지고 보호하기 위해서라도 일정한 통제가 불가피한 것이 아닌가요?

💬 학생들의 안전을 책임져야 할 학교로서는 당연히 제기하실 수 있는 질문입니다. 그런데 학교에서 일어나는 여러 사고 가운데 학생들에게 가장 치명적인 영향을 미치는 사고는 무엇입니까? 학생들 사이의 집단괴롭힘, 성적이나 생활을 비관한 학생 자살, 권력관계에서 비롯된 폭력 등일 겁니다. 학생인권조례는 바로 이런 문제들을 예방하고자 하는 것이기에 학생들의 안전을 확보하기 위한 근본적 조치를 포함하고 있다고 볼 수 있습니다.

💬 교사의 경우 종종 학생의 안전사고에 대해 과도한 책임을 져야 하는 상황에 내몰리기 때문에 불만을 터뜨리십니다. 보호자의 경우 학교가 사고에 대한 책임을 회피한다고 불만을 터뜨리십니다. 이런 경험들 때문에 안전에 대한 우려가 크시지 않을까 싶습니다. 그런데 학생들에게 인권을 보장하자는 것이 방임 내지 방치를 의미하는 것은 아닙니다. 통제를 강화한다고 해서 크고 작은 안전사고가 반드시 예방되는 것도 아닙니다. 그동안 학생들을 일일이 규제하고 훈계해도 안전사고가 끊이지 않았던 이유는 무엇일까요? 학생들이 웃고 떠들고 돌아다니고 장난치는 일은 너무나 자연스러운 몸의 반응이기 때문입니다. 고삐를 죄고 꽁꽁 묶어두고 울타리를 친다고 자연스러운 몸의 반

응을 억누를 수는 없습니다. 외려 학교는 학생들이 자유롭게 뛰어놀 수 있는 널찍한 목장이 되어주어야 합니다. 다만 안전사고에 대비하고 사후 처리를 적절하게 할 수 있는 시스템을 갖추어야 하며, 안전사고 예방교육을 통해 학생들 스스로 자기와 타인의 몸을 돌볼 줄 아는 힘을 길러주어야 합니다. 일일이 지시와 통제에 따라 움직이는 학생은 자기 몸은 물론 타인의 몸을 제대로 살피고 돌볼 줄 모릅니다. 교사가 아무리 일일이 살핀다 하더라도 매순간 모든 학생을 살필 수는 없습니다. 시스템과 예방교육은 학생의 안전뿐 아니라 교사의 업무 피로도와 부당한 책임에 대한 부담을 경감할 수 있는 방안입니다.

4. 학생인권조례를 만드는 건 교사들을 문제집단으로 보기 때문 아닌가요? 요즘 과잉체벌 교사처럼 간 큰 교사는 거의 없습니다. 대부분 교사들은 학생들 인격 존중합니다. 그런데도 학생인권조례를 만들면 교사들 사기가 떨어지지 않겠습니까?

💬 학생인권조례는 일부 교사의 과잉 생활지도로 발생하는 문제 때문에 제정되는 것이 아닙니다. 학생에게 교육권이 보장되어야 한다는 데 반대하실 분은 없을 겁니다. 국제인권기준에서는 교육권의 본질적 요소로 '학생의 인간으로서의 존엄이 존중되는 학교규율'을 지적하고 있습니다. 우리 교육기본법과 초중등교육법에서도 학생 인권의 보장을 의무화하고 있지요. 학생인권조례는 학생들에게 이미 보장되어 있어야 할 인권을 좀

더 실효성 있게 보장하기 위해 만들어지는 것입니다.

💬 학생인권조례가 제정된다고 해서 모든 교사가 문제집단으로 간주되지는 않습니다. 학생인권조례는 교사들을 학생인권의 지지자이자 옹호자로서 초대하고 있습니다. 교사 전체가 문제이기 때문이 아니라, 인권과 같은 중요한 문제를 교사 개개인의 인식과 판단에만 맡겨둘 수 없기 때문에 법과 조례를 통해 학생인권을 보호하는 것입니다. 모든 부모가 문제가 있기 때문이 아니라, 만에 하나 있을 수 있는 아동학대를 예방하기 위해 법으로 아동학대를 금지하고 있는 이치와 같습니다.

💬 심각한 학생인권 침해 사례가 언론에 알려지고 나면, 종종 교사 집단 전체가 비난을 받곤 합니다. 학생인권이 무시된 사례를 보면 해당 교사에게도 문제가 있지만 학교구조나 '군사부일체'로 대표되는 사회의식의 문제가 버티고 있는 경우가 많습니다. 학생인권조례는 학교구조와 사회의식을 인권적으로 재구성함으로써 학생인권이 무시되는 일들을 미연에 방지하고 교사들의 자긍심이 훼손되는 일이 없도록 하는 데 기여할 것입니다. 또한 교사들이 조례 제정에 적극 지지를 표하고 나서주신다면, 오히려 교사 전체를 문제집단으로 간주하는 시각을 교정할 수 있는 계기가 마련될 수 있을 것입니다.

💬 학생인권조례는 더 이상 구시대적인 학생 지도 방식으로는 새로운 시대가 요구하는 민주시민, 세계시민의 자질을 키

울 수 없다는 반성에서 비롯된 것이기도 합니다. 자기 권리를 당당하고도 책임있게 행사할 수 있는 사람, 다른 사람의 고통에 공감할 줄 아는 사람을 길러내는 일은 학생과 교사가 서로를 존중하는 학교를 만들어내는 데도 기여할 것입니다. 이런 학교는 당연히 교사들에게도 즐거운 학교일 것이고, 교사들의 자긍심이 지켜질 수 있는 학교일 것입니다.

5. 학생인권이 중요하다는 것은 인정합니다. 하지만 왜 학생인권만 얘기하고 교권은 얘기하지 않습니까? 요즘 학생들에게 당하는 교사들도 점점 늘고 있지 않습니까?

💬 학생들의 말이나 행동으로 교사들도 상처받는 일들이 간혹 있습니다. 자괴감을 느끼는 교사들도 계십니다. 이렇게 교사들이 상처받는 일을 줄이기 위해서라도 학생인권을 먼저 이야기할 필요가 있습니다. 학생인권조례는 학생인권뿐 아니라 교사의 인권과 권한 또한 존중하기 위해 만들어지는 것입니다. 그동안 우리 학생들에게는 인권보다는 의무가 먼저 요구되어 왔습니다. 그러다 보니 권리를 행사하면서 배우고, 참여하면서 책임질 기회를 얻지 못했습니다. 당장은 당혹스런 상황이 간혹 일어날지도 모릅니다. 하지만, 학생이 인격체로서 존중받는 구조가 만들어지고 나면, 학생들도 두려움 때문에 교사에게 굽히고 들어가는 게 아니라, 자발적으로 교사의 인권을 존중하겠다는 마음을 갖게 될 것입니다.

💬 교사에게 상처주는 일을 대수롭지 않게 여기는 학생이 있다면, 그건 아마도 교사가 한 사람의 '인간'이라기보다는 '권력자'로 보이기 때문일지 모릅니다. 강자는 상처받지 않을 거라 생각하는 것이지요. 또한 교사를 괴롭히고 당혹스럽게 만드는 일을 즐기는 학생의 경우는 '강자'에게 도전함으로써 주위 학생들에게 힘을 과시하고픈 마음에서 그런 행동을 할 수도 있습니다. 그래서 신규 여교사 등 약해보이는 교사들이 주로 그런 학생들의 표적이 되곤 하는 것입니다. 이 두 가지 경우 모두에서 알 수 있는 것은 '교사와 학생의 동등하지 않은 관계'가 문제의 저변에 깔려 있다는 점입니다. 학생의 인권이 존중될 때 교사와 학생의 관계도 변화하고, 교사의 인권에 대한 존중도 요구할 수 있지 않을까요?

💬 교사와의 관계 때문이 아니라, 다른 문제로 공격적 행동을 보이는 학생도 있을 수 있습니다. 이 경우의 학생은 몸이 아픈 환자에 비유해볼 수 있습니다. 환자가 아파서 몸을 뒤트는 과정에서 의사의 얼굴을 할퀴었다고 해서 환자에게 책임을 물을 수는 없을 것입니다. 의사를 부러 괴롭히려 했던 것이 아니니까요. 지금 몇몇 학생들이 보이는 공격적인 행동도 어쩌면 아픈 환자의 뒤틀림 같은 것일 수 있습니다. 학교나 가정, 사회에서 받는 스트레스와 분노를 어떻게 풀어야 할지 몰라서 '나쁜 행동'을 보이는 경우에는 뿌리를 건드려야 교권을 내세워 학생을 제압한다고 문제가 해결되지는 않습니다. 그 경우, '나쁜 행동'은 더 약한 사람에게 옮겨갈 뿐 사라지지는 않으니까요.

💬 '교사가 학생들에게 당하고 있다'는 것이 어떤 행동을 두고 말하는 것인지도 따져보아야 합니다. 교사의 뜻에 따르지 않는 학생들의 행동을 죄다 잘못이라고 불러서는 안 됩니다. 교사의 뜻이 언제나 절대적으로 옳은 것은 아니기 때문이지요. 교사의 뜻이나 인권기준에 어긋나는 규정을 일방적으로 관철시키는 데 실패했다고 해서 학생들에게 당했다고 판단해서는 안 될 것입니다.

6. 학생인권을 신경 쓰다 보면 요즘처럼 거친 학생들을 지도하기가 힘듭니다. 교사에게는 학생을 지도할 책임도, 지도할 권리도 있습니다. 학생인권조례까지 만든다고 하니 학생지도를 포기하라는 소리로 들리는데요?

💬 학생인권조례는 학생을 '지도'하지 말라는 것이 아닙니다. 인권을 존중하는 '학생지도'를 가능케 하기 위한 것입니다. 교사가 학생을 가르칠 권리는 헌법과 국제인권기준에 보장된 학생의 학습권을 실현하기 위해 요구되는 직무상의 권리입니다. 우리가 언제 어디에 있든 사람이라는 사실에는 변화가 없으므로 인권은 몸에서 떼어낼 수 없지만, 교사의 가르칠 권리는 그 직무를 수행하는 동안에만 인정되는 권리인 것입니다. 따라서 교사의 교육권은 학생의 학습권 보장을 위해 조정, 제한될 수 있습니다. '학생 지도' 역시 마찬가지입니다. 학생의 인권을 존중한다는 전제 하에서 '학생 지도'가 이루어져야 하는 것은

당연한 것이겠지요. '학생 지도'와 학생인권은 대치되는 것이 아니라, 함께 가야 하는 것입니다.

💬 '지도'라는 말에 대해서도 되짚어볼 필요가 있습니다. 어떤 경우에도 교칙은 준수되어야 하고 교사는 늘 옳다는 전제 하에서 학생을 '지도'하려다 보면 지금 학교현장에서 일어나고 있는 갈등과 불신은 계속될 수밖에 없습니다. 학생 '지도'의 기준을 제시하고 있는 교칙(학교생활규정 등) 역시 헌법과 국제인권기준이 제시한 학생인권기준에 부합하는 것이어야 합니다. 자유로운 분위기에서 책임있는 삶을 영위할 수 있도록 준비시키는 것이 교육이라고 할 때, 학생인권 존중은 필수적으로 요청됩니다. 교칙이 정당성을 확보하고 학교와 교사가 학생인권을 존중한다면, '지도'하지 않아도 자발적인 준수와 책임의식이 형성될 수 있을 것입니다.

💬 만약 폭력적인 행동으로 다른 학생이나 교사가 위험에 처할 염려가 있을 때, 또는 큰 사고로 이어질 위험이 있을 때 그 행동을 제지하는 것은 인권침해가 아닙니다. 이때 행사되는 힘은 '공격'이 아니라 '보호'를 목적으로 하는 힘이니까요. 다만 학생의 위험 행동을 판단하는 기준이 교사마다 다를 수 있고, 행동을 제지하는 과정에서 필요최소한의 범위를 넘어 제압이 가해지거나 인격을 모독하는 일이 일어날 수도 있습니다. 이와 같은 상황을 방지할 수 있게끔 하는 것이 학생인권조례의 역할입니다.

7. 학교현실에서는 수업시간 중 학생 지도의 책임이 교사에게만 내맡겨져 있습니다. 안 그래도 수업시간 중 문제행동을 보이는 학생이 늘어나고 있는데 학생인권까지 이야기하면 어떻게 학생들을 통제하란 말입니까? 그럼 수업시간에 자거나 돌아다니는 아이들을 가만히 내버려두라는 말입니까?

💬 수업시간에 교사 혼자서는 대처하기 힘든 난감한 상황들이 종종 일어나곤 하지요. 그래서 대다수 교사들이 차이도 크고 갖가지 사연을 가진 다수 학생을 동시에 수업에 집중시켜야 하는 부담을 안고 계실 겁니다. 다른 지원책 없이 교사 개인의 역량이나 통제방식에만 내맡겨두고 있는 학교현실에 답답함을 토로하는 분들도 자주 만나 뵈었습니다. 학생인권을 존중하는 것이 수업시간에 자거나 돌아다니는 행동을 그냥 내버려두어야 한다는 의미는 아닙니다. 학생인권조례는 교사 개개인의 책임만 늘여가는 방향을 지향하지 않을 겁니다. 학생이 즐겁게 수업에 참여하고 학생 역시 수업에 공동으로 책임질 수 있는 환경을 조성하려는 데 방향을 두고 있습니다.

💬 학생인권조례는 수업시간에 자거나 돌아다니는 학생이 그와 같은 행동을 보이는 이유가 무엇인지를 살피는, 돌봄의 교육을 지향합니다. 수업에 참여하기 힘든 학생의 마음을 헤아리고 필요한 지원을 제공하는 일은 교육의 기본이겠지요. 한 선생님이 실제로 겪으신 일입니다. 한 학생이 자기 수업시간마다 자고 있기에 앞으로 불러내 매를 들었다고 합니다. 자기를 포기한

듯해 보이는 그 학생의 모습이 한심해보이기도 하고 안타깝기도 하셨답니다. 그런데 나중에 알고 보니 그 학생은 홀어머니와 함께 새벽 바닷가에 나가 고깃배에 잡힌 생선들을 궤짝에 담는 일을 하면서 열심히 살아가고 있었답니다. 그렇게 새벽일을 하고 학교에 등교하니, 1교시 수업에 쏟아지는 잠을 주체할 수가 없었던 것이지요. 사연을 알고 나서 그 선생님은 그날로 체벌을 다시는 하지 않기로 결심하셨답니다. 학생의 문제행동을 판단하는 자기 시각이 얼마나 제한적일 수 있는지를 통감하셨던 것이지요. 이 사례에서처럼 수업에 참여하기 힘든 학생들에게는 나름의 사연이 있습니다. 쉬는 시간에 다른 학생으로부터 괴롭힘을 당했을 수도 있고, 수업방식이 그 나이의 특성에서는 받아들이기 힘들 수도 있고, 다른 일로 고민이나 불안에 빠져 있을 수도 있습니다. 그와 같은 사연을 읽어보지 않고 무조건 집중을 요구하고 행동을 통제한다고 해서 그 학생이 수업에 참여할 수 있게 되는 것은 아닙니다. 행동 이면의 마음을 읽었을 때 다양한 대처법이 나올 수 있고, 그만큼 교사의 역량도 더욱 풍성해질 수 있습니다.

💬 교사 혼자서 대응하기 힘든 학생의 문제 상황이 발견되었을 때는 학교 차원에서 교사를 지원할 수 있는 시스템이 마련되어야 합니다. 학생인권조례는 학생인권을 보장하는 시스템이 어떤 모습이 되어야 하는지를 모색할 수 있는 방안도 함께 담을 것입니다.

8. 학교는 하나의 공동체인데, 인권 이야기 하는 소수 학생의 의견만 들어줄 수는 없습니다. 학교는 교사, 학부모, 학생 의견을 종합적으로 고려해야 합니다. 학교단위에서 교육3주체의 의견을 수렴해 학생생활규정을 정해나가면 되지, 조례를 굳이 제정할 필요가 있을까요?

💬 교사, 학생, 보호자 등 교육주체들의 의견을 민주적으로 수렴하고 반영하여 학교를 운영하겠다는 말씀은 너무나 반갑고 소중한 말씀입니다. 그 일환으로 단위학교에서 자발적으로 학생생활규정을 민주적으로 개정하려는 노력도 적극 독려되고 지원되어야 합니다. 학생인권조례를 통해 우리가 만들어가고자 하는 학교의 모습도 바로 그러합니다.

그러나 학교마다 사정이 다르기도 하고, 구성원들의 의견을 모아나가는 데 상당한 시일이 걸릴 수 있습니다. 그러는 가운데 학생인권이 제대로 보장되지 못하는 안타까운 현실은 계속 이어지고 있습니다. 모든 학교에서 학생인권이 제대로 보장될 수 있는 환경이 마련되도록 적극 독려하려면, 학생인권조례 제정이 시급하다고 할 것입니다.

💬 교육3주체의 의견을 모아나가는 일은 아주 중요하지만, 교육3주체의 의견을 수렴하여 다수의 의견을 따른다고 해서 모든 인권문제가 해결된다고 보기는 어렵습니다. 학생인권조례는 기본선으로 지켜져야 할 학생인권기준을 분명하게 제시함과 동시에 단위 학교에서의 자발적 노력을 독려할 수 있는 방안도 제시할 것입니다.

단위 학교에서는 그 기준에 따라 구체적 계획을 입안하고, 학생인권의 향상을 지속적으로 도모할 수 있는 방안을 민주적으로 협의해나가야 합니다. 수사기관의 자율적 운영을 보장하더라도 고문수사, 불공정수사를 해서는 안 된다는 기준은 기본으로 준수되어야 한다는 것과 같은 이치입니다.

💬 또 인권보장을 요구하는 학생이 소수라고 단정할 수는 없습니다. 대개의 학생이 침묵하고 있고 소수 학생만 인권 주장을 펼친다고 해서 다수의 학생이 인권에 관심이 없거나 원하지 않는다고 보아서는 안 됩니다. 학생들은 안타깝게도 활발한 의견 개진을 해본 경험이 없거나 해도 소용없다는 생각을 갖고 있는 경우가 많습니다.

학생들의 침묵은 학생인권이 충분히 보장되지 못한 현재의 학교 상황이 낳은 결과이지, 학생인권 보장을 미뤄두는 근거로 활용되어서는 안 될 것입니다. 게다가 학생들이 아직 인권에 대한 이해나 욕구가 깊지 않다고 해서 우리 교육이 학생의 인권을 보장하고 인권의 공기를 흡입할 수 있도록 해야 할 책임을 내던져서도 안 됩니다. 학생인권조례의 제정은 소수 학생이 아니라 모든 학생이 인권이 돈독히 보장되는 환경 속에서 행복한 학교생활을 영위할 수 있도록 하는 데 기여할 수 있습니다.

9. 우리 교육의 방향은 학교 단위의 자율성을 강화하는 쪽으로 가고 있습니다. 그런데 학생인권조례로 획일적 기준을 제시하는 것은 학교 단위의 자율성을 침해하는 일이 아닐까요?

💬 우리 헌법에는 모든 국민이 누려야 할 권리의 목록이 구체적으로 보장되어 있습니다. 이를 두고 국민의 생활을 획일적으로 규제한다고 이야기하는 사람은 없습니다. 학생인권조례도 마찬가지입니다. 학생인권조례는 모든 학생이 누려야 할 권리를 구체화함으로써 학교가 고려해야 할 '공통의 기준'을 세우고자 합니다.

💬 학생인권조례와 학교 단위의 자율성은 대립하는 개념이 아닙니다. 학교 단위의 자율성은 분명 보장되어야 합니다. 학생인권조례가 학교 단위의 자율성을 침해하는 내용까지 포함되지 않도록 숙고에 숙고를 거듭해야 할 이유입니다. 마찬가지로 학교 단위의 자율성이 무제한적으로 보장되어야 하는 것은 아닙니다. 교칙 제정 등 학교 단위의 자율권은 자치법규인 학생인권조례가 제시하는 규범 범위 내에서 행사되어야 합니다. 결국 학생인권조례는 각 단위 학교의 자율성을 침해하지 않는 범위 내에서 제정되어야 하고, 단위 학교의 자율성 역시 학생인권조례의 규범을 침해하지 않는 범위 내에서 행사되어야 할 것입니다.

10. 학생인권조례의 내용 중에는 구제기구 설치도 포함될 것으로 예상됩니다. 학교 바깥에 구제기구를 만들어놓으면 학교 안에서 조용히 대화로 해결될 수 있는 문제들까지 밖으로 알려져 학교가 시끄러워지지 않을까요?

💬 인권이 실질적으로 보장되려면 인권을 침해당했을 때 호소할 수 있는 의지처가 있어야 합니다. 적절한 구제장치가 없는 인권은 종이호랑이에 불과합니다. 법원이나 국가인권위원회 등 각종 권리구제기구들이 설립된 이유도 이러합니다. 학생인권도 마찬가지입니다. 학생이나 학생을 지지하는 교사, 보호자 등이 안심하고 신속하게 이용할 수 있는 방안이 학생인권조례에는 꼭 포함되어야 할 것입니다. 다만, 구제장치의 구체적 형태나 절차, 학교 바깥에만 설치할지 학교 안에도 설치할지 등에 대해서는 좀더 고민이 필요합니다. 경기도학생인권조례제정위원회는 남은 기간 동안 이 문제에 대해 깊이 고민하고 학교 현실에 맞는 실효성 있는 방안을 찾아볼 것을 약속드립니다.

💬 학생인권 문제가 발생했을 때 학교 안에서 자체적으로 문제가 신속히 해결되고 재발 방지 조치가 취해진다면 두말할 나위 없이 칭찬받을 일입니다. 학생인권조례가 제정된다고 해서 학교 안에서의 자발적인 해결 노력이 제한되는 것은 아닙니다. 다만, 학교 안에서 문제 해결 방안을 찾기 어려운 조건이거나 사건이 숨겨지거나 축소될 경우를 대비하고, 학교 안에서의 문제 해결을 지원할 수 있는 공적公的 기구는 요구됩니다.

💬 학생인권이 존중되는 바람직한 학교를 만들어가는 과정은 새로운 질서를 형성해가는 과정인 만큼 일부 혼란이 불거질 수 있습니다. 그러나 그러한 혼란은 변화에 따른 과도기적 현상에 그칠 것입니다. 또한 그 혼란을 좀더 빠른 시일 내에 정리하기 위해서도 학교 밖 권리구제기구의 지원이 필요합니다. 학생인권 구제기구의 존재를 혼란을 야기하는 훼방꾼이라고 보지 마시고 학생인권 보장을 지원하는 협력자라고 보시면 어떨까요?

_경기도 학생인권조례 제정자문위원회 2009. 10.

화두 3
무상급식과 보편적 복지

1. 무상급식 정책 추진의 기본 취지

● 무상급식은 정부의 의무다. 초·중학교 무상교육이 국가의 의무이듯이 무상급식도 국가의 의무다. 의무교육에 수반되어야 하는 의무급식은 기본적으로 정부의 책임이다.

● 학부모의 90퍼센트가 무상급식에 찬성한다. 교직원의 84퍼센트가 무상급식은 교육적 측면으로 도입되어야 한다는 데 찬성한다. 무상급식은 '현실의 인기에 급급하고, 도민을 현혹시키는 인기위주의 포퓰리즘' 혹은 '좌파급식, 북한식 사회주의 논리, 부자급식, 여타 교육 인프라 구축을 막는 요인'으로 폄훼되어서는 안 되는 교육적 지향이다.

● 무상급식은 과중한 학부모의 교육비 부담을 줄이는 길이다. 무상급식은 학부모의 교육비 부담을 덜어주는 일이며, 아이들이 심리적 상처를 고려한 당연한 교육적 배려다. 우리나라는 공교육에서 국내총생산(GDP) 대비 학부모가 부담하는 사부담 공교육비 비율이 2.7퍼센트로 경제협력개발기구(OECD) 회원국 30개국 가운데 가장 높다. 반면 정부가 부담하는 공교육비 비율은 GDP의 4.1퍼센트로 하위권이다. 한국의 사부담 공교육비는 GDP 대비 2.7퍼센트로 전체 국가 평균 0.6퍼센트보다 5배 가까이 높다.

● 전체 국민의 가족복지수준을 한 단계 높이는 길이다. 무상급식은 주민참여예산 편성과정에서 가장 강력한 지지를 받은 사업이며 저출산 문제 해결을 위한 접근임과 동시에 사회적 생산성을 높일 수 있는 국가의 미래를 위한 보편복지 정책으로 이해되어야 한다.

경기도의 무상급식 비율은 전국에서도 매우 낮은 수준이며, 한나라당이 단체장인 경남에서도 전면적인 실시를 위해 노력하고 있고, 역시 한나라당 소속 단체장인 과천과 성남에서도 전면적으로 실시하고 있는 일반적 복지문제다. 정치적이고 이념적 문제를 넘어선 진정한 교육복지 실현을 위한 기본적 장치다.

2. 경기교육청 무상급식 정책이 좌절된 사연

● 제1라운드 : 2009년 7월, 2차 추경에서 농산어촌과 도시지역 초등학생 전원과 300인 이하 도시지역 학교 학생들을 위한 예산안 171억 원을 상정했으나 경기도교육위원회에서 50퍼센트, 경기도의회에서 나머지 50퍼센트가 전액 삭감되고, 원래 120퍼센트였던 저소득층 자녀 급식지원비가 차상위 130퍼센트로 확대된 재편성안이 의결되었다. 우리 교육청의 입장은 한국의 경제적 위상과 낙후된 교육복지로 인한 학생, 학부모의 교육복지 현황을 고려할 때, 무상급식대상의 차별 없는 단계적 확대는 교육복지 확대를 통한 공교육 활성화에 기여할 것이라는 판단에서였다. 그러나 도의회는 저소득층자녀의 점진적 확대라는 선별적 복지 입장을 끝내 견지하고 그렇게 의결하였다.

● 제2라운드 : 2010년 본예산에서 우리는 다시 한 번 무상급식 예산을 책정하고 우리의 안으로 시행될 수 있도록 의회에 청원하였다. 농산어촌과 도서벽지 초등학생 전원, 그리고 도시지역 차상위 130퍼센트에 해당하는 초등학생의 무상급식경비를 도교육청이 지원하고, 도시지역 5, 6학년 학생 전원의 무상급식은 도교육청과 기초지자체가 협력하여 지원하자는 안이 바로 그것이다. 백번 양보하여 130퍼센트까지는 '저소득층'개념으로 지원할 수 있으나 그 이상의 비율에서는 경제능력 서열화일 뿐, 저소득층 복지지원의 개념이 아니며, 따라서 비교육적인 상처만 유발할 것이 분명하기 때문이었다. 이는 우리가 새롭게 시도

한 주민 참여 예산제를 실시하는 과정에서 학부모의 90퍼센트가 찬성한 절대 지지를 받은 사업이며, 국가의 생산성과 미래를 위한 정책임을 이해해줄 것을 다시 부탁했다.

그러나 경기도의회 교육위원회는 이 예산 650억 원을 전액 삭감하였다. 정치적 이해관계 때문에 무조건 무상급식을 반대하다 여론의 저항과 자기 논리의 모순에 빠지자, 도민의 여론은 대표적인 '포퓰리즘'정책으로, 또한 무상급식을 위해서 다른 예산을 모두 삭감하여 교육 본질에 소홀해진다는 억지주장과 왜곡으로 일관된 삭감의 변을 밝혔다.

그러나 예결위를 거치면서 상황은 또다시 반전되었다. 예결위는 도서벽지와 농산어촌 초등학생 급식비를 제외한, 도시지역 5, 6학년 학생 대상 무상급식 예산을 전액 삭감(우리 교육청 안은 면 지역과 도서벽지 지역은 교육청에서 전원 지원, 읍지역과 도시지역은 지자체와 대응투자로 5, 6학년 무상급식)하고, 도시지역 월소득 200만 원 이하(차상위 150퍼센트) 초중고 학생에게만 무료급식을 시행하자는 안을 결정하고 본회의에 상정하였다.

부족한 교육예산 때문에 무상급식을 반대한다던 입장이 바뀌어 도교육청이 계상한 650억 원보다 무려 90억 원이 늘어난 740억 원으로 증액 편성한 것이다. 이에 우리 교육청은 도의회 본회의 과정에서 도의회가 증액 편성한 예산안은 '무상급식의 근본취지'에 맞지 않고, 어린 학생들의 심리적 상처뿐 아니라 부모의 경제력에 따라 아이들을 다시 줄 세워야 하는 비교육적 안이며 급식업무를 불필요하게 가중시키는 안으로 판단하여 동의할 수 없음을 밝히자, 도의회는 좀더 심도 있는 논의가 필요하다며 본회의 의결을 유보하였다. '심도 있는 논의'의 결과는 며칠 후 한나라당 대변인의 성명과 이태순 대표를 통하여 드러났다. 결론은 김 교육감이 도의회의 결정을 지체 없이 받아들여야 하며, '도의회의 전향적인 심의를 부동의한다는 것은 이해할 수 없는 처사'이고, '이후의 모든 책임은 김 교육감에 있'으며, '어느 것이 학생들을 위한 길인가를 상기'할 것을 촉구한다는 것이다. 그리고 본회의에서 다수의 의회권력에 의해 예결위 안대로 강행 처리되고 말았다. 우리 교육청은 불법 의결된 안에 대하여 재의를 요청한 상태이나 도의회에서 현재까지도 받아들이지 않고 있다.

그러나 2010년 3월부터는 경기도 내 농어촌 및 읍 지역 초등학교 189개교 15만 106명(전체 초등생 87만 1546명의 약 17.2퍼센트에 해당)과 성남, 과천, 포천 등의 지자체 무상급식 대상자 6만 8141명 등 총 21만 8282명에 대하여 무상급식이 실시되고 있다.

● 제3라운드 : 2010년 3월 30일, 2010년도 제1회 임시회에서 경기도의회는 지난해 추경과 올해 본예산 심의에서 무상급식 예산을 삭감 또는 불법적으로 재편성한 데 이어, 2010년 제1회 추경예산을 심의한 본회의에서 우리 교육청이 상정한 무상급식 예산을 '정치적인 판단'에 의하여 또다시 전액 삭감하였다.

경기도의회 추경예산 심의에서 교육청이 요청한 23만여 명의 도시지역 5, 6학년 초등학생을 위한 무상급식 예산 204억 원을 전액 삭감한 뒤, 도서벽지 및 농산어촌 중학생 6만 2000명에 대한 무상급식 예산으로 223억 원을 불법적 방식으로 재편성하여 의결하였다.

　우리는 도의회의 농어촌지역 중학생 무상급식을 골자로 하는 수정안은 다음과 같은 납득하기 어려운 자기모순의 논리에 근거해 있다고 판단, 이를 거부하였으나 받아들여지지 않았다.

　첫째, 예결위에서 이미 거부의사를 밝혔으므로, 이 수정안은 관계법령에 위배된다.

　둘째, '낙인효과'를 막아 보편적 복지방식으로 인권과 교육권을 보호하는 일은, 의무교육이 시작된 순서인 초등학교에서 먼저 완성하고 중학교 등으로 점차 확대해나가는 것이 보다 교육적이며, 중학교 무상급식 또한 2014년에 완성할 계획을 발표한 바 있다. 이는 교육감이 도민에게 드린 약속이기도 하다.

　셋째, 무상급식에 동참하고자 하는 지자체별 입장이나 의지를 배제한 채, 오로지 교육청 예산만으로 무상급식을 실시하라는 이 안은, 주민복지 향상을 위한 지자체의 정책의지를 원천적으로 봉쇄하는 일일뿐더러, 교육청과 지자체의 건강한 교육적 협력을 가로막는 월권적이고 부당한 결정이다.

　● 과정 정리 : 우리는 그동안 매번 의회를 향하여, 무상급식은 우리 아이들을 건강한 사회의 구성원으로 길러내기 위하여 공평하게 누려야 할 제도적 권리와 인간적 존중을 정책으로 담는 출발이며, 이는 정파적·이념적 사안과 별개의 사안이며 따라서 정책의 참 뜻을 이해하고 함께해줄 것을 요청하였다. 그러나 주민직선 교육감의 대표적인 공약사업인 경기도의 무상급식은 수많은 '정치적 판단과 이해' 속에서 우왕좌왕하다가 늘 '누

더기 결론'을 내고야 말았다. 이는 그동안 무상급식을 추진해왔던 그 어느 타 시도와 기초 지자체에서조차 볼 수 없었던 전무후무한 상황이다. 그러나 이러한 의회와의 갈등은 우리 사회 전체에 무상급식 논쟁을 일으키는 진앙이 되었고, 우리 사회 전체의 '복지'를 둘러싼 화두를 생산하는 도화선의 역할로 이어졌다. 결국 우리 교육청의 핵심정책 사업인 무상급식이 우리 교육과 복지의 방향과 미래를 가늠할 뜨거운 사회적 관심으로 증폭되는 기폭제가 된 것이다.

3. 최근 무상급식 논쟁을 통하여 합의되는 지점들

이제는 대다수의 국민들이 이해하는 것처럼, 최근 무상급식 정책에 대한 국민적 관심은 단순히 한 끼 '밥'을 무상으로 제공하는 문제를 넘어 우리 국민과 사회적 관심이 새로운 단계에 진입했음을 보여주는 징표가 되고 있다.

'G20' 소속 대부분의 국가가 시행하고 있는 "보편적 복지정책"은, 복지야말로 사회적 통합을 이루고 국민의 건강을 지키며, 수요와 일자리 창출로 사회를 안정시키는 것임을 말해주고 있다.

더욱이 무상급식 정책의 핵심은 헌법에 규정한 "무상 의무교육"을 적극적으로 실현하자는 것이며, 어려운 아이들이 어릴 때부터 감당해야 하는 "낙인효과"를 막아 인권과 교육권을 보호한다는 교육적 입장을 전제하고 있다는 것이다.

보편적 복지국가에서는 인간답게 산다는 것이 누구에게나 부여된 마땅한 권리이다. 이를 보장하는 것이 궁극적으로 국가와 지방자치단체의 책임과 존재 이유이며, 이 권리는 조건에 따라서 차별적으로 적용되어서는 안 된다.

우리 사회의 경제수준과 문명화 정도 그리고 복지에 대한 국민의 높은 기대 수준을 고려한다면 적어도 공교육에서만큼은 학생들의 신체와 정신의 건강한 발달을 국가가 책임지고 도와줄 의무와 능력이 있다.

무상급식은 우리 사회의 향후 방향에 대한 가늠자이면서 동시에 정치적, 교육적 진정성이 누구에게 있는가에 대한 국민적 심판의 장이기도 하다.

무상급식으로 대표되는 교육복지 확대는 본디 '김상곤표' 혹은 '한나라당표'로 구분될 사안이 아니었음에도, 정당 소속도 아닌 교육감에게 특정한 정파적 이해를 적용하여 다수권력으로 정책추진을 무산시킨 사안은 대의민주주의의 기본을 스스로 무시한 처사로, 국민적 지탄을 받으면서 야당을 비롯한 정치권은 물론 풀뿌리 시민사회와의 거대한 연대 및 시민운동으로 이어지고 있다. 우리는 부디 무상급식에 대한 논의가 일반적이고 교육적 상식에 바탕을 둔 '대화와 토론'이 이루어지는 속에서 조속히 실시를 합의하는 결론이 내려지기를 희망한다. 지금 우리 교육현장은 물론 사회전체는 심각한 양극화 위기 속에서 상호불신이 뿌리 깊고, 따라서 집단과 개인의 이해를 떠나 기성세대의 진정한 책무 속에서 개혁이 이루어져야 하는 시공간이기 때문이다. 무상급식정책의 실현과정은 이러한 과정을 극복해나갈 수 있는 힘을 우리 사회가 가지고 있음을 증명하는 하나의 '리트머스 시험지'가 될 것이다.

4. 무상급식 5개년 계획(안)

[단위 : 명, 백만 원]

구 분		2010년 초등학교	2011년 초등학교	2012년 초등학교	2013년 초, 중학교	2014년 초, 중학교
확대대상		농어촌전체 도시 5~6년(하반기)	초등전체	초등전체 중3	초등전체 중2~3년	초,중전체
인원수		440,677	830,253	988,070	1,146,737	1,307,987
소요액 (백만 원)	교특	85,393	194,298	238,675	288,902	330,098
	지자체	51,793	136,528	192,868	246,106	291,985
	계	137,186	330,826	431,543	535,008	622,083

※ 시·군별 재정자립도에 따라 기관별 대응지원율 차등적용(30~70퍼센트)
※ 급식학생수, 시군별대응비율 조정에 따라 소요액은 변동될 수 있음
※ 학생수 기준 : 초등학생 830,253명 중학생은 477,734명